劳动法的时代序章

——社会化小生产时代的劳动保护研究

闫冬◎著

中国法制出版社
CHINA LEGAL PUBLISHING HOUSE

目 录 contents

第一章　绪论：劳动法的时代性

法律作为上层建筑皆属于时代的产物，劳动法也不例外。自人类出现之后，劳动便已经成为社会生活的常态：原始社会中，成员通过共同劳动维护部落的存在和繁衍；奴隶社会中，奴隶通过劳动解决自己的基本生存需要和服务奴隶主阶级；封建社会中，农民和手工业者通过劳动来解决自己的温饱和服务封建地主阶级。原始社会、奴隶社会和封建社会都曾出现过与劳动有关的习惯和规则，但却没有体系化的劳动法，只因劳动法产生的一个重要时代背景——“社会化大生产”尚未形成。

西方工业革命不仅带来了生产效率的提升，而且带来了生产方式的变化——社会化大生产，也称机器化大生产。几个世纪以前，基于蒸汽机的第一次工业革命和基于电气化的第二次工业革命接踵而至，大大提升了工业生产效率。为了让新技术的效能能够得到最大程度的发掘，生产资料和机器设备需要集中起来开展生产，这样既能省下原材料运输的成本，也能让机器发挥出规模效益。同时，资本家通过种种方式迫使农民和手工业者逐渐脱离封建社会的“小生产”模式，集中起来开展劳动，成为产业工人群体。至此，一种比较先进的组织形式——工厂诞生了，工人们集中在用人单位提供的工作场所，使用用人单位提供的生产工具，服从用人单位的指挥，进行虽有分工但又高度协调的工业生产活动。

社会化大生产就生产模式而言，有如下特征：第一，工作地点高度集中，大多数的生产都是在用人单位的工厂中开展；第二，使用的是用人单位提供的生产工具，加工的也是用人单位提供的原材料；第三，劳动是在用人单位的全程指挥下开展的，带有很强的人身和人格上的从属性；第四，工作虽有分工但模式相对单一，多为简单重复劳动，在生产过程中需要整个生产线劳动者的相互配合和协同；第五，劳动者以工资作为生活的主要来源，在经济上对用人单位有着很强的从属性。早期汽车工业中出现的福特、丰田采取的流动生产线方式，以及简单化（Simplification）、标准化（Standardization）和专门化（Specialization）的3S工作要求就是比较典型的社会化大生产。

正是社会化大生产存在的上述特点，构成了用人单位对劳动者承担责任的事实与理论基础。用人单位的指挥和控制以及劳动者的服从，都说明劳动者在工作过程中是从属于用人单位的，对劳动过程中出现在劳动者身上的风险和伤害，用人单位存在伦理和法律上的责任。也就是说，正是由于工作内容、工作地点和生产工具都在用人单位掌控之下，所以用人单位有义务保障劳动者的人身权。而且，劳动力和劳动者人身是一体的，因此这里的人身权是一个广义上的权利，包含生存权、健康权、人格权和发展权等。用人单位对劳动条件的设定、劳动合同的约定、工资的发放都能够对劳动者人身权产生重大影响。

这些权利在劳动者人格不独立的奴隶社会和封建社会时期是

没有存在基础的，因此也就没有发展成为现代劳动法的支柱。虽然在社会化大生产模式下，劳动者实质上在劳动过程中也是从属于用人单位的，但在形式上人格是独立和自由的，故而劳动者的人身权第一次出现了独立的权利主体（劳动者）和独立的义务主体（用人单位）。劳动法从而衍生出一整套用人单位和劳动者之间的权利义务体系，如安全与卫生保障关系、劳动报酬保障关系、集体协商关系等。

资本主义初期的社会化大生产的方式决定了劳动法一直以来沿用的形式。劳动法的制度构建有着非常强的时代基础，被打上了生产模式的烙印。以工时制度为例，众所周知，当今国际上普遍执行的八小时工作制是 19 世纪工人们联合起来通过谈判和斗争争取而来的，它既属于资产阶级妥协的结果，也符合了工业化大生产模式的特征。在传统的生产线上，工人们往往是统一开始工作、统一休息，从而保持生产的协调和配合。工人阶级在工时方面不仅利益是一致的，而且实现方式也是一致的，共同实行统一的作息制度，尽量把工作时间控制在八个小时以内。与此相配套的是，工时制度在工厂车间里面是否得到落实的判定标准明晰，执法和监督难度不高。另外，劳动者当时争取劳动权益所采用的产业行动，也体现了社会化大生产模式下工人阶级的高度组织性和纪律性，而这些特点也成为集体劳动关系调整机制的落脚点。

劳动法回应了劳动保护和经济发展的时代需求，经历社会化大生产一百多年的洗礼和磨合，逐渐形成了一套相对成熟的机制。从劳动合同机制到劳动安全卫生机制，从工资保护到反歧视保护，从工时保护到集体劳动关系保护，为产业工人提供了较为全面的保护，这些保护机制也因高度契合当时的生产模式而得到很好的执行。

但进入千禧年之后，新商业模式、技术革新层出不穷（如平台经济和“工业 4.0”）。第三次工业革命带来的计算机技术结合互联网和移动通信的发展，让通信和物流成本都大大降低了，生产资料和劳动者不必都集中到工厂里进行生产和加工。而且，工业自动化技术的发展成果带来至少两方面的效果：一种情况是替代了简单重复的流水线上的工人；另一种情况是让生产加工设备小型化（如 3D 打印机）和生产定制化，传统的大工业和批量化的生产日渐式微。同时，以平台为代表的新型商业模式异军突起，雇用了越来越多的劳动者，改变了服务的模式，其中既有技术要求比较高的编程、设计和控制等工作，也有技术要求不太高的快递、外卖等劳动。

这在某种程度上开创了本书称为“社会化小生产”的时代。社会化小生产指的是劳动者以个体或小规模组织的形式参与社会化生产，它借助的是现代发达的通信工具和科技手段，远程接受指令来完成社会分工。比较典型的例子就是共享经济，在共享平台的调度和指挥下，服务提供者直接向客户提供服务，完成客户交给的订单，并通过平台收取费用。服务提供者往往是劳动者个人，并不“从属于”平台，不从平台领取工资，不限于从某个平台获取订单，也不为固定的客户提供服务。这种生产模式下，劳动者在微观上往往是以原子化、灵活化的形式进行劳动，但在宏观上通过平台的协调构成了社会化生产中的一环，社会分工的性质并没有改变，甚至劳动内容也与类似行业的生产或服务没有太大差异。可能唯一发生变化的是组织形式和协作形式，平台用工不再以工厂为单位，也不再以生产资料和劳动者的物理集中作为生产的基础。

但需要指出的是，社会化小生产的到来，并不意味着社会化大生产退出历史舞台。社会化小生产的出现是由一定社会、物质和技术条件决定的，如平台经济，它的产生与互联网、大数据运算、物流体系和支付方式的发展是分不开的。如果没有互联网，用户的需求就无法便捷地集中到平台企业形成大数据信息；如果没有先进的大数据运算方式，平台无法将需求与供给进行快速有效的匹配；如果没有发达的物流体系支撑，平台无法将生产资料或产品输送给客户；如果没有稳定可靠的在线支付工具，平台无法保障交易的安全性和有效性。所以，新经济是科技和基础设施发展到一定阶段的产物。但科技和基础设施建设尚处在起步和发展阶段，尚不能完全替代或颠覆传统的社会化大生产的模式。也就是说，在很长一段时间内，两种生产模式将会并存。

虽然社会化小生产仍属于新生事物且应用面有限，但足以给传统的劳动法机制带来前所未有的挑战。首先，社会化小生产的劳动条件难以获得传统劳动基准的保护。社会化小生产劳动者所得的劳动报酬虽然是其主要的甚至唯一的生活来源，但因为不属于工资而跨不进劳动法的保护门槛。在社会化大生产模式下，工人的生活主要靠劳动报酬，劳动报酬能否及时足额给付关涉劳动者的生存权，因此劳动法将工资作为特殊债权进行保护，严格限制扣除项、规定最低标准、建立特别救济途径等。在社会化小生产模式下，以平台用工为例，平台从业者获取的劳动报酬虽是劳动所得，但在法律性质上不属于劳动法中的工资，仅属于一般债权而无法享受工资债权的特殊保护。另外，以劳动法中的标志性制度——工时制度为例，其在社会化小生产模式下似有被架空之嫌。资本主义社会初期的机器大生产模式形成了相对统一、集中的作息制度，八小时工作制的执行和落实都相对简便。而在社会化小生产的模式下，原子化的工作方式和弹性化的工作时间，让工作与生活难以严格区分，进而模糊了工作时间的标尺；灵活化的工作特点让工时制度的落实困难重重。还有，劳动安全卫生问题在社会化小生产模式下也失去了责任主体——用人单位。社会化小生产的组织形式不同于社会化大生产中工厂的机制，劳动者的原子化、灵活化的工作方式让其不再受到用人单位的完全控制和指挥，他们也未必使用用人单位的工作场地和生产资料进行生产，让社会化小生产中用人单位的安全保障责任失去了立意基础，也让社会化小生产中的劳动者失去了保护的屏障。

其次，在劳动关系运行机制当中，个体劳动合同和集体劳动机制也受到了挑战。在社会化大生产模式下，工人的劳动是从属于工厂的，在工作时间内需要听从工厂的指挥，因此劳动合同的制度设计要尽量配平双方的地位，防止企业滥用自己的指挥权。而在社会化小生产模式下，劳动者对平台的从属性在很多方面有所降低，劳动者不仅可以自主选择是否接单开展劳动，还可以自己决定劳动的方式，平台往往对劳动的过程不加干预，仅关注劳动的最终成果是否符合要求。失去从属性特征的平台用工关系难以进入劳动合同保护机制当中，如劳动合同中的形式要件、必备条款、反歧视保护和解雇保护等。同样，集体劳动关系的运行方式也受到巨大的挑战。社会化小生产中分散灵活的工作方式，让其中的劳动者很难形成稳定的代表组织，难以按照规范性的要求逐步开展集体协商和签订集体合同，也无法彰显集体劳动关系机制对劳动者的保护。

再次，社会保险制度所遇到的挑战更为全面和艰巨。劳动者在社会化小生产的模式下，收入更不确定、工作更不稳定、流动性更强，这让社会保险制度进退失据，一方面难以核算缴费基数，另一方面无法保持稳定的缴费收入。而就业的高度流动性带来了社保转移支付的强大压力，尤其是在社保统筹层次不高的情况下。另外，很多传统社会保险的缴费和给付主体都是按照正规就业模式设计的，调整的是社保机构、用人单位和劳动者三方之间的关系。社会保险常见的收支方式是用人单位和劳动者共同缴纳保险费用，社保机构和用人单位共同给付保险待遇。而在社会化小生产当中，用人单位缺位或不明是普遍现象，社保缴费在制度上虽然也允许灵活就业者单独缴费，但在给付保险待遇的时候却仍让用人单位分担责任（如工伤保险），当灵活就业者没有对应的用人单位时，自然无法得到全额补偿。

最后，劳动争议处理机制和劳动行政管理服务机制在社会化小生产中也面临着挑战。劳动争议处理机制虽然已经作了灵活化的调整，但仍然无法满足灵活就业者对争议处理机制的便利化、快速化追求。劳动行政部门也似乎没有做好针对灵活就业进行管理和服务的准备，在劳动力市场的管理规范当中并未将灵活用工纳入其中。同时，对于劳动争议处理机制和劳动行政管理服务机制而言，最大的理论挑战是是否需要突破劳动关系这一前提，将灵活就业纳入其管辖和管理的范围。还有一个挑战是，面对汹涌而至的灵活用工争议和需求，劳动司法机关和行政机关是否做好了处理能力方面的准备。

从宏观角度来看，这些挑战前所未有，传统的劳动法如果要继续对包括新业态在内的劳动者进行广泛保护的话，就亟待革故鼎新。如果劳动法放弃社会化小生产这一阵地，又会造成一个制度性的成本落差，进而会扭曲社会化大生产与社会化小生产之间的关系，形成制度虹吸现象，市场的逐利性会推动就业的灵活性，让劳动者在“社会化小生产”的名义下失去保护。所以，劳动法裹足不前不可取，必须对社会化小生产现象作出回应，直面这些挑战。

但同时劳动法改头换面也不能完全脱离社会化大生产仍然存在的客观现实，不能盲目追风、厚此薄彼。当下，虽然已经进入高科技驱动的新时代，但传统的社会化大生产模式仍有其立足之地和存在空间，而且短期内也无法实现社会化小生产对社会化大生产的完全替代。劳动法在针对社会化小生产进行重构时，一方面不能抛开社会化大生产这一现实，对传统的产业工人仍要保持全面切实的制度关切；另一方面也需要对新经济中出现的劳动问题进行全面梳理，整合保护性制度，增强制度张力。但制度张力的体现，也不是削足适履，并非在不改变制度本身的情况下，硬将社会化小生产全部或部分地纳入劳动法的保护之下，反之亦然。

“凡是过往，皆为序章”——本书从社会化大生产背景下的劳动法切入，结合社会化小生产的特点，来分析劳动法的因应之道，尤其是结合新时代的特点，探讨劳动法的重构问题。社会化大生产当中，“社会化”乃是劳动法立意之本，也就是其法益所依托的基础，而“大生产”则是传统劳动法保护机制的模具，也就是其机制所依照的样本。社会化小生产当中，“社会化”属性没有变，劳动法的法益仍需坚持，但“小生产”是新时代劳动法所立足的现实，也是其机制所依照的样本。

新时代的现实是社会化大生产和社会化小生产同时存在，大生产的制度设计与小生产的制度设计，必将有所不同，不过有形式上的差别不是问题，关键是不能出现制度成本上和保护待遇上的差异，这样才能有效地防止制度落差。劳动法的双轨制也不能复杂化，更为重要的是，双轨之间不能有制度成本落差，否则就会带来恶性的制度选择，进一步破坏对劳动者的保护，还会对市场和生产起到扭曲作用，从而出现“劣币驱逐良币”的现象。

另外，根据社会化小生产的特性对劳动法进行重构不仅仅是劳动法内部的重构，更是劳动法与其他部门法进行互动和对话的过程。劳动灵活化的终点必将延伸至民事法律关系之中，社会化小生产逐渐模糊了工作地点、工作时间和工作过程，淡化了从属性，从而也磨削了劳动关系存在的根基。其他部门法倘若不进行相应的联动，劳动法千辛万苦建立起来的劳动保护和劳动关怀，也终将潜踪在民法平等主体的保护模式之中。同时，社会保险制度已抬步走出了劳动关系的樊篱，转而向所有劳动者开放，但仍是有限地扩面到养老和医疗两个领域。而与劳动关系密切的失业保险、工伤保险和生育保险却对社会化小生产下的劳动者止步不前。原因也很简单，社会化小生产的模式让“失业”“工伤”甚至是传统劳动法下的“生育”没有了劳动关系的前提，皆失去了原有的含义而无法进行保护。但“社会化”生产当中劳动权益是一致的，没有理由在社会化大生产模式下的劳动保护和社会保险中排除社会化小生产模式下的劳动者。社会化小生产当中劳动者失业、工伤、生育的风险不亚于社会化大生产模式下存在的风险，也需要等值等量的保护。

因此，本书根据社会化小生产的特点对劳动法内部进行了重构，对外进行了延伸和扩面。本研究秉持的基本原则是，从劳动法的基本法益出发，结合社会化小生产的特点设计部分制度以增加灵活性，而并非抛弃劳动法，同时要保证灵活性的增加不是以牺牲劳动者利益为代价的，也就是说制度成本应与原来的劳动法是相当的。对外适用统一原则，在不破坏灵活性的基础上，强化制度成本的一致性。无论是传统的社会化大生产的劳动者还是新兴的社会化小生产劳动者，无论他们在生产的外在形式上有何不同，只要付出了同样的劳动都会享有一致的待遇和保护。

本书的结构也正是基于上述的思路进行梳理的。从第二章开始，本书进入社会化大生产模式的理论和现实考察当中，找到它和劳动法之间的原生关系，努力揭示劳动法的生成机制和历史本源。本书在第三章进入对劳动法现有机制的考察当中，以中国劳动法为例，梳理社会化大生产在劳动法上留下的印记。第四章将开启对社会化小生产这一现象和概念的研究，再以中国为例分析社会化小生产模式。为了便于集中分析，本书选择以平台经济和灵活就业作为社会化小生产的典型样本展开论述。通过讨论社会化小生产在“劳动关系”方面展现出来的某些新的特点来总结它们对传统劳动法带来的挑战，同时对学界和实务界对相关问题的回应进行梳理，探索深入研究的进路。本书在第五章进入劳动法对时代性问题的回应，同时也尝试对民法和社会保险法中的相关制度展开一些讨论，囿于篇幅，仅仅粗略勾勒出劳动法时代发展的进路和相关建议。第六章的结论部分除了回顾本书观点和建议之外，还会对本书立论的一些反思和不足进行介绍，希望能够在未来的研究当中加以完善，也希望更多的劳动法学人共同参与、共同研究、共同发现。

需要指出的是，中国劳动法在改革开放的四十年当中，经历了从无到有、由单薄到丰富的过程。在改革开放的初期，为了促进市场经济的发展和劳动力市场的改革，通过学习借鉴国际上的成熟经验并结合我国的具体情况，我国于 1994 年颁布了《劳动法》①，对劳动关系进行全面的规制。进入千禧年之后，劳动立法进入了快车道，2007 年之后相继出台了《劳动合同法》《就业促进法》和《社会保险法》，全面完善了我国劳动保护体系，也实现了我国劳动法律的国际化和现代化，比肩国际标准。

近十年来，在高科技助力下的新型商业模式、新型生产模式在我国率先落地发展和广泛应用，也孕育出了新的劳动关系。比较而言，我国在新经济、新用工方面已经走在了世界的前列，提供了大量的社会化小生产新样本，既给我国相对年轻的劳动法带来不少挑战，也必将推动我国劳动法率先转型。时下，各国都或

---

① 为便于阅读，本书相关法律文件名称中的“中华人民共和国”字样都予以省略。

多或少地遇到了劳动法与社会化小生产的碰撞的问题，各国劳动法学人也在研究和探索当中。这次劳动法面临的挑战与之前几次劳动法的变革既有共同之处，也有不一样的地方。共同之处在于，劳动法的每次调整都是客观环境发生改变而推动的，带有很强的时代性。不同之处在于，这次面临的客观环境变化是带有新颖性和世界性的，既没有可供借鉴的外部经验，也没有充足的时间准备，各国都需要摸着石头过河。这次劳动法的转型将注定是先创的，而中国在这方面拥有得天独厚的本土样本可供研究，相关成果和实践也必将为世界范围内劳动法的发展贡献出中国智慧。

但囿于笔者能力和篇幅所限，本书只能基于我国社会化小生产的一些主要特点，以及劳动法的主要元素，作出一些初步的设想。其中不少构想没能从域外实践当中找到借鉴，大多数国家的相关实践和研究也在起步阶段，亦没有足够时间和实证来验证；社会化小生产本身也是新生事物，需要时间来定型；部分建议甚至还没有成熟的配套技术来支撑，因为设想的完善和技术的发展、应用需要一个过程。这些无不说明本书的论述仍是阶段性的，还需要更多研究来充实，甚至来推翻，但本书的研究并不是没有意义的，即便选错了劳动法的发展路径，也为未来劳动法的发展提供了一个试错的过程。

第二章　社会化大生产：劳动法诞生的时代基础

第一次工业革命发端于英国，它将人类社会从手工业生产时代带入了机械化生产时代，揭开了社会化大生产的序幕。1733年，机械师约翰·凯伊发明了“飞梭”，大大提高了织布的速度，纺纱顿时供不应求。1765年，织工哈格里夫斯发明了“珍妮纺织机”，开启了技术革新的连锁反应，揭开了工业革命的序幕。1785年，瓦特改良后的蒸汽机投入使用，为机器生产提供了更加强大和廉价的动力，大大推动了机器的普及和发展，将生产带入了“机器时代”。

随着工业生产中机器生产逐渐取代手工操作，传统的手工作坊的生产条件无法适应机器生产对运行环境的需要。为了更好地进行生产管理、扩大规模和提高效率，资本家开始建造工房，安置大型的机器并雇用大量的工人集中生产。一种新型的生产组织形式——工厂就出现了。工厂代表着先进的生产力，快速成为资本主义初期工业化生产的最主要组织形式，发挥着极其重要的作用。

伴随工厂出现的是工人阶级和劳动法。工人阶级是工业生产的关键力量，工厂规模的扩大，必然带来工人阶级队伍的壮大。

工人在生产过程中逐渐形成了共同的权利和利益诉求，如劳动报酬、工作时间和劳动安全保障等。但工业的现代化和工厂的规模化，却不能自动带来劳动权益的实现，相反会助力资本家对劳动者施加更为严重的剥削和迫害。事实上，劳动法就是在工人阶级的争取和资产阶级的妥协当中逐步建立起来的，它是和现代工业生产模式息息相关的制度，是近代出现的新型法律工具。

不过，学界也有不少著述认为劳动法诞生于英国第一次工业革命之前。例如，1349 年英国国王颁布的《国王令》（第一卷）（The Statutes of the Realm，Volume one）规定了一些行业的工资要按照法定标准支付以及劳动者的法定义务，还有 1563 年《关于各业工匠、工人、农业仆人和徒工的立法》等法律。[①] 但大多数学者普遍认为 1802 年的《学徒健康与道德法》，也称《工厂法》才是现代劳动法的标志。[②] 笔者亦同意劳动法的历史不宜过度向前追溯，原因是劳动法的产生有其时代背景。虽然 19 世纪之前就有调整用工关系的法律，它们也存在着现代意义上劳动法的某些端倪，但其模型是建立在封建社会生产关系之上，而非调整工业生产中的劳动关系。

事实上，正是社会化大生产的出现催生了劳动法这一新鲜的法律工具。调整主仆关系，工场主和雇工、学徒关系的规范古而有之，但调整工厂中资本家与工人之间关系的机制，只可能是工业化之后的产物。劳动法的时代背景在很大程度上是依托马克思

---

① 许明杰. 封建危机与秩序重建——从劳工法看中世纪晚期英国社会与政治的互动 [J]. 世界历史，2017 (04)：74 - 86，157 - 158.

② 王全兴. 劳动法（第四版）[M]. 北京：法律出版社，2017.

在《资本论》当中所呈现和界定的社会化大生产而铸就的。因此，本章将以社会化大生产的特点作为切入点，来探究劳动法诞生的时代基础。

一、社会化大生产的降临

社会化大生产也称机械大生产，是指生产过程本身的社会化，是同小生产相对立的组织化、规模化生产的方式。企业将生产资料和劳动力集中起来，通过内部专业化的分工和规模化的生产，形成了“大生产”的样态；与外部生产单元进行协作，使生产过程各环节形成一个不可分割的整体，形成了“社会化”的本质；利用市场自动调节功能，整体呈现出生产社会化的效果。

“社会化大生产”至少有两层含义，一是相对于分散的小规模的生产而言，集中的大规模的生产就是大生产。马克思把缺少分工和产品交换的经济形态叫作“自然经济”，在这种生产状态下，人与人之间的关系少，而与自然的关系多，也就是小生产。[①]马克思认为资本主义生产力发展的主要的、区别于以前一切社会生产的特征，就在于大生产的发展，从简单协作到工场手工业，再到机器和大工业的发展，这是一个生产不断社会化的过程。[②]

二是大规模生产既为社会化服务，也被社会化所支配，生产与社会存在着密不可分的联系。在资本主义生产社会化的过程

---

① ［德］马克思．资本论［M］．中共中央马克思恩格斯列宁斯大林著作编译局编译．北京：人民出版社，2004.

② ［德］马克思．资本论［M］．中共中央马克思恩格斯列宁斯大林著作编译局编译．北京：人民出版社，2004.

中，生产单元的规模通过资本积累和资本集中而得以扩大，形成了生产资料的集中和劳动的分工。广泛的分工协作让各个企业、各个行业的生产十分紧密地联系在一起，从而成为一个有机的整体。生产的社会化同生产分散化和自给化相比具有很多优越性，实现了生产率和生产力的双提升。资产阶级正是依靠生产社会化带来的效益而完胜自然经济下的小生产。

社会分工的发展在大机器生产的背景下，出现了两大主体——工厂（资本家）和工人阶级。资本在追逐利润和效率的同时出现了高度集中的趋势，资本家为了充分利用机械化带来的效应，集中各种经济资源来扩大生产规模，推动了早期的生产单位——工厂的诞生和壮大，也造就了一批从事工业生产的产业工人。两者在生产上虽相辅相成，但在利益上却博弈不断，经过百年的斗争与妥协，形成了现代劳动关系的两大主体，也铸就了现代劳动法的基本模式。

（一）工厂模式的扩张

欧洲虽然在封建社会时期就已经出现了生产组织和经营组织，但它们尚不具备工厂和企业的性质和形式。早在工业革命之前，欧洲的手工业生产也存在自己的组织——行会，还有包销商进行控制，但行会和“包销商”都不属于企业。具体而言，封建行会是手工业者自行成立的组织，担负着行业标准的制定和产销总体控制的任务，但并不对手工业者的生产进行管理。[①] 封建行

---

① 夏盼盼．论封建主与中世纪伦敦行会兴起的关系［J］．黑龙江生态工程职业学院学报，2015，28（03）：132－134.

会曾经对手工业生产起到过积极作用，但随着大批手工业者扩散到乡村，分散的工场手工业在乡村迅速发展起来，居于城市当中的行会对手工业生产的控制力进一步减弱。随之，“包销商”渐成市场的主导力量。“包销商”最早是在 14 世纪末的英国毛纺织业中出现。起初，“包销商”只是协调生产者和购买者，仅从事买卖，不参与制造，到 15 世纪以后，他们开始直接支配生产活动，不仅在城市里掌控一部分工匠的生产加工活动，还控制着大量分散于乡村的帮工和农村手工业者。① 但历史上“包销商”大多并不直接持有生产资料，所以尚不具备资本家的属性。

在马克思看来，手工工场并不是真正的企业，单有协作也不能称之为企业，它要演变为资本主义企业还须具备两个条件：一是足够的资本和自由劳动力的储备；二是技术的储备，尤其是机器大工业导致工厂制度的出现。② 在漫长的封建社会当中，劳动力被固定在封建领主的土地上无法自由流动，资本也以土地的形式掌握在封建领主的手中，无法形成工业化的生产力。科技与技术研究也被欧洲中世纪的宗教思想所禁锢，技术生产力迟迟得不到释放和推动。

封建社会和传统生产方式的没落带来了大量的自由劳动力储备。自 15 世纪末起盛行的圈地运动使大量的自耕农丧失了其赖以生存的耕地，大片零散土地被整合，被新兴贵族用以从事畜牧业，也就是欧洲历史上有名的“羊吃人”的阶段。失去土地的自

---

① 张斌．企业进化规律研究［D］．吉林大学．2007.

② ［德］马克思，恩格斯．马克思恩格斯全集［M］．中共中央马克思恩格斯列宁斯大林著作编译局编译．北京：人民出版社，1974.

耕农涌入城市，其中不少都转化为乞丐、流浪者。因此，15世纪末和16世纪，整个西欧都颁布了惩治流浪者的血腥法律，迫使曾经的自耕农们从事雇佣劳动，成为最初的以贩卖劳动力为生的劳动者。诚如马克思所言，“独立自耕农的稀薄化，就带来了工业无产者的浓密化”①。

在自耕农转化为劳动者的过程当中，他们自身的消费需求也为资本创造出了国内市场，形成了生产与生活需求社会化的现实。在自然经济时期，农民家庭生产的绝大部分是供自己消费的生活资料和生产原料。自耕农失去仅有的土地和生产资料，无法完成自给自足的生产，只能从市场购买，为了能够挣到换取生活必需品的资金，不得不从事手工业生产，从而构成了现代生产的源头。

劳动者的生产与交换使资本得以进一步积蓄。资本积累主要体现在以下三个方面：一是领主、贵族对于自耕农土地的掠夺，还包括宗教改革期间对于寺庙所有土地的掠夺。二是地理大发现以来，欧洲资本家对于南美、非洲及亚洲的殖民掠夺。在欧洲外部直接由劫掠、奴役、杀戮等手段所蓄积的财富，全部流回欧洲，转化成为资本。三是在前二者的基础上，积累了一定财富的资本家雇用失地农民，收容他们从事工资劳动。②

在实现了劳动力和资本储备后，手工工场已经初具企业之形

---

① ［德］马克思，恩格斯. 马克思恩格斯全集［M］. 中共中央马克思恩格斯列宁斯大林著作编译局编译. 北京：人民出版社，1974.

② 郑礼肖. 马克思对资本逻辑的批判及当代启示［J］. 重庆邮电大学学报（社会科学版），2019，31（03）：9-17.

态——协作。为了提高劳动生产率，工场主开始把手工业者集中在同一个场所，相互配合开展劳动。在这种情况下，劳动便有了分工和协作。各种操作不再由同一个手工业者全程独立完成，而是拆分为不同步骤，按照生产阶段分配给各个手工业者，共同完成一项任务，而这也正是现代企业的组织雏形。

在大工业的不断影响下，以往的生产形态不断瓦解和分离，组织体系更加完备、分工更为明确的工厂制逐渐成为社会化大生产的主要载体。工厂制最显著的特点是从手工业作坊式的对生产成果的要求，转变为对工业加工式的生产过程的要求，企业直接规定和监督劳动者应该生产什么、生产多少及如何生产，从而建立了指令性制度。工厂对劳动者的指挥权是机械化大生产的显著特点和必然结果，所有劳动者就如同一台大机器的零部件，配合开展劳动。每一个人都需要按照既定的标准和要求完成本环节的工作，这就大大提高了组织效能，自此集中生产的形式——工厂工作制——便被固定了下来。

机器的使用既是工业革命的起点，也是手工工场最终发展成为资本主义企业的起点。机器让劳动逐步实现了“以自然力代替人力，以自然科学之意识的应用，代替经验的例规”①。劳动者需要以机器为中心开展劳动，资本和人力都在向机器集中，也让现代大工业代替了传统手工业。因此，第一次工业革命波及之处，工厂如雨后春笋般出现，机器数量迅猛增加，几乎全部生产领域都被机器生产所占据。

---

① ［德］马克思，恩格斯．马克思恩格斯全集（第44卷）［M］．中共中央马克思恩格斯列宁斯大林著作编译局编译．北京：人民出版社，2001：443.

综上所述，建立在机器基础上的工厂大工业改变了原有工场手工业的生产方式，逐渐成为经济与社会的主流。机器本身的性质决定了生产集中化的必然趋势，也催生了工厂这一生产单位。资本和技术的高度集中是工厂得以设立的物质基础，而劳动者的自由流动则为大生产的开展提供了支撑。工厂的出现是资本聚集和生产模式变化带来的必然效果。在马克思看来，规模化的企业分工协作不仅是生产社会化的起点，也逐步成为占统治地位的社会化生产方式，“工业企业规模的扩大，对于更广泛地组织许多人的总体劳动，对于更广泛地发展这种劳动的物质动力，也就是说，对于使分散的、按习惯进行的生产过程不断地变成社会结合的、用科学处理的生产过程，到处都成为起点。这种普遍化使小规模的分散的劳动过程向大的社会规模结合的劳动过程的转化也普遍和加速起来，从而使资本的积聚和工厂制度的独占统治也普遍化和加速起来”。①

（二）工人阶级的壮大

关于工人阶级的形成，各种理论众说纷纭但大同小异，基本指标和因素都包含主观和客观两个方面。马克思曾指出，“工业变革的最重要的产物是英国无产阶级”②，但这一过程不是一蹴而就的。正如汤普森在《英国工人阶级的形成》中提出的那样，工

---

① ［德］马克思，恩格斯．马克思恩格斯全集［M］．中共中央马克思恩格斯列宁斯大林著作编译局编译．北京：人民出版社，1974．

② ［德］马克思，恩格斯．马克思恩格斯选集（第1卷）［M］．中共中央马克思恩格斯列宁斯大林著作编译局编译．北京：人民出版社，2012：101．

人阶级的形成是一个动态过程，其中既有主观的因素，又有客观的条件，“阶级是一种历史现象，它把一批各个相异、看来完全不相干的事结合在一起，它既包括在原始的经历中，又包括在思想觉悟里”。[①]

客观条件方面，资本主义生产力的发展以及工业革命催生了工人阶级。英国工人阶级始于 18 世纪后半叶，随着蒸汽机和棉花加工机的发明而开始。[②] 珍妮纺纱机及之后更多先进发明的使用，先是使纱的生产费用降低，布匹的价格随之下降，导致市场对布匹的需求增加，对织工数量的需求更多了，于是资本家为了扩大自己的利益，提高了织工的工资以招揽更多的织工。“这样，兼营农业的织工阶级就逐渐完全消失而成为新兴的纯粹的织工阶级，他们仅靠工资生活，没有一点财产，甚至连名义上的财产（一块租来的土地）也没有，于是他们就变成了无产者（working men）。”[③] 这是一个必然的历史结果，也是英国工业无产阶级产生的根本原因，而最早启动工业革命的英国也最先出现了产业工人这一群体。

随着更多更先进的机器在其他行业中被投入使用，产业工人队伍更加壮大。正如恩格斯所说：“由于这些发明（这些发明年年都有改进），机器劳动在英国工业的各主要部门战胜了手工劳

① ［英］E. P. 汤普森．英国工人阶级的形成［M］．钱乘旦译．江苏：译林出版社，2013.

② 舒小昀，高麦爱等．恩格斯《英国工人阶级状况》研究读本［M］．北京：中央编译出版社，2017.

③ ［德］马克思，恩格斯．马克思恩格斯选集（第 1 卷）［M］．中共中央马克思恩格斯列宁斯大林著作编译局编译．北京：人民出版社，2012：90.

动，从那时起，英国工业的全部历史所讲述的，只是手工业者如何被机器驱逐出一个个阵地。”① 产业工人所在领域不断扩张，渐渐在人数上与农村的农民、城市居民旗鼓相当，成为一股不容小觑的社会力量。最后，工人阶级第一次真正成为居民中的一个固定的阶级。

工人阶级之所以能形成一个阶级，除了不断壮大的群体之外，利益和特质的同一性更是其阶级性的内核。马克思认为，是因为市场的高度同质化，带来了工人的同一性，从而催生了工人阶级。机器大工业的发展让劳动者的利益越来越一致，逐渐形成了相关的组织，来代表自己的群体争取共同的利益。在《哲学的贫困》一书中，马克思提出“经济条件首先把大批的居民变成劳动者。资本的统治为这批人创造了同等的地位和共同的利害关系。所以，这批人对资本来说已经形成一个阶级，但还不是自为的阶级。在斗争中，这批人联合起来，形成一个自为的阶级。他们所维护的利益变成阶级的利益”。②

资本主义国家统治阶级对工人们的压制反过来又强化了工人的同一性。马克思从德国和其他欧洲大陆国家的经验出发，证明了除社会和经济环境外，还存在另一个因素——国家压制，资产阶级国家机器的压制使工人阶级趋向同质化。因为，在资本主义社会初期，国家对工人运动的全面压制降低了劳动者用行会和小

---

① ［德］马克思，恩格斯．马克思恩格斯选集（第1卷）［M］．中共中央马克思恩格斯列宁斯大林著作编译局编译．北京：人民出版社，2012：92.

② 姜海波．马克思《哲学的贫困》研究读本［M］．北京：中央编译出版社，2013.

团体方式来维护自身利益的可能性，导致所有的工人——不论来自什么地区及从事什么行业和工种——在劳动力市场上都处在基本相同的不利地位，从而强化了组团自救的做法，促成了工人的同一性，而这种同一性正是阶级团结的基础。这也与马克思和恩格斯在《共产党宣言》中提出的阶级的政治性遥相呼应，“无产阶级在反对资产阶级的斗争中一定要联合为阶级”。[①] 这样，马克思和恩格斯就把阶级同一性的政治标尺确定下来了，即“联合”。

整体而言，工人阶级意识的觉醒程度与英国工业革命的发展程度是一致的，尤其是工厂制度的广泛应用增进了工人阶级的觉醒。恩格斯指出，“工厂制度渗入某个劳动部门越深，这个部门的工人参加运动的也就越多；工人和资本家的对立越尖锐，工人中的无产阶级意识也就越发展，越明朗”。[②] 例如，在产业工人、矿业工人、农业工人当中，产业工人最先受到机器的冲击，最先受到资本主义最残酷的剥削，也最先意识到自己的利益，在工人运动中的投入程度与抗争意识也是最强的。此外，恩格斯还认为，工人阶级的觉醒与人类意识的觉醒是一致的。“所有的工业工人都被卷入了反对资本和资产阶级的各种斗争；他们一致认为，他们是‘工人’——这个头衔使他们引以为自豪，并且是宪章派集会上通常的称呼——他们构成了同一切有产阶级相对立的、有自己的利益和原则、有自己的世界观的独立的阶级，在他们身上

---

① ［德］马克思，恩格斯．马克思恩格斯选集（第 1 卷）［M］．中共中央马克思恩格斯列宁斯大林著作编译局编译．北京：人民出版社，2012：422.

② ［德］马克思，恩格斯．马克思恩格斯选集（第 1 卷）［M］．中共中央马克思恩格斯列宁斯大林著作编译局编译．北京：人民出版社，2012：132.

蕴蓄着民族的力量和推动民族发展的才能。”①

总体而言，工人阶级出现的决定因素，既包含“客观”的一面，又包含“主观”的一面。客观方面包括但不限于：生产方式的转变使大批手工业者和农民转化为工厂工人参与到工业生产当中；资本雇佣劳动，使劳动者从处于封建人身依附关系中的佃户转化为雇佣劳动者或以挣工资谋生的人。主观方面包括：工人的自我意识（个体意识和阶级意识）和社会意识的发展；工人们从个体走向团结、合作，建立维权组织，联合起来以集体性的行动来反抗剥削、争取权益。正是在客观和主观条件的共同作用下，英国率先出现了工人阶级，并逐渐在全世界范围内形成了工人阶级。

（三）劳动从属性的强化

企业在广泛采用机器生产的情况下，在生产单元内部出现了严密分工和标准流程，在外部也实现了生产单元之间的社会分工。马克思曾指出，“随着新生产力的获得，人们改变自己的生产方式”，② 而新的生产方式正是社会化大生产。社会化大生产中的劳动，与封建社会中的主仆关系和领主与佃户之间的劳动关系相比，存在以下几个明显的特点：

1. 劳动的社会化

马克思认为，在资本的生产过程中，劳动形式已经不再是孤

---

① ［德］马克思，恩格斯．马克思恩格斯选集（第1卷）［M］．中共中央马克思恩格斯列宁斯大林著作编译局编译．北京：人民出版社，2012：138.

② ［德］马克思，恩格斯．马克思恩格斯选集（第2卷）［M］．中共中央马克思恩格斯列宁斯大林著作编译局编译．北京：人民出版社，2012：827－828.

立的个体劳作，而是“完全不以单个工人意志为转移的关系；工人从属于资本，变成了社会构成的要素，但是这些社会构成并不属于工人。因而这些社会构成，作为资本本身的形态，作为不同于每个工人的单个劳动能力的、属于资本的、从资本中产生并被并入资本的结合，同工人相对立”。[①] 在社会化劳动的初期，资本代表社会同分散的工人进行集体交换，“资本给各种独立的和分散在各处的手工织工、纺工等活干”[②]，工人们生产的产品及创造的剩余价值便积累了起来。对于工人们而言，他们实现了一种形式上的劳动联合，但这种联合并非工人们自主自愿的行为。由于工人群体是和单个资本家交换，因此资本的集中也带来了交换的集中。在资本主义的起步阶段，资本家将工人集中在工场之中进行生产，并通过监工、规章制度及劳动纪律对工人的劳动进行监管，后发展为资本依靠工人的联合来进行生产，工人的集体力量和社会力量也因此逐步显现出来了。由此，劳动逐步从独立性和个体性走向了联合性和社会性。[③]

劳动目的发生了变化，逐渐脱离了自给自足的模式，转而服务于整个社会而且依赖于社会。马克思认为，在资本主义条件下，“每个个人的生产，依赖于其他一切人的生产；同样，他的产

---

① ［德］马克思，恩格斯．马克思恩格斯选集（第 2 卷）［M］．中共中央马克思恩格斯列宁斯大林著作编译局编译．北京：人民出版社，2012：832.

② ［德］马克思，恩格斯．马克思恩格斯全集［M］．中共中央马克思恩格斯列宁斯大林著作编译局编译．北京：人民出版社，2012：105.

③ ［德］马克思，恩格斯．马克思恩格斯选集（第 2 卷）［M］．中共中央马克思恩格斯列宁斯大林著作编译局编译．北京：人民出版社，2012：850.

品转化为他本人的生活资料，也要依赖于其他一切人的消费”①。因此，每个人若要获得满足自身生存需要的生活资料，就必须服从于社会交换，向他人出让自己的活动或产品，这便需要工人的劳动和劳动产品具有社会性。劳动的目的是获取更多的交换价值，而具有这种交换价值的物品便是货币。人们为了获取货币，不得不按照社会的需要和生产的要求从事交换价值的生产，从而进一步推动了劳动的社会化。

2. 生产资料的集中化

通过资本的原始积累，多数人的分散小资产转化成为少数人的集中大资产。对于资本家来说，只有将曾经的生产者的一切生产资料和封建制度所给予的一切生存保障完全剥夺，劳动者才会成为劳动力的出让人，“自愿”地服从管理转化成为雇佣工人。马克思曾言：“共同地同时使用生产条件使它们的相对价值降低，虽然它们所体现的绝对价值量提高了。”② 资本家在资本积累的过程中将劳动者和劳动资料相分离，从而掌握了大量的生产资料，再用生产资料来吸引劳动力为之服务，进一步创造和积累资本，使得资本家购买更多的生产资料，生产资料的集中程度得到了再次加强。

资本家为了便于充分利用生产资料，将其集中到一处进行生产。在恩格斯看来，生产资料的集中使用是社会化大生产发展的

---

① ［德］马克思，恩格斯. 马克思恩格斯选集（第2卷）［M］. 中共中央马克思恩格斯列宁斯大林著作编译局编译. 北京：人民出版社，2012：839.

② ［德］马克思，恩格斯. 马克思恩格斯选集（第2卷）［M］. 中共中央马克思恩格斯列宁斯大林著作编译局编译. 北京：人民出版社，2012：840.

基本条件和有力杠杆。资产阶级从15世纪开始经过简单协作、工场手工业和大工业这三个阶段，将过去小生产分散的生产资料集中和扩大。恩格斯曾指出，“资产阶级要是不把这些有限的生产资料从个人的生产资料变为社会化的，即只能由一批人共同使用的生产资料，就不能把它们变成强大的生产力”。[①] 在资本主义大工业生产方式下，通过生产资料的集中使用，工厂能够采取更细致的分工，能够更全面地应用和改进机器，让生产资料得到进一步的节约，使生产效率进一步提升。

第二次工业革命的到来加速了生产资料的集中。由于生产与经济的发展，蒸汽动力已经远远不能满足机器大工业的发展需求，正是这个时候，即19世纪上半叶，物理学对电磁运动规律的发现，为电能的利用提供了理论的准备。到19世纪下半叶，电能的利用已经进入了实际应用领域，由此引发了第二次工业革命。在这一阶段，工业化程度不断提高，工业生产部门的生产组织形式进一步发生变化。如果说，在蒸汽时代，生产资料的集中只是社会化大生产与手工工场相比存在的成本优势，那么在第二次工业革命后，生产资料集中已使得社会化大生产与手工工场之间出现了本质上的区别。以电力为驱动的机器在生产的各个环节都能得到应用，实现了工厂生产全流程的电气化，让生产资料的进一步集中成为可能，也成为必要。工厂可以一站式地完成从原材料到产成品的生产，节省了转运和组织的成本，而且也能够充分体现出规模化的效应。

---

① ［德］马克思，恩格斯．马克思恩格斯选集（第2卷）［M］．中共中央马克思恩格斯列宁斯大林著作编译局编译．北京：人民出版社，2012：832.

3. 劳动的从属化

劳动者在社会化大生产过程中形成了对雇主（企业）的从属。从属性是现代劳动关系的一个核心特点，主要体现为劳动者在人身和财产上对雇主的依附，对雇主劳动指令的遵从。对于从属性，马克思将其分成了两个层面——形式上的从属和实质上的从属。事实上，劳动者在形式上和实质上的从属性逐渐转化为劳动关系的认定标准，从属性蕴含着雇主对劳动者的照顾义务，并成为劳动法介入劳动关系的抓手。

（1）形式上的从属

从形式上看，劳动对资本的从属，也就是劳动者对雇主的从属，表现为以获取剩余价值为基础而产生的人身上的依附。马克思认为，这种形式上从属的特点主要体现在以下两个方面：第一，劳动者作为其自身劳动能力（劳动产权）的所有者，以出卖劳动力的卖家身份，同拥有货币（资本产权）的资本家进行交换，存在经济上的依附关系。因此，劳资双方都作为各自产权的所有者，互为买家和卖家进行交易。虽然劳资双方在形式上是自由人，但买卖关系的建立让双方互负义务、互相依存。① 第二，劳动者不占有任何生产资料，因而对拥有生产资料的资本形成了人身上的依附关系。资本家拥有的生产资料和劳动者拥有的劳动力是对立统一的关系，相互之间都不完全占有生产要素，相互之间都要依靠对方来获取利益，尤其是对于劳动者而言，劳动对资

① ［德］马克思，恩格斯．马克思恩格斯选集（第2卷）［M］．中共中央马克思恩格斯列宁斯大林著作编译局编译．北京：人民出版社，2012：828.

本在人身上的从属性更为明显。[1]

相较于奴隶制、农奴制和佃农制等人类社会历史上曾经出现的从属关系，劳动对于资本的从属主要是在形式上发生了变化。具体来看，劳动从属的形式更加自由，从属只是物质性的，它所涉及的也仅仅是劳动者和资本家在生产过程中的地位，而不涉及社会关系上和生活关系上的地位。易言之，脱离工厂和生产过程这一时空条件，劳动者与资本家之间的从属性就不存在了，取而代之的是各自的独立性。而在奴隶社会，奴隶和奴隶主之间的从属关系是全方位的，奴隶主是通过直接强制来管理奴隶的所有方面。奴隶所进行的劳动，并不是为了其自身的生存，而是为了避免遭到奴隶主的鞭笞。相较于奴隶、徭役等，资本主义国家中工人是为了工资，为了自身的生存而劳动，其追求的是一定量的交换价值，在形式上存在经济上的从属和隐性的从属。[2]

（2）实质上的从属

科学和机器的深度整合和广泛应用，不仅带来了劳动关系形式上的变化，而且带来了劳动过程的变化，让劳动对资本的从属也从形式上转变成了实质上的从属。马克思认为，劳动对资本实质上的从属是在创造与绝对剩余价值不同的相对剩余价值的一切形式中发展起来的。[3] 大规模的集中劳动与小规模分散劳动相比，

---

① ［德］马克思，恩格斯．马克思恩格斯选集（第2卷）［M］．中共中央马克思恩格斯列宁斯大林著作编译局编译．北京：人民出版社，2012：827－828.

② ［德］马克思，恩格斯．马克思恩格斯选集（第2卷）［M］．中共中央马克思恩格斯列宁斯大林著作编译局编译．北京：人民出版社，2012：827－828.

③ ［德］马克思，恩格斯．马克思恩格斯选集（第2卷）［M］．中共中央马克思恩格斯列宁斯大林著作编译局编译．北京：人民出版社，2012：827－828.

劳动相对价值更容易积累，产生的剩余价值也更多。为了便于大规模集中生产的顺利开展，资本对生产方式和劳动过程的控制就更为严厉和严密，让劳动者在劳动过程中时刻都在资本家的监督和控制之下。

劳动在资本家的严密监管下开展，在实质上已经从属于资本了，劳动者在劳动关系中就彻底丧失了自主性。劳动者为雇主提供劳动，不仅在经济上完全依附于资本，而且在工作时间内在人身上也必须完全听命于资本。劳动者提供劳务系受雇主之指示，雇主透过劳动契约将劳动者纳入其事业组织当中，并决定其劳动义务之给付地点、给付时间与给付量等。① 在劳动过程中，劳动者无法自由地支配自己的工作时间及工作内容，其需要服从雇主的指挥并接受雇主的监督。可以说，在资本主义的生产方式下，资本家通过发放工资购买劳动力的方式建立了经济上的从属性，再通过对生产过程的把控建立了人身上的从属性，从而实现了对劳动者的全面控制。

4. 法律上的从属性

劳动法正是基于当时社会化大生产的现实，将从属性设置为劳动关系的核心特点，也作为劳动法工具落地的主要法理依据。在劳动法律层面上，从属性亦可称控制性，即劳动者从属于雇主，雇主控制劳动者，对于劳动关系的从属性，有人格从属性、组织从属性、经济从属性三种理解。② 首先是人格从属性，这是

---

① 黄程贯．劳动法［M］．新北："国立"空中大学印行，2001：63.

② 王全兴，王茜．我国"网约工"的劳动关系认定及权益保护［J］．法学，2018（04）：57－72.

相对于人格独立或自主决定而言的，强调的是劳动者受到雇主控制程度较高，全面听命于雇主的劳动过程导致了劳动者失去了独立的人格。劳动者从事何种劳动，运用何种手段劳动，劳动的时间和地点等事项，均受到雇主的高度控制。

其次是组织从属性，强调的是劳动者的劳动被纳入雇主的生产经营系统，从而成为其中的一个组成部分或者必要环节。由此，劳动者就成为雇主的劳动组织成员，在劳动中承担作为劳动组织成员所应负的责任，例如，遵守劳动组织规章制度、保守劳动组织的商业秘密等。同时，劳动者对外的活动也代表着组织的行为，劳动成果或行为对第三人或顾客产生任何伤害，由其所属的组织对外承担责任。因此，雇主对劳动者行为施以更为严格的管理，进一步强化劳动者的组织从属性。

再次是经济从属性，强调的是劳资之间经济实力的差异性。劳动的经济从属性可以从两个方面理解：一种是组织体内部的经济从属性，即马克思所指出的劳动者在出卖劳动力时在形式上表现出来的从属性。在同一个组织体内，劳动者的经济实力相对于雇主而言处于弱势，依赖雇主提供的生产资料和工作岗位，从事劳动、获得劳动报酬，借以谋生和增加财富。[①] 经济从属性所涵盖的范围与人格从属性、组织从属性基本相同。另一种是组织体外部的经济从属性，是两个有独立主体资格者之间的经济从属性，即在同一生产经营链条的不同环节之间，弱势经营者的经营机会，以及经营中的价格和利润，均由强势经

---

① 黄越钦．劳动法新论［M］．北京：中国政法大学出版社，2003：94－96.

营者控制，由此导致弱势经营者得到的利润极低，甚至几乎得不到利润。[①] 本书主要关注的是劳动关系当中的从属性，故而只针对第一种类型的从属性进行分析，即劳资之间的经济从属性。

二、劳动侵害问题的凸显

资本主义制度的发展给经济和社会带来了一系列的连锁反应，既带来了进步，也带来了问题，资本家享受着生产方式革新带来的红利，而劳动者却承担着工作方式变化带来的压迫。在资本主义市场经济的早期，科技进步改变了生产方式，形成了社会化大生产，建立了工厂，催生了工人阶级。工人阶级自诞生之时就一直是资本剥削和压制的对象，资本家对利润的贪婪追求给劳动者带来了无尽的梦魇，在社会化大生产的早期，劳动者人身权、财产权和集体劳动权受到侵害的情形比比皆是。

（一）劳动者健康遭到伤害

1. 生活、工作环境恶劣

随着工人大量涌入城市，城市人口急剧扩张，城市设施不堪重负、生活条件恶劣。仍以英国为例，1844 年英国直接或间接从事棉纺织业的工人有接近 150 万人，其中兰开夏郡从一个偏僻的很少开垦的沼泽地变成了棉纺织业的摇篮，人口在 80 年间增加了 9 倍，格拉斯哥自兴办棉纺织业起人口从 3

① 王全兴．劳动法（第四版）［M］．北京：法律出版社，2017：36.

万增加到 30 万。[①] 工人们被吸引到城市，但是却被剥夺了基本生活保障的权利，自来水得出钱才能安装，河流早已被污染并不能用于饮用。他们吃的食物是劣质的、掺假的和难以消化的，住的房子是潮湿的、不通风的，穿的衣服是破烂的或不保暖的，导致疾病广泛传播。仅在 1843 年一年当中，格拉斯哥 12% 的居民曾染上传染病，致使共计 32000 余人死亡，致死率高达 32%。[②]

英国资本主义初期的工作场所劳动环境更为恶劣。以 19 世纪的英国煤矿工人为例，他们当时经常出现尘肺病的情况，主要是由于长期在煤矿作业中的工人吸入大量含有硅、矽以及煤炭等对人体肺部功能、支气管等呼吸系统有伤害的灰尘颗粒所致，这种疾病的临床症状表现为呼吸衰竭、哮喘以及咳嗽。[③] 矿山行业业主对尘肺病一开始并不十分重视，导致 20 世纪患尘肺病的煤矿工人和因此死亡的矿工成千上万，对矿业发展和社会稳定造成较大影响。19 世纪 90 年代，英国斯坦福郡煤矿工人死亡原因统计数据表（如下表）指出：斯坦福郡 20 岁到 60 岁的煤矿工人中，死于肺结核、支气管炎、肺炎和其他肺部感染的比例达 45%，其中支气管炎和肺炎患者比率显著。

---

① 舒小昀．恩格斯《英国工人阶级状况》研究读本［M］．北京：中央编译出版社，2017：189－190.

② G. s. kilpatrick，J. C. Gilson. Management and treatment of Patients with Coal－Workers［J］. The British Medical Journal，1955，1（4920）：994－999.

③ G. s. kilpatrick，J. C. Gilson. Management and treatment of Patients with Coal－Workers［J］. The British Medical Journal，1955，1（4920）：994－999.

斯坦福郡统计的煤矿工人死亡率数据统计表①

	20 岁以下（人）	20—30 岁（人）	30—40 岁（人）	40—50 岁（人）	50—60 岁（人）	60 岁以上（人）	总计（人）
心脏病	1	3	5	2	7	14	32
事故	4	11	6	8	6	4	39
肺结核	1	2	3	10	4	1	21
支气管炎			2	6	11	54	73
肺炎	2	8	9	8	12	7	46
其他肺部感染			1	2	2		5
神经系统疾病				3	8	16	27
癌症				3	2	3	8
伤寒症	1	1	1		1		4
所有其他疾病		3		9	10	26	48
总计	9	28	27	51	63	125	303

另外，工作强度大也是当时工业生产的一个大问题。再以煤炭行业为例，煤矿工人不按时间点工作，却每天都需达到矿主要求的工作时长。1860 年以前，煤矿工人的平均工作时间为每日 12 小时，高强度工作导致了劳动者身体的严重伤害。② 其他行业也是如此，正如罗伊斯顿·派克记录所说："经常可以看到 30 或 40 个工人站在工厂上锁的大门外，带着罚款簿的人却在工厂的车间

① Arlidge J. – T.. The Hygiene Diseases and Mortality of Occupations [M]. London: Percival & CO, 1892, p. 277.

② [德] 恩格斯. 马克思恩格斯文集 [M]. 中共中央马克思恩格斯列宁斯大林著作编译局编译. 北京：人民出版社，2009：361.

里乱转，把缺工工人的织机数目记下来。实现这种文明抢劫的办法就是把时钟向前拨半小时。”① 在纺纱厂中，1815 年工人需要来回看管——按每日工作 12 小时计算——两台 40 支纱锭的走锭精纺机，必须步行 8 英里的距离；到 1832 年时，任务量翻倍，相当于在 12 小时内步行 20 英里的距离。②

工业革命初期，由于机器设计比较粗糙，而且基本没有考虑安装安全保护装置，劳动安全隐患比较大。不停转动的机器时常威胁着工人们的健康，稍不留神就会发生事故，造成终生残疾甚至死亡。除面临人身安全的威胁外，工人的经济状况也面临着风险。工人们遭受工伤后，没有或者很少有赔偿，受伤者只能自行承担损失。然而在当时的社会环境下，工人们收入微薄，高昂的医疗费用对他们而言是难以承受的负担。恩格斯曾引用《曼彻斯特卫报》报道的大量机器轧死、损伤工人的残酷的工伤事故，1843 年仅被曼彻斯特医院登记下来的工伤就有 2426 件，而此时，工厂主最多只付给受害者医疗费，其余一概不管。③

劳动者面临的恶劣工作条件和不人道的对待也存在于英国之外的其他国家。从 19 世纪末美国洛克纳诉纽约州一案中可以看

---

① ［英］罗伊斯顿·派克．被遗忘的苦难——英国工业革命的人文实录［M］．蔡师雄等译．福建：福建人民出版社，1983：42.

② Colin M. Heywood. A History of Childhood［M］. Polity Press, 2001. p. 132.

③ ［德］恩格斯．马克思恩格斯文集［M］．中共中央马克思恩格斯列宁斯大林著作编译局编译．北京：人民出版社，2009：498.

出，纽约州烘焙行业每日工作十多个小时在当时已经是常态。①审理洛克纳案的最高法院却禁止了纽约州对工时上限进行立法规制，宣告了美国司法史上一个漫长的、保守的“洛克纳”时代。②在此期间，最高法院废除了许多调整劳资关系、限制工作时间、禁止雇用童工的立法，并且强调个人权利的最初来源是人们根据天赋人权缔结的契约。“人们的商业行为是完全根据自然权利所拥有的私人领域，美国缔造者所建立的政府是一个权力受到限制、无权干涉私有财产的国度，它不会干预人们出卖自己的技术、开办自己的工厂或管理自己雇员的自由。”③美国工人的权利在很长一段时间内被保守的司法机构剥夺了宪法层面上的保护，长期遭受着不人道的侵害。

2. 立法保护缺位

从美国的洛克纳案中可以看出，早期立法对劳动者工作上人

① 19世纪末，纽约州面包业的工作条件恶劣，面包房一般都设在廉价公寓的地下室。那里终年不见阳光，酷暑严寒，四季潮湿，加上终日面粉飞扬，工人的健康受到严重损害，更有甚者，工人每天工作的时间都超过10小时，每周工作时间甚至长达近100小时。1895年，纽约州立法规定面包业必须改善工作环境，缩短工作时间，面包工人一天工作不得超过8小时，一周工作不得超过60小时。但不少反对者认为，它越权干预市场，违反自由放任的经济原则。一个叫洛克纳的雇主就公然违背了这条法律。最高院经审理，最终以5比4的票数作出了不利于工人权益的判决，法院多数意见认为：没有理由认为，面包工人作为一个阶层，在智力和能力上，与其他行业或做体力工作的人不一样；没有理由认为，缺少了州政府卵翼保护，以及对他们独立的判断和行动能力的干预，他们就没有能力行使自己的权利和照顾自己。在任何意义上，他们都不是政府的监护对象。因此，纽约州没有合理的理由，以保护健康为借口，通过规定面包店的工作时间来干涉个人的自由和自由契约的权利。Locher v. New York, 198 U. S. 45 (1905).

② 周剑云．美国劳资法律制度研究［M］．北京：中央编译出版社，2009：98－108.

③ Locher v. New York, 198 U. S. 45 pp. 58－63 (1905).

身权的保障是缺位的，甚至是抵触的。资本主义生产方式是建立在生产资料私有制基础上的雇佣劳动制。雇佣工人以自己的人身自由作为交换参与到资本主义生产中，与拥有其他生产资料的资本家形成劳动关系。但社会化大生产中的劳动关系并不是平等的民事主体关系，它的产生是由于农民丧失唯一的生产资料——土地，最终只能依附于占有生产资料的雇主，此时劳动力作为并不稀缺的商品并不能被以合理价格和良好条件对待。

资本主义国家的立法往往是以保护资产阶级利益为出发点，尤其是在资本主义社会早期，偏袒雇主、压制工人的法律屡见不鲜。新兴的资产阶级政府为满足资本家的需求，花费更少人力成本、使用更多劳动力、延长更多劳动时间，颁布了一系列“工人法规”强迫失去土地的农民进入工厂做工。这些法规强制压低工人的薪酬，同时延长劳动时间，使工人在极其恶劣的环境中工作，严重危害工人的健康，甚至威胁他们的生命。但由于大多数农民已失去了土地和其他生产资料，迫于生存和生活压力，只能选择接受资本家的苛刻条件，服从这些血腥残暴的“工人法规”。

以最早进入资本主义社会的英国为例，早在其农业社会时期，涉及劳工的“工人法规”就已经出现，并沿用至工业化生产的前期阶段。虽然笔者并不认为劳动法的历史可以追溯至前工业社会，但这些所谓的“工人法规”对资本主义社会早期的劳动者的影响是十分巨大的，故在此作一些简要介绍。1349 年，英国因黑鼠疫导致人口大量死亡、劳动力短缺而颁布了《工人法》，试图挖掘劳动力的潜力，规定了劳动者的“最高”工资标准、领主对其佃农享有优先雇佣权、禁止对流浪者施救等。这一法令在劳动力短缺的年代出台，它的意义不仅仅在于通过压低工资，迫使劳动者接受恶劣的工作条件，更在于强化领主、雇主对劳动者的控制，该法令第一次明确提出了劳动者违反法令将被处以监禁的刑事处罚。爱德华三世（Edward Ⅲ）于1351年通过了《工人法》（Statute of Labours）。这部法令更进一步强化了雇主对劳动者的人身控制，强力限制劳动者的自由流动。[①] 实际上，劳动者面临的是教区和雇主的双重限定而丧失了人身自由，必须依照法律到所在教区的工场或农场做工。1563年的《伊丽莎白技师法案》（Elizabethan Statute of Artificers of 1563）对《工人法》进一步强化，是封建社会“工人法规”的代表法案。它不仅规定了针对普通劳动者的严酷工作纪律，也规定了针对妇女儿童的严苛条件；对于没有参加劳动的成年劳动者，政府有权强制他们参加劳动等。[②] 这部法案后经3次修订一直沿用至19世纪，它对新兴的工

① 该法案对劳动者的限制包括但不限于：服务年限应以年或其他通用的单位计算，而不能按天计算；仆役必须一年两次到地方官员面前宣誓遵守法令，不接受工作、不按照雇主要求工作及逃离雇主的仆役将受到惩罚；离开一个教区前往另一个教区的工人将被监禁。根据该法令，受雇人的工资由治安法官决定，而治安法官通常就是雇主本人。

② 该法案规定：雇佣期限不得短于一年，雇佣双方不得擅自解除雇佣关系。如有违反，劳动者将被监禁；劳动者在一年的不同时期需要工作不同的小时数，三月到九月，一天需工作至少14小时，其间吃饭与喝水的时间不得超过2小时，每旷工一小时罚款1便士；治安法官决定工人工资；大农场主可以雇用10—18岁的儿童作徒工，这些儿童需做工至21周岁，或经双方同意可延长至24周岁；学徒需做工至少7年，任何行业不得招收该行业学徒不满7年的人；30岁以下曾在某一行业有三年工作经验的未婚男子必须受雇于他人，不得拒绝；12—60岁没有被合法雇佣者都必须去受雇于满足条件的农民至少一年；12—40岁的未婚妇女可以由治安法官强制决定劳动，不服从者将被监禁；雇工在雇佣期满后仍不得离开原来的教区，擅自离开者将被监禁或鞭笞。见金燕．英国前工业社会的工人立法研究［J］．历史教学（下半月刊），2012(8)：53-60.

厂生产作出一系列详细规定，尤其是对工时和工龄的具体化规定，对英国劳动关系及社会矛盾产生了重要影响。封建社会“工人法规”近乎压榨的苛刻条款被带入了资本主义社会的初期，也激起了工人对资本家、对法律、对国家越来越多的不满和抗争。

为缓和阶级矛盾，适应社会化生产，从而促进资本主义经济的进一步发展，英国于 1802 年通过了第一部“工厂法”——《保护各类棉纺厂及其他工厂的徒工和其他工人的健康及道德风尚法》，简称《学徒健康及道德法》。该法意在改善工作环境、缩短工作时长、保护学徒的生命健康。由于以前的“工人法规”较少关注劳动者的权利，这部旨在维护工人利益的《学徒健康及道德法》被公认为现代劳动法的起源。进入 19 世纪后，《伊丽莎白技师法案》失效，取而代之的是《主仆法》（Master and Servant Law）和 1875 年的《共谋和财产保护法》（Conspiracy and Protection of Property Act of 1875）。

上述三部法律对劳动条件的保护虽然比封建社会的“工人法规”有所提高，但仍把大量的劳动标准交由双方自由协商决定。在劳动合同协商的过程中，劳资双方地位不平等，资方可以恣意滥用自己的优势通过契约的形式压榨劳动者。由于没有约束机制，英国工业社会早期的劳动合同内容尚不完善，有时甚至只是一份签有双方名字的白纸，没有工资或工作时间的约定，更没有提及工人的休假、工伤、保险等权利。一旦发生劳资纠纷，权益内容并没有被劳动合同约定，而立法在该方面又缺乏具体规定时，法官只能推定当事人的默认意思来填补这些空白。从适应封建社会劳动力供给而出现的“工人法规”，到无序而有效力的劳动合同，都从法律层面或约定途径直接侵犯工人的自由和健康，或被用以解释劳动者并不享有人身健康保障权从而间接导致工人丧失获得救济的可能，其根本目的始终是保护新兴资本主义经济的稳步发展。

不论从英国的历史还是美国的历史来看，早期工人的人身自由和生命健康都因做工环境的恶劣而受到侵害，更为不幸的是他们的自由和生命健康权利不但不能得到法律的救济反而被法律所侵犯，因为早期的立法都不约而同地偏向雇主却忽视劳动者最基本的人身权。

（二）劳动者收入受到盘剥

在资本主义社会早期，机器的大量使用和劳动生产率的提高并没有带来劳动者生活状态的改善，相反他们的收入和保障都呈现下降的趋势。在机器极大地推动了分工的出现和发展的情况下，劳动日益简单化，生产费用日益减少，让劳动者之间的竞争日益加剧，使劳动变得日益低廉。在这种竞争下，劳动者被排挤出去而只能到待遇更低的地方从事工作，形成了收入上的“探底竞争”。成年工的劳动由更为廉价的童工劳动代替，男工的劳动由相对便宜的女工劳动代替，较熟练的劳动者的劳动由不太熟练的劳动者的劳动代替。劳动者为了维持生计，必须更努力地投入到上岗竞争中去，于是他们的选择不是增加劳动时间，便是降低工资。

工业革命时期的劳动者生活水平是20世纪30年代至60年代英国学术界一个极具争议的问题，众多史学家都参与讨论并形成了观点相左的两派，一方是持“工人生活改善说”的乐观派，另一方是持“工人生活恶化说”的悲观派。但是事实上，即使劳动者生活有所改善，但也仍是在贫困线上挣扎而已，生活改善与否的争论实际上并不与工人们仍然遭受着贫穷困苦的生活现实相矛盾，劳动者的劳动报酬仍然处于受到严重剥削的状态。

1. 劳动者的工资低廉

在 18 世纪、19 世纪当中，劳动者工资的涨幅相对而言很小。但不可否认的是，劳动者的工资在社会化大生产的早期，从整体而言是有所增长的。事实上，关于资本主义社会初期劳动者的工资水平高低，需从横向和纵向两个角度进行考察，方能得出令人信服的结论。首先，从蓝领工人与白领阶层的收入涨幅横向比较可以看出差距。继续以英国为例，英格兰、苏格兰和威尔士 1755 年—1851 年间 18 种行业男性从业者名义收入年度估计数据显示，农业劳动者、棉纺织业劳动者、印刷行业劳动者和造船行业劳动者的名义工资增幅属于低增幅，其名义工资收入增幅 1851 年仅为 1755 年的 61.3%—69.6%；与此形成鲜明对比的是律师、职员、医生、教师、工程技术人员及学者这一高增幅阶层，其同比增幅高达 234%—695.5%。[①] 故而，底层的蓝领劳动者并没有像资产阶级和白领阶层那样享受到生产率提高带来的效益。

其次，工资上涨的速度远远比不上通货膨胀速度，实际工资事实上呈现了下降趋势。如《1742 年—1799 年英国工资与物价变化情况表》所示，工资在五十年当中虽然有所上涨，但相比价格上涨更快的生活必需品——小麦，却是呈现逐年下降的势头。

---

① Joel Mokyr. The British Industrial Revolution —— An Economic Perspective [M]. Westview Press, 1993, p. 180.

半个世纪过去了，英国劳动者工资只有原来60%左右的购买力，无法满足劳动者对生活改善的需求。

1742年—1799年英国工资与物价变化情况表①

时期	每周平均工资	小麦价	按小麦计算的工资（品脱）
1742年—1752年	6先令	30先令	102
1761年—1770年	7先令6便士	42先令6便士	90
1780年—1790年	8先令	51先令2便士	80
1795年—1799年	9先令	70先令8便士	65

另外，18世纪70年代英国产业工人工资的这种上升只是表面现象，在大多数工业部门中，上升之后就是直线下降，特别是当劳动力的流入量增加的时候。1792年，1名工人织1匹天鹅绒可挣得4英镑，1794年，只能挣得2英镑15先令，1796年，只能挣得2英镑，1800年，只能挣得1英镑16先令，而1匹布的长度则从40码延长到50码，1名熟练工人每天劳动14小时，每周仅能挣得5—6先令。② 工资下降既是产业工人内部恶性竞争的结果，也是资产阶级为了压缩成本故意而为之。

对于劳动者拼命工作却生活得越来越困难的原因，马克思在《资本论》中作了深刻的分析。在计时工资的情况下，劳动者一日劳动或一周劳动所获得的货币额，形成他的名义工资额，即依价值计算的工资额。假定劳动力的日价值为3先令，每日包含6

---

① ［英］巴顿．论影响英国社会上劳动阶级状况的环境［M］．薛蕃康译．北京：商务印书馆，1990：32.

② ［法］芒图．十八世纪产业革命：英国近代大工业初期的概况［M］．杨人楩译．北京：商务印书馆，1983：342－344.

个小时的工作，每小时的价格为5便士；假若劳动日包含12个小时的工作，每小时的价格为2.5便士。马克思得出，即便是日工资、周工资等维持原状，随着工作时间的延长，劳动力的单位价格却是可能下降的。反之，当劳动力单位价格不变，甚至跌落时，随着劳动时间的延长，日工资、周工资还会增高。[①] 所以，在劳动时间没有法定限制，以计时工资为通则的许多产业部门当中，自然发生了无限延长工作时间的情形，表面上保持或提高了劳动者的劳动价格，实际上却是降低了劳动者单位劳动的价格。

2. 童工和女工的低收入

在工资收入方面，童工和女工是当时受影响最大的群体。在19世纪的英国，童工和女工的工资远远低于成年男性。随着机器生产的快速发展，生产对于体力的要求大不如前，许多以前必须由成年男性完成的工作，女性和儿童也能胜任了。于是，一向追求利润最大化的雇主自然会选择大量雇用更加低廉的童工和女工来为他们工作。不仅如此，雇主还尽可能地延长劳动者的工作时间来追求高的利润率。据统计，18世纪的乡村，女工工资仅为全日制男工的13.4%—48.8%，13岁至17岁童工工资仅为全日制男工的19.6%—49.5%；19世纪乡村女工工资为全日制男工的32.7%—47.1%，13岁至17岁童工工资为全日制男工的15.3%—41.3%。[②] 可以看到，童工、女工工资低者不及成年男工的五分

① ［德］马克思．资本论（第一卷）［M］．郭大力等译．上海：上海三联书店，2011：389－395.

② Jole Mokyr. The Economics of the Industrial Revolution ［M］. New Jersey：Rowman & Allanheld，1985，p. 192.

之一，最高的也不到成年全日制男工的一半。马克思和恩格斯也用“三个每周工资为6至8先令的13岁女孩，排挤了一个每周工资为18至45先令的成年男子”的例子生动地说明了资本家对童工和女工的盘剥。①

正是基于这样的原因，雇主当然会更多地雇用更便宜的童工和女工来为其劳动，尽可能多地攫取可能的利益。1839年，童工在纺织部门劳动力中的比例为：棉纺业46%，毛纺业50%，亚麻业54%，丝织业62%。② 而且童工开始工作的年龄很小，1816年—1818年间，有70%以上的劳动者开始工作的年龄是10岁或以下。③ 在需求旺盛时，童工会被分成两班日夜工作，以至于在英格兰北部有“他们的床从来不会凉”的谚语。④ 在一些工业部门中，几乎全是童工劳动，例如，阿克莱特1789年开办的三个纺纱厂中有三分之二是童工。⑤ 至于女工，1839年英国的419560名工厂工人中，有242296名妇女，超过总人数的一半。⑥ 而到了

① ［德］马克思，恩格斯．马克思恩格斯全集［M］．中共中央马克思恩格斯列宁斯大林著作编译局编译．北京：人民出版社，1974.

② Carolyn Tuttle. Hard Work in Factories and Mines［M］. Westview Press, 1999, p. 96.

③ Galbi, Douglas, Economic Change and Sex Discrimination in the Early English Cotton Factories , 1994. Available at SSRN: https: //ssrn. com/abstract = 239564.

④ Edward. p. Cheyney. An Introduction to the Industrial and Social History of England［M］. New York: Mcmillain, 1909, p. 246.

⑤ T. S. Ashton. the Industrial Revolution 1760 – 1830［M］. Oxford University Press, 1968, p. 92.

⑥ 樊亢，宋则行．外国经济史（近代现代）第一册［M］．北京：人民出版社，1965：85.

1851 年，英国就有高达 280 万名妇女从事雇佣工作。①

3. 劳动者收入缺乏法律保障

劳动者的收入受到损害的另一个体现是雇主们利用法律、法规来取代习惯，从而导致劳动者原有的额外收入不复存在。英国有些习惯规则在许多行业中流行已久，比如劳动者在完成雇主所交付的任务后，可以将原料的剩余品（如碎木头之类的东西）带回家甚至出售。但在雇主的鼓动和要求下，议会一再颁布关于侵占或偷盗财产的相关法律，使长期以来的习惯做法变成了犯罪，劳动者也失去了原有的一点点额外收入。② 农村的一些习惯做法也因圈地而被剥夺，比如农户长期以来可以在村庄公地或荒地上饲养家禽、砍柴拾草，但土地圈围之后这些权利就丧失了。③

如前文提到的 1349 年《工人法》，以及后续的三次修订，都对劳动者的收入设置了限制。这些法令不仅锁定了工资水平，不允许增长，而且设定了工资的上限并不允许超过。④《工人法》强迫劳动者必须以低廉的价格进行劳动，且没有拒绝的权利，否则

---

① Mary Lynn McDougall, Working – Class Women During the Industrial Revolution, 1780 – 1914. Renate Bridentbal, ClaudiaKoonz. Becoming Visible Women in European History. Boston: Houghton Mifflin Company, 1977. p. 267.

② 1740 年一项法律规定，雇工偷窃雇主的原材料属于犯罪，1773 年规定对此处以三个月监禁。法律甚至规定雇主可以要求搜查雇工的住处，而雇工抗辩，则要提供并非故意侵占财产的证明。据统计，1726 年—1800 年间，共颁布了 11 项有关侵占雇主财产的新法令，涉及毛纺织业、棉麻混织业、精纺毛织业等行业。

③ Roy Potter. English Society in the Eighteenth Century [M]. Penguin Books Ltd, 1982, pp. 150 – 151.

④ 举例而言，当时的工人工资的上限为，收集干草者日工资不得超过 1 便士，收割谷物者工资在 8 月的第一周是 2 便士，第二周是 3 便士等；如果有人领取多于照例支给的数额的工资，其应被送入狱中监禁。见勃里格斯：《英国社会史》，中国人民大学出版社 1991 年版，第 99 页。

将面临罚款、监禁等严厉的制裁，劳动者的财产权在这种情况下自然无法得到保障。

资本家通过种种手段来压低劳动力价格，从而攫取最大利益。马克思曾言："妇女劳动力及未成年劳动力的滥用，一切正常劳动条件和一切正常生活条件的盗掠，过度劳动与夜间劳动的野蛮——种种都会使劳动力变得便宜。"① 与成年男工相比，童工和女工受到的剥削和压迫更加严重，她们收入的减损也更加严重。雇主及工厂主们为了追求更多的利润，采用包含法律在内的各种方法，尽可能地延长工作时间、加大工作强度、压低工作报酬，使得劳动者的生活无法得到保障，时刻处于沦为流民的边缘。当时的情形正如哥尔德斯密斯所言："法律吸吮穷人的膏血，而富人却掌握着权柄。"

（三）劳动者结社遇阻滞

历史的发展不断地证明：哪里有压迫，哪里就有反抗。在自由资本主义时期，资本家为了节约生产成本，不注重劳动安全卫生方面的投入，导致劳动者只能在极为恶劣的环境下从事生产劳动，健康得不到保障。同时，为了赚取更多的剩余价值，资本家压低劳动者工资和延长劳动时间，不断加大对劳动者在财产上的剥削。因此，工人阶级若想争取合理的权益就需要面向资产阶级进行谈判和反抗。"工人对于资产阶级的反抗在工业发展后不久

① ［德］马克思．资本论（第一卷）［M］．郭大力等译．上海：上海三联书店，2011：322.

就已经开始，并经过了不同的阶段。”① 而劳动者们最原始的反抗形式往往是暴力的，巨大的贫富以及劳动强度的差距使得工人的心态逐步失衡，从而走上犯罪的道路。恩格斯曾经形象地指出：“随着工业的发展，犯罪事件在增加，每年被捕的人数和消耗的棉花包数经常成正比。”② 在早期的产业行动中，劳动者将对资本家的反抗诉之于破坏机器和捣毁工厂（包括窃取棉花包的行为）。然而，这样分散的暴力反抗终究是短视且薄弱的，只是局限于一定的地区和一定的范围，而且很容易被扑灭。“只要工人达到了眼前的目的，社会权力掌控者就以全部力量袭击这些再度变得手无寸铁的犯罪者，随心所欲地惩罚他们。”③ 在强资本弱劳动的力量悬殊下，个体劳动者不可能以一己之力改变自身的不利处境。为保护自身利益，劳动者逐渐走向联合，形成集体的力量在劳动关系方面与雇主抗衡。由此，工会便应运而生了。

工会作为劳动者的代表，与雇主就工资、劳动条件等事项进行集体协商，以改善劳动者的生活条件和工作条件。但是，一开始的集体谈判并没有在劳动者与资本家之间形成规模，雇主千方百计抵制与工会进行集体协商。在这个阶段，西方各国劳动法律普遍严格禁止劳动者的结社行为和集体协商要求。资本家对于劳动者的诉求采取了不合理的压制，结果换来的是此起彼伏的工人

① ［德］马克思，恩格斯．马克思恩格斯选集［M］．中共中央马克思恩格斯列宁斯大林著作编译局编译．北京：人民出版社，2012：105－106.

② ［德］马克思，恩格斯．马克思恩格斯选集［M］．中共中央马克思恩格斯列宁斯大林著作编译局编译．北京：人民出版社，2012：105－106.

③ ［德］马克思，恩格斯．马克思恩格斯选集［M］．中共中央马克思恩格斯列宁斯大林著作编译局编译．北京：人民出版社，2012：105－106.

运动和罢工浪潮，从而进一步刺激统治阶级对产业行动采取更为严厉的限制。正如学者所分析的那样，在资本主义社会的早期，劳动者团体不通过暴力就不可能提高工资和待遇，可能是被动地使用暴力、主动地使用暴力或者是保持暴力的威慑，但背后必定要有暴力的支撑。[①] 为了能够和资本家抗衡，劳动者团体发起反制雇主的共同行动（如停工），维持协同性（如建立工人纠察队），壮大自己的声势（如推动排他雇佣制的普及）。这些行为严重影响到了资产阶级的经济利益，因此资产阶级也不断对工人们的集体行动进行限制和压制。本章以英国、美国、德国三个国家早期对劳动者集体权益的压制来管窥当时劳动者团体的无助地位。

1. 英国

英国工人作为“现代工业的头一个产儿”，[②] 也是最早产生阶级意识的劳动者群体。英国工人群体具有自己鲜明的特征，有着共同的产业利益，为了对抗资本剥削、改善劳动环境和劳动待遇，自发地组织起来与雇主进行谈判。[③] 在这一背景下，工会逐渐出现并成为产业工人群体的代表，与雇主进行谈判，在必要的时候采取产业行动的方式来实现劳动者提出的条件。但是，1799年的《团体法》（Combination Act 1799）明确禁止了劳动者结社

---

① ［美］曼瑟·奥尔森．集体行动的逻辑［M］．陈郁译．上海：上海三联书店 上海人民出版社，2004：84－85.

② ［德］马克思．马克思全集（第12卷）［M］．中共中央马克思恩格斯列宁斯大林著作编译局编译．北京：人民出版社，1962：4.

③ ［美］丹尼尔·奎因·米尔斯．劳工关系［M］．北京：机械工业出版社，2000：22.

和集体谈判行为。这一立法激起了工人阶级的强烈反对，工人阶级采取了各种形式示威。

英国国会不得不于1825年修改了《团体法》（Combination Act 1825）承认了劳动者的结社权。46年之后，英国国会颁布的1871年《工会法》（Trade Union Act 1871，TUA）完全承认了工会的合法地位。工会虽然获得了《工会法》的承认，但不能开展任何有效的集体谈判和产业行动。基于以合同法、物权法和侵权法为中心的传统普通法理念和对于“财产绝对”“契约自由”“过错责任”的秉持，罢工和集体谈判的行为在英国仍然被认定为具有刑法上的犯罪性、民法上的违法性。英国民法具有普通法的传统，对契约的强调高于一切，工会的集体谈判行为和产业行动往往被视为“集体违约”或“集体侵权”等非法行为而受到制裁。在当时的刑法当中，有一项刑事共谋（criminal conspiracy）指控是工会组织者挥之不去的阴霾。具体而言，一旦工会代表组织起来商讨开展产业行动的计划，因为行动目标的“非法性”，就会被定性为密谋破坏行为，而构成刑事共谋罪。

直到1875年，工会的行动能力逐渐脱离了刑法的桎梏，摆脱刑法的制裁。1875年《共谋和财产保护法》（Conspiracy and Protection of Property Act 1875，CPPA）作出了修改，规定劳资纠纷中的简单共谋不构成犯罪。[①] 这一法案的出台为英国工人的集体行动甩掉了刑事共谋（criminal conspiracy）的帽子。但当时的法官认为，这并不能够免除工会因共谋发动劳资行动而构成的民

① ［英］史蒂芬·哈迪．英国劳动法与劳资关系［M］．陈融译．北京：商务印书馆，2012：38－39.

事侵权责任。[1] 换言之，大部分有组织的产业行动在那一时期还带有民事共谋（civil conspiracy）的侵权性质。这种情况一直持续到 1965 年才有所改观。1965 年《产业争议法》（Trade Disputes Act 1965，TDA）豁免了集体行动可能招致的侵权和违约诉讼，但前提是该集体行为必须属于《工会法》所规定的合法行动。[2]

综观英国集体劳动关系的发展历程，在长期受到立法者敌视的情况下，英国工会逐步适应了通过集体谈判的方式来实现自己的利益，不冀望于法律的保护，更不愿受到法律的制裁和干涉。这一特点在立法层面上也有所体现：在英国的产业关系立法上，采取一般禁止罢工、特殊免责的立法技术，通过规定工会的各种免责事由，使得罢工引起的民事损害赔偿和民事制裁得以部分豁免。但需要指出的是，免责事由往往绑定一定的前提条件，而这些附随义务正是为了维护产业行动的秩序而设立的。工会如希望免受因涉嫌“限制贸易”而受到的制裁，必然需要注册登记为合法工会，而非其他经济性或政治性团体，其目的是防止某些组织假借维护劳动者利益行垄断经济或搅动政治之实。再如，《产业争议法》规定的合法罢工之通知义务，是为了防止工会大搞突然袭击，对国民经济产生不可预期的影响。

2. 美国

同英国相仿，美国在产业行动初现之时也将其认定为刑事共谋，这一认定甚至早于英国。在 1806 年，费城的一群已经出师的制鞋学徒组成工会并举行了罢工，要求雇主提高劳动报酬。州

---

① Quinn v. Leathem [1901] A. C. 495.

② TDA 1965, S. 4

政府据此向法院提起诉讼，要求法院认定工会带头人的行为构成刑事共谋。法院认为工会的介入破坏了市场，并有可能诱导其他劳动者频繁使用罢工这一手段要求更多的经济利益而放弃努力工作。因此，法院支持了州政府的诉讼请求。① 该案首先以判例的形式，确认了工会结社具有非法性。这一认定直到 1842 年才有所改变，针对 7 名工会领袖涉嫌刑事共谋的指控，马萨诸塞州高等法院作出了判决，驳回了原告的诉讼请求。② 在该案中，法院在事实上承认了工会的合法性，并且为罢工设定了相对宽松的法律标准。法院认为，合法的罢工是劳动者与雇主斗争的手段，但为了公平起见，雇主必须保有反制措施，特别是另行雇人顶替罢工者的机会。③

摆脱刑事非法性的工会和产业行动随着工业革命不断推进。总体来看，19 世纪末的美国产业行动已经具有较高的全国化程度，这主要体现在以下几个方面：（1）在组织上，全国性的工会和工会联合会已经成为产业行动的领导者；（2）在规模上，集体行动突破单个工厂的范围，出现了全行业、全区域甚至全国性的联合行动；（3）在目的上，从争取自身待遇，扩展到争取结社权利，乃至为了支援其他工厂工人而发起同情罢工（sympathy strike），或者抵制（boycott）与相关企业的业务往来。④

面对工人运动星火燎原的趋势，集体劳动关系法并没有改变

---

① Commonwealth v. Puills. 3 Doc. Hist. 59 (1806).

② Commonwealth v. Hunt. 45 Mass. 111 (1842).

③ 阎天. 美国劳动法学的诞生［M］. 北京：中国民主法制出版社，2018：21.

④ 阎天. 美国劳动法学的诞生［M］. 北京：中国民主法制出版社，2018：37－38.

敌对的立场，而是由民事或刑事共谋指控转变为禁制令。自 1880 年起至 1930 年止，法院针对工人运动至少签发了 4300 份禁制令，限制工人的集体协商活动。① 相较于共谋指控，禁制令在对抗产业行动时具有以下几方面优势：（1）打击权力更为集中，刑事共谋需由陪审团认定，而禁制令可由法官自行签发；（2）打击对象更为广泛，共谋指控只能针对工人运动领袖个人，禁制令可针对一切集体行动的参加者；（3）打击力度更为深入，一旦参加者违反禁制令，法院可以借口他们藐视法庭，施加包括监禁在内的严厉制裁。以 1887 年《州际贸易法》（Interstate Commerce Act）为例，其中规定有禁止州际交通中的不对等行为，法院可以此为依据作出判决：如若某州际铁路的工人罢工，其他劳动者不得为了声援他们而拒绝驾驶该条线路的机车，否则就会构成不对等反制，法院有权签发禁制令。

此外，1890 年出台的《谢尔曼反托拉斯法》（Sherman Anti-trust Act）也对工会的集体谈判行为作出了限制。依据此法，工会罢工会被认定为妨碍洲际贸易的托拉斯，遭到严厉的禁止。在这一时期，美国统治阶级以保护贸易自由和反垄断为名，对产业行动的限制在联邦层面达到了顶峰。国会制定反托拉斯法律，行政机关依法起诉，法院签发禁制令，三大权力机关相互配合，州际的产业行动遭到了强力打压。

3. 德国

德国最早的罢工可追溯至中世纪时期。1329 年，布雷斯劳

---

① William E. Forbath. The Shaping of the American Movement. 102 Harv. L. Rev. 1989 (1109): 1151.

(Breslau）地区的一群铁匠决定拒绝工作；1469 年，同样的行动又出现在阿尔滕贝格（Altenberg）的裁缝们当中。在工业革命早期，罢工事件则多发生在矿工群体中间。1848 年，革命的浪潮席卷了整个德意志地区，工人运动也在此时蓬勃发展起来，主要体现为各类工人协会的陆续成立。1848 年，德国烟草工人协会成立，这是德国历史上第一个有中央组织的工人联盟。它的创立为许多其他行业的工人建立协会提供了成功的范式，其中特别值得一提的是 1867 年创立的德国工程师协会（Verein Deutscher Lokomotiveführer，VDL）。在魏玛宪法承认公民的自由结社权后，VDL 改组成为德国工程师联盟（Gewerkschaft Deutscher Lokomotivführer，GDL），并活跃至今。可以说，GDL 是德国最早的现代工会组织。

但随着 1848 年革命的失败和随后的经济复兴，德国工会的力量受到了一定程度的削弱。直至 1869 年，一系列的改革措施使得工会可以作为企业协会的贸易伙伴而存在。当年，《北德意志联邦工商业条例》赋予了劳动者自由结社的权利，但其第 152 条、第 153 条规定劳动结社之间的约定不具有可诉性，也就是将其弱化为自然债务（Natural Obligation），同时对强迫劳动者加入劳动团体处以刑罚处罚。① 可以看到，彼时德国法律给予了工会有限的活动空间，但总体上还是一种压制工会发展的态度。

尽管受到种种制约，但德国工会还是积极采取行动来为工人阶级争取权益。当时，工会行动的目的已不仅限于为会员要求更高的

---

① ［德］雷蒙德·瓦尔特曼．德国劳动法［M］．沈建峰译．北京：法律出版社，2004：30.

劳动报酬，还扩展到了谋求更好的工作环境。在领导了一系列产业行动（包括罢工、联合抵制特定企业主等）后，德国工会的活跃使得代表容克地主和资产阶级利益的德国政府感受到了威胁。

在俾斯麦首相的推动下，德国 1878 年至 1890 年间颁布了一系列法律，对产业行动进行了严厉的限制，这些法律被统称为“俾斯麦社会主义法”（Bismarcksches Sozialistengesetz），又称“反社会主义法”（Gesetz gegen die gemeingefährlichen Bestrebungen der Sozialdemokratie）。具体来看，“俾斯麦社会主义法”禁止一切宣传社会主义民主的团体或集会，其主要针对的是当时势头正盛的德国社会民主党。工会作为其最重要的支持群体，也受到了广泛的打击，工会活动被完全禁止。彼时，在德国组织罢工活动将被驱逐出境，加入工会亦会被法院认定为加入非法组织而被判处监禁。

三、劳动权利的树立

在人类历史上，劳动并非自古就与权利结合在一起。劳动上升为权利是人类社会历史发展和进步的结果。首先是权利不会超越特定历史背景。正如马克思所指出的，权利永远不能超出社会的经济结构以及由经济结构所制约的社会文化发展阶段[①]，而这个历史背景就是社会化大生产，或曰机械大生产。工业革命开启了社会生产力的大发展，让工业生产成为劳动力的新蓄水池。封

---

① ［德］马克思．哥达纲领批判［M］．中共中央马克思恩格斯列宁斯大林著作编译局编译．北京：人民出版社，2018.

建社会的败落让劳动者取得了身份上的独立，劳动力才能成为商品，并可以在市场上自由买卖，逐渐构成统一的权利主体。

其次是权利意识，只有在全社会存在普遍保障劳动者权利的需求时，劳动权才有了从道德层面向法定状态转化的社会共识。劳动权的提出，是因为在资本主义制度下，劳动条件恶劣、工资随意被克扣、失业是当时社会的严重问题。劳动者为了避免失业、得到生存条件而不断进行斗争。1848 年法国二月革命时，无产阶级提出争取劳动权的要求，其后，法国资产阶级临时政府发布《为全体市民提供劳动机会的宣言》，第一次以法令形式承认劳动者享有劳动权。最早把劳动权作为明确的法权概念提出来的是奥地利具有空想社会主义思想倾向的法学家安东·门格尔，他在 1886 年完成的《全部劳动权史论》中提出：劳动权、劳动收益权、生存权，是造成新一代人类经济基本权的基础。①

最后就是法律的承认与干预。在资本主义的早期阶段，资产阶级为促进商品经济发展，奉行自由资本主义经济，在民事法律关系调整中奉行的是契约自由原则，政府对经济和社会关系的干预极少。在劳动力市场上，劳资之间的关系奉行的契约中心主义忽视了劳资双方在实质上的不平等，资方依靠对生产资料的占有，占据着绝对有利的地位。虽然自由市场经济理论的鼻祖亚当·斯密认为劳动者具有非常重要的地位，高度同情劳动者，并认为劳动是经济财富唯一源泉，劳动者享有的劳动权神圣不可侵犯、不能随意剥夺，但同时也反对游手好闲、不劳而获，认为

① 马新福，薛长礼．劳动权的法社会学论析［J］．吉林大学社会科学学报，2004（02）：109.

“处在社会中的人应该用自己的劳动来偿付他们的生活费用”①。但实际上，契约自由造成了实质上的不平等，工人阶级的生存状况日益恶化。工人阶级为了争取生存权、保障劳动权益，开展了此起彼伏的工人运动。为平息社会动乱，挽救资本主义的危机，保障自由权与平等权，资本主义国家被迫伸出了“干预之手”，限制资方的契约自由，例如，八小时工作制就是美国芝加哥工人通过斗争让美国政府从法律角度肯定了劳动者的劳动权，以保障劳动者能够得到最基本的劳动条件。

劳动权经过一代代工人阶级的争取，最终取得了立法上的独立认可。到了第二次世界大战之后，各国也开始把劳动权写入本国宪法。德国 1919 年的《魏玛宪法》第 163 条规定：“德国人民应有可能之机会，从事经济劳动，以维持生计。”法国的宪法规定：“任何人有工作的义务并享有就业的权利。”《世界人权宣言》开宗明义地规定：“每个人都享有工作、自由选择职业、公正或满意的工作条件以及得到免遭失业保护的权利。”对于劳动者而言，劳动权是人权的一部分，尤其是基于其生存权和发展权发展出来的。在近两个世纪的漫长演进当中，劳动权的内涵不断得以充实，从狭义的工作权、就业权和择业权扩展到广义的劳动权，从个别劳动权延伸到集体劳动权，又从劳动领域进入政治、经济、社会、文化等其他领域。

在劳动法里，劳动权利具象化为法律对劳动者人身权和财产权的保护。劳动本身带有人身性和财产性的双重性质。从财产性

---

① [美] 保罗·J·麦克纳尔蒂. 劳动经济学的起源与发展 [M]. 杨体仁、潘功胜等译. 北京：中国劳动出版社，1993：45.

的角度来讲，劳动者的生存权是指其能够生活下来，并且能够有尊严地生活。德国哲学家费希特认为，“能够生存是一切人的绝对的、不可转让的财产……所有合理的国家宪法的原则是每个人都必须能够靠自己的劳动生存”。① 因此，劳动法对财产权的保护应以保障劳动者收入水平和安全为主要目的，让他们的劳动报酬免受克扣和拖欠，使他们能够维持相对体面的生活。而人身权主要是保障劳动者在劳动过程中的身心健康，即身体免受伤害、心理免受歧视，不过，也涉及劳动者结社保护自己权利的问题。正如《世界人权宣言》第23条之规定：“（一）人人有权工作、自由选择职业、享受公正和合适的工作条件并享受免于失业的保障。（二）人人有同工同酬的权利，不受任何歧视。（三）人人有为维护其利益而组织和参加工会的权利。”其中涉及的自由择业、免受歧视和自由结社等都是劳动法对人身权的保障。

具体而言，根据劳动者的人身权和财产权各自的特点，法律衍生出来一套枝叶繁茂的劳动权利束，保护的是宪法规定的生命、身体、健康和自由等利益。劳动者的利益是学界普遍认同的权利之基本要素。首先，劳动权利的设立是以保护劳动者的利益为目的，有了劳动者的利益需求之后，才会推动形成法益，并最终具体化为劳动权利。其次，通常情况下，劳动者作为权利主体享有一定的法益，劳动权利是劳动者获得利益的工具。最后，劳动权利是劳动法律所承认并保护的利益，利益关系在劳动法律上就表现为劳动法益。没有利益，劳动权利也就失去了具体的实质

---

① ［德］费希特．自然法权基础［M］．谢地坤，程志民译．北京：商务印书馆，2004：213－214．

内容，因此笔者选择以劳动者的利益为视角来考察社会化大生产中的劳动权利，而不是就权利谈权利，以便更好地揭示劳动权利的实质内涵，也为分析社会化小生产当中的劳动权利铺垫研究进路。

通常而言，法律权利的构成包括四个要素。北岳先生在1995年发表的一篇文章中又把权利的构成要素归结为四个，即主体的实体要素（主体对利益的追求与维护）、主体的形式要素（主体可以作出的行为选择自由）、社会的实体要素（社会评价为正当）以及社会的形式要素（国家和法律的保护与帮助）。① 有专家把法律权利简化为利益、行为、正当性和国家保护四要素。②不过，也有学者认为，应将“国家保护”从四要素中剔除，因为正当性本身就蕴含了国家保护的内核，取而代之的应是“主体”要素，因为主体的范围和适格性决定了权利的内涵和外延，所以权利应是由主体、利益、行为和正当性四个要件构成的。③

本书对劳动权利的分析进行一些针对性的调整，采用的是五要素法，但并非为了重构劳动法权利内在逻辑，而是为了便于介绍劳动权利的成因和结构。本文主要是整合了四要素两派学者的观点，选择从主体、利益、行为、正当性和国家保护五个方面来注解社会化大生产当中的劳动权利。本书将各类要素进行杂糅的主要原因是：劳动权利的主体要素决定了劳动法的保护范围，也体现了它的时代特性，需要对其单独进行阐述；而国家保护正是

---

① 北岳．法律权利的定义［J］．法学研究，1995（3）：42－48.
② 张恒山．义务先定论［M］．山东：山东人民出版社，1999：91－96.
③ 叶立周．试论权利的逻辑构成的合理性［J］．河北法学，2007（06）：61－66.

劳动法的外在表现，是本书的核心内容，也不可熟视无睹。

不过，本章仅分析劳动权利当中的主体、利益、行为三要素。法律权利，尤其是劳动权利，总是和它的主体联系在一起的，否则便是空想。而且，“历史地看，权利主体内涵的演变无疑是历史发展过程中的一道独特景观，透视权利主体的演进路程，我们就能感触到人类文明前进的脚步”。[①] 劳动权利主体的变化正是本书需要探寻的核心内容。对于法律权利而言，尤其是劳动权利的形成和存在的前提是利益，“没有对利益这一目的的关注，就不会产生对权利这一手段的需要，利益永远是权利形成的动机”[②]。而行为通常是正当性评价的对象，其本身也受到正当性评价的影响，所以劳动者的规则，如法律、道德和惯例等均以劳动者和雇主的行为为直接的评价对象。因此，主体、利益和行为这三个要素都属于本章节的阐述内容。

而权利构成当中的另外两个要素——正当性和国家保护，将在后面的章节进行阐述。其中，劳动权利的正当性将融合在下一部分“义务主体的形成”中，与雇主责任结合在一起基于从属性的特点进行分析。对于劳动权利的国家保护形式，笔者将在第三章中专章进行讨论，从而全面阐述现代劳动法的体系和内容。

（一）劳动人身权

劳动者的人身权是一个相对复杂的体系，总的来讲，它应该

---

① 叶立周．试论权利的逻辑构成的合理性［J］．河北法学，2007（06）：61－66．

② 张文显．法哲学范畴研究［M］．北京：中国政法大学出版社，2001：309－310．

至少包括生存权、健康权和发展权，这也是学界比较认可的宏观分类。但在劳动法的实践当中，这三种权利确实又是互相纠缠在一起的，“你中有我，我中有你”，对这些权利进行明确的界分十分困难。以工作场所的安全为例，保障生产安全一般情况下关系到劳动者的健康权，严重的时候也关系到劳动者的生存权，个别情况下还关系到劳动者的发展权（如因工伤丧失劳动能力）等。另外，劳动者的生存权、健康权和发展权作为宏观分类，在劳动法当中会进一步地出现更多权利子类目，如就业权、平等权、自由权、结社权等，涉及人身的权利束支系庞杂，难以统合介绍。鉴于劳动法权利体系的复杂性，本书并未按照传统的人身权分类谋篇布局，而是选择参照现代劳动法的结构进行介绍，一方面是为了让结构尽可能地简单明了，另一方面是为了与下一章对劳动法的介绍相呼应。因此，本书从劳动法人身权的保护中抽取了三个主要权利作为对象进行深入分析，它们是“安全权、休息权和平等权”。

1. 劳动安全权

劳动安全权是人类生存权和健康权的天然板块，但却是资本主义出现后才得到确认的权利。和其他现代劳动权利一样，劳动安全权并不是自古就存在的，而是资本主义生产关系发展到一定阶段才产生的，原因是在之前的生产关系中劳动者人格大多不具备形式上的独立性。在原始社会和封建社会，劳动力依附于奴隶主和封建主，作为劳动人身权的所有人——劳动者，是无法成为权利的独立主体获得保护的。而在劳动社会化的环境下，劳动力的所有权与使用权分离，劳动力成为一种商品，劳动者也具有了独立的人格，能够成为权利的主体。劳动安全权作为人身权的极其重要的一部分，在雇佣劳动中应运而生了。

人格独立后的劳动者通过各种方式争取到了劳动安全权，自然也成为该权利的主体。正是因为广大工人阶级不堪忍受资本家的残酷剥削，有改善劳动条件和缩短工作时间的强烈愿望，在这种共同心理的推动下，工人阶级才会联合起来同资本家进行斗争，为争取自身的权利贡献力量。在工人运动的推动下，资产阶级制定了一些改善劳动条件的法律，如降低劳动强度，提供安全保障，以及对童工、女职工的生理保护等。但究其根本原因，并非完全是劳动安全作为劳动者的需求获得了全社会的普遍认同，而是统治集团为了维护统治秩序、保证社会生产而不得不作出的让步。

劳动安全权是在社会化大生产中形成的，它所保护的对象也限于社会化大生产中的工人阶级，而且是以产业工人为主的工人阶级。经过百年的发展，法律对劳动者的规制在主体上经历了从契约到身份的过程，慢慢地体现出对具有工人身份的劳动者的安全保障义务。其中从事工业化大生产的劳动者更是劳动安全权的核心主体，这一点可以从英国早期《工厂法》对工作条件的规定中看出。

劳动安全是每个劳动者都具有的利益诉求。劳动者的生命健康是其生存和发展的根本，失去了生命健康，谈论任何事情皆无意义。冯彦君教授曾对安全权作出评价认为，“躲避各种危险和风险，寻求安全保障，是人类最为朴素、自然而恒定的一种心理需求”①。劳动安全作为人类最基本的安全需求之一，具有价值选择上的正当性和优先性。② 生命权和健康权共同构成了劳动安全权的主要内容。劳动者的生命权是劳动者首要的基本权利，劳动安全权对劳动者生命权的保护，彰显了劳动法律的人本属性。健康权是指人所享有的保持生理和心理良好状态的权利，劳动者的健康权是职业劳动过程中最容易受到侵害的权利，保护劳动者的健康权益是劳动安全权的主要内容。劳动安全权保障的利益是劳动者的生命和健康，为的是让其免受职场危险（尤其是当时的工业危害）的侵害。

劳动安全权的保护对象是劳动者的人身权益，保护的行为限于生产过程之中。劳动安全权对应的行为既有劳动者的积极行为，也有劳动者的消极行为。劳动者在工作的过程中有享受安全工作环境的权利，免受恶劣条件、过度劳动之苦。另外，如果雇主提供的工作条件不符合安全标准，或者在工作过程中进行危险指挥、过度强制，劳动者可以通过行使抗辩权、避险权与解除权来自力救济是劳动安全权的应有之义。在确保劳动者的生存利益方面，劳动安全权的行为因素有多重表现形式，保障劳动者能够健康地生存。

2. 劳动休息权

休息权本是人类的一项基本生理需求和人身权益，自古有

---

① 冯彦君. 论劳动安全权的法益拓展与保障之强化 [J]. 学习与探索，2011 (1)：107.

② [法] 埃米尔·涂尔干. 社会分工论 [M]. 渠东译. 上海：生活·读书·新知三联书店，2001：81.

之。劳逸结合也是历史上一直流传下来的做法，同时也说明了休息权是一直存在的一项权益。马克思曾在《剩余价值理论》的草稿中指出：对于劳动者而言，可以自由支配的时间，“也就是真正的财富，这种时间不被直接生产劳动所吸收，而是用于娱乐和休息，从而为自由活动和发展开辟了广阔的天地”。[①] 在马克思看来，“这种自由活动不像劳动那样是在必须实现的外在目的的压力下决定的，”[②] 休息时间不用于生产劳动，能够摆脱困顿和压力，实现劳动力的恢复和再生。

社会化大生产对休息权赋予了新的含义。首先，休息权的主体是产业工人，追求的是生产与休闲的平衡。马克思认为，休息“不仅对于恢复工人阶级的健康和体力是必需的，而且对于劳动者有机会来发展智力，进行社交活动以及社会活动和政治活动，也是必需的”，因此应把每天的生产劳动时间控制在八个小时以内。[③] 而且，只有通过大工业所达到的生产力的极大提高，才有可能把劳动无例外地分配于一切社会成员，从而把每个人的劳动时间大大缩短，实现休息权。[④] 因此，在劳动法框架下休息权是与工业大生产劳动相对的一个概念，两者是此消彼长但又互相依存的关系，但面对的主体却是统一的，即产业工人。原因是社会

---

① ［德］马克思，恩格斯．马克思恩格斯全集（第26卷）［M］．中共中央马克思恩格斯列宁斯大林著作编译局编译．北京：人民出版社，1980：280－281.

② ［德］马克思，恩格斯．马克思恩格斯全集（第26卷）［M］．中共中央马克思恩格斯列宁斯大林著作编译局编译．北京：人民出版社，1980：282.

③ ［德］马克思，恩格斯．马克思恩格斯全集（第16卷）［M］．中共中央马克思恩格斯列宁斯大林著作编译局编译．北京：人民出版社，1964：216.

④ ［德］马克思，恩格斯．马克思恩格斯文集（第9卷）［M］．中共中央马克思恩格斯列宁斯大林著作编译局编译．北京：人民出版社，2009：179－180.

化大生产让劳动者对休息权的标准有了一致的追求和利益，能够通过自己的争取将其固定下来，从而构建了现代劳动休息权的内容。

休息权的利益追求是保护劳动者的身体健康，提高劳动效率。现代意义上的休息权至少包括两个重要的价值利益，即生理价值和社会价值。休息权的生理价值主要是满足自然人生存、发展的基本需要，恢复基本劳动能力的价值。休息权对于产业工人而言，一方面是避免过度疲劳，否则工伤和“过劳死”事件会不断上演。马克思说：“如果一生中除睡眠饮食等纯生理上必需的间断以外，都是替资本家服务，那么，他就还不如一头役畜。他不过是一架为别人生产财富的机器，身体跨了，心智也变得如野兽一般。”① 另一方面，劳动者在休息之余能够有闲暇时间参加社会活动，更新知识结构，创造更大的社会财富。劳动生产率的提高意味着劳动者在单位时间内新创造价值量的提高，而只有当社会新创造的价值远远超过社会消费的价值总值，劳动者的工时才能缩短。

现代休息权诞生之初的行为要素也是与社会化大生产高度契合的。劳动者追求延长休息时间、增加假期、降低工作强度是符合休息权利益的行为。而雇主落实休息权的行为也是遵守八小时工作制，合理安排劳动者的工作强度和工作时间，提供休息和休假的便利等。在社会化大生产的条件下，雇主开展保障休息权的上述行为都具有正当性和可实施性，因为雇主对产业工人劳动的全过程存在比较直接和全面的把控，有能力适时安排休息。

---

① ［德］马克思，恩格斯．马克思恩格斯文集（第3卷）［M］．中共中央马克思恩格斯列宁斯大林著作编译局编译．北京：人民出版社，2009：70.

3. 劳动平等权

现代意义上的劳动平等权一开始是以契约平等来维持形式上的平等，经过劳动者争取，方以反歧视作为调整的进路。以老牌资本主义国家代表英国为例，一开始认为契约自由是调整雇佣关系的基本原则，从而强调双方的平等性，双方都有权根据自己的喜好来决定雇佣或被雇佣。但在资强劳弱的情形下，劳动者一直处于劣势的地位已经是不争的事实。处于比较强势的资本，在契约平等的保护下，不仅可以恣意剥削劳动者，而且可以利用社会歧视来谋取利益的最大化。以女性为例，她们不仅进入劳动力市场受到阻碍，而且薪酬待遇受到歧视。如 1842 年的矿业法（Mine Regulation Act），严格禁止女性及童工在矿场工作。另外，女性的工资待遇与男性相比十分不平等。这些歧视现象，遭到女性职工团体反对，终于争取到了平等权利。① 经过劳、资、政三方长期的互动，劳动者的平等权逐步得到了完善和丰富。

---

① 早在 19 世纪，就有团体提出薪资平等的诉求，如 1873 年劳工阶级女性所成立的妇女工会联盟（The Women's Trade Union League），以及 1888 年一些英国女性于工会代表大会（The Conference of Trade Union Congress）中，提出有关男女同工同酬的建议案，但都未获得善意的响应。是故，在 20 世纪 70 年代的前期，英国的反性别歧视立法相当有限。第二次世界大战结束后，经济逐渐复苏，越来越多的英国女性投入就业市场。虽然女性的工作机会增加，但多数妇女只能从事如店员、清洁妇、护理人员等工作，甚至是属于毫无保障的兼职工作。虽然 1949 年同酬皇家委员会（Royal Commission on Equal Pay）曾为女性劳动者争取同工同酬，然而，当时的英国政府并未在国内及国外的压力下，签订国际劳工组织平等待遇公约（Equal Remuneration Convention），以及作出适当的立法及配套措施，使得女性在劳动市场依旧维持低廉的薪资。一直到 1955 年，在女性团体及数位女性议员的敦促与努力下，政府才作出一些立法的改变，允许从事于学校、地方政府和文官体系的就业女性享有同工同酬的权利。在 20 世纪 70 年代晚期，从事于体力型工作的女性劳动者发起了抗争，才获得了资方的一些善意响应。

就其本质而言，劳动平等权的主体是劳动者，尤其是相对弱势的劳动者。在社会化大生产时期，平等权是所有产业工人享有的权利，更是那些童工、女职工和少数族裔等容易受到工业生产伤害和歧视的劳动者享有的权利。劳动者遭受歧视存在多方面的原因，既有生产的类型和强度带来的原因，也有资本家为了追求利益最大化的驱使，更有社会偏见导致的影响。无论何种原因都不应该成为劳动者遭受不平等待遇的法定理由

保护劳动平等权不仅是为了保护弱势劳动者，更是为了维护劳动力市场的秩序性和公平性。从人权的角度解读，平等权是普遍性权利，落实在劳动领域本是应有之义，相关著述颇多，在此不再赘述。从劳动力市场的健康发展来看，保护劳动者的劳动平等权正是社会化大生产稳定运行的需要。社会化大生产让劳动者都成为大机器的一部分，按照标准的流程完成其中一个环节，对技术的要求是一致的，对体力的要求也是一致的，只要能创造剩余价值都是被资本家“平等”对待的。然而，社会的偏见让早期的资本家更加青睐压榨童工、女工等弱势群体，从而获得更高的剩余价值，这在一定程度上扭曲了劳动力市场，也阻碍了社会化大生产的有序开展。只有让劳动平等权充分实现，才能为社会化大生产激发出劳动力市场的潜能，保障生产的公平和有序进行。

落实劳动平等权需要依靠反歧视工具来约束雇主的行为。社会化大生产虽然对劳动平等有着天然的追求，但并不能自动实现平等权，需要引入反歧视工具对不平等现象进行矫正。例如，国家应鼓励雇主平等对待劳动者的行为，对于歧视性的行为，法律将予以制裁；国家还需鼓励劳动者与侵犯劳动平等权的行为作斗

争，从而在就业和劳动过程中免受歧视、骚扰等困扰。

（二）劳动财产权

劳动财产权是劳动者的另外一项核心权利，它虽然是财产性的，但实际上与劳动者人身权利的关系十分密切。劳动财产权是指与劳动者的经济利益相关的所有物质性权利，它包括劳动报酬权、福利待遇权、经济补偿权等。以劳动者获得劳动报酬的权利为例，它在早期的社会化大生产当中通常是劳动者的唯一生活来源，一旦得不到保障，生存权将会受到威胁，因此劳动财产权在劳动权利体系当中占据着非常重要的地位。

劳动财产权包括的范围十分广泛，但本章将仅以劳动报酬权为样本来管窥劳动财产权的特点。劳动财产权涉及劳动者在生产过程中的所有经济利益，包括的子权利众多。但劳动报酬权是劳动财产权当中最为核心和最为典型的一项权利，也是发展历史最为悠久和成熟的一项权利，故此将其详细加以讨论。

劳动报酬的提法源于“薪酬”的说法。薪的原意是柴火，《礼记·月令》有“（季冬之月）收秩薪柴”之说，后人由此引申，把柴火这类生活上的必需品叫作薪，而“酬”字暗含了劳动所得的支付与被支付是一种交换关系。“薪酬”即劳动者为企业付出劳动，企业支付给他们报酬用于购买生活必需品。因此，从字面意思看，劳动报酬似乎并不复杂，也就是劳动的给付对价。然而，从劳动关系的实际属性来讲，劳动报酬并非劳动力交换的直接对价，而应是劳动关系的对价。鉴于劳动者作为劳动合同标的所具有的人身与人格特殊性，雇主所负有的工资支付义务应当体现对劳动者给付劳动的价值评价。① 因此，劳动报酬权本身也是非常庞杂的，涉及最低工资、福利补贴、工资协商和工资支付保障等。

本章进一步选择最低工资权和工资支付保障权作为分析劳动财产权的样本，一方面避免论述的泛化，另一方面更为直观地显示劳动财产权的特点。最低工资权和工资支付保障权都是劳动报酬权的核心内容，能够比较全面、客观地反映出劳动财产权的具体制度和形态。

1. 最低工资权

最低工资权旨在保护劳动者的基本权利——生存权。最低工资权是指，在法定工作时间或者依法签订的劳动合同约定的工作时间内，劳动者提供了正常劳动的前提下，劳动者有权获得不低于国家规定的最低劳动报酬的权利。对于最低工资的存在价值，亚当·斯密早在 18 世纪就在《国民财富的性质和原因的研究》一书中进行了系统的阐述，“劳动工资有一定的标准，在相当长的期间内，即使最低级劳动者的普通工资，似乎也不能减到这一标准之下”。② 19 世纪 40 年代中期至 19 世纪 50 年代中期，马克思接受了亚当·斯密的最低工资理论，认为“简单劳动的生产费用就是维持工人生存和延续工人后代的费用的价格”，以此为据

---

① 王天玉．工资的对价学说及其法律解释力［J］．社会科学，2015（8）：97－107.

② ［英］亚当·斯密．国民财富的性质和原因的研究［M］．郭大力等译．北京：商务印书馆，1988：60－62.

决定的工资就叫作最低工资。①

最低工资指向的主体是劳动者，而且是正在工作的劳动者。联合国在 1948 年《世界人权宣言》第 23 条中提出“每个有工作的人，有权享受公正和合适的报酬，保证使他本人和家属有符合人的尊严的生活条件”。我国《最低工资规定》第 3 条也指出，劳动者在法定工作时间或依法签订的劳动合同约定的工作时间内提供了正常劳动的前提下，才有权享受最低工资待遇。因此，享有最低工资权的劳动者往往是正规就业的劳动者。

最低工资保障的利益是劳动者的基本生活。我国《最低工资规定》第 1 条指出，最低工资制度是为了“保障劳动者个人及其家庭成员的基本生活”。爱尔兰《2000 年最低工资法》的前言也指出，最低工资制度是为了给劳动者提供最低的生活保障。联合国《世界人权宣言》将最低工资权上升到对尊严的保障层面，都体现了劳动者最低收入保障的重要社会意义。

最低工资权的行为因素是对用人单位的规范。如果用人单位支付的工资数额低于最低工资标准，那么就有违反最低工资规定之嫌。除此之外，正是因为最低工资权保障的是劳动者的生存权，劳动者在试用期期间的工资，还有等待劳务派遣期间以及待命待工期间的收入也不能低于最低工资水平。而劳动者对于侵犯最低工资权益的做法也有寻求救济的权利，可以向劳动监察和劳动争议处理部门投诉和申诉。

---

① ［德］马克思，恩格斯．马克思恩格斯全集（第 6 卷）［M］．中共中央马克思恩格斯列宁斯大林著作编译局编译．北京：人民出版社，1964：434.

2. 工资支付保障权

资本家对劳动者的劳动报酬横加克扣、拖欠的行为，严重影响了劳动者的生存，因此受到工人阶级的强烈抵制，并最终确立了工资支付保障权。为了让在劳动关系中处于相对弱势的劳动者在付出劳动之后能够及时、充分地获得劳动报酬，国际劳工组织出台了第95号《1949年保护工资公约》对劳动所得提供全面的保护：要求雇主应尽量用货币支付工资，明令雇主不得擅自克扣工资。我国《劳动法》和《工资支付暂行规定》都明确规定，工资必须及时足额且以货币的形式发放，不得随意进行扣减或推迟发放。此外，不少发达国家，如法国和日本，都通过劳动法以及其他法律的专门规定来保障工人们获得工资的权利。

工资支付保障权的主体依旧是劳动者。在社会化大生产的模式下，劳动者，尤其是全职的产业工人，收入的唯一来源是工资，一旦工资被克扣或者推迟发放，将会严重影响到劳动者的生计。工资支付保障权所关涉的是劳动者的生存利益，同时也是为了维护劳动关系的秩序，防止雇主滥用自己优势的经济地位进一步地压榨劳动者的基本权益。

工资支付保障权的行为要素对于雇主而言至少包括三个方面。第一，雇主不得克扣劳动报酬。第二，工资经常被定义为特殊债务，职工对企业欠发的工资享有较一般债权更为优先的权利。我国《劳动争议调解仲裁法》规定，劳动者有劳动报酬争议的时候，可以通过向法院申请支付令的方式，快速解决并获得赔偿。全国人大常委会在2011年修改刑法的时候进一步将严重欠薪行为列入了刑法的制裁范围。第三，在破产程序当中，工资也享受特殊保护。国际劳工组织第 95 号公约规定，“当企业倒闭或判决清理时，该企业的工人，无论在取得他们在企业破产前或清算前提供的服务而应得到的、其金额由国家法律或条例规定的工资方面，或在取得不超过国家法律或条例规定的工资金额方面，均享有优先债权人的地位”（第 11 条）。上述三个方面从工资发放到足额保障，再到支付风控等为保护劳动者的财产权织就了立体的安全网。

（三）集体劳动权

集体劳动权的产生是一个渐进的过程，与工人阶级就工作条件和劳动报酬的集体争取有密切关系。在自由资本主义时期，资本家为了节约生产成本，不注重劳动安全卫生方面的投入，导致劳动者只能在极为恶劣的环境下从事生产劳动。同时，为了赚取更多的剩余价值，资本家压低劳动者工资，延长劳动时间，不断加大对劳动者的剥削。

由于强资本和弱劳动的局面在资本主义经济初期极为突出，个体劳动者不可能以一己之力改变自身的不利处境，劳动者只能通过联合的方式表达权利诉求，因此产生了集体协商制度。集体协商制度是对现代法权体系的重要修正，是产业民主发展史上的重要内容。产业革命之初自由市场制度流行，政府对经济采取放任政策，法律上体现为自由契约，劳资双方普遍采用自由劳动契约形式来确定工作条件和劳动报酬。但是，在资强劳弱背景下，劳资双方无法实现自由、平等协商，实质结果是继续形成对劳动者的压榨。劳动者逐渐意识到只有团结起来，形成集体的力量才能在劳动关系方面与雇主相抗衡，于是工会应运而生。工会作为劳动者的代表，与雇主就工资、劳动条件等事项进行集体协商，以改善劳动者的生活条件和工作条件。但是，一开始的集体谈判并没有在劳动者与资本家之间形成规模，雇主千方百计抵制与工会进行集体协商。在这个阶段，西方各国劳动法律普遍严格禁止劳动者的团结权和集体协商权，此时的集体协商并没有在解决劳资矛盾的过程中发挥出真正的作用。

此时，资产阶级逐步意识到，集体劳动权除保障劳动权益外，通过集体协商还可对化解劳资矛盾、协调劳资关系发挥重要的作用。劳动者可以通过集体协商改善劳动条件、劳动收入，而对于雇主而言，集体协商虽然使自己付出一定的代价，但这使企业中的劳动者罢工、怠工事件得以减少甚至避免，从而减少了企业的经济损失。因此，从长远的利益出发，雇主开始愿意与工会进行集体协商以处理劳资矛盾。对于政府来说，建立集体协商制度使企业劳动争议得以减少，在一定程度上促进了社会和经济秩序的稳定。政府对集体协商逐步从最初采取不承认态度，慢慢地转变为主动通过立法给予确认和保护。

集体劳动权的主体是劳动者团体，而非劳动者个人。但是个体的劳动者与集体劳动权有着密切的联系，个体劳动者只有组织起来才能够行使集体劳动权。因此，集体劳动权也包括个体劳动者的结社权。另外，在社会化大生产的工业制造模式下，集体劳动权的效力能够得到很好的发挥，原因有二：其一，从事工业生产的劳动者相对较为集中，比从事服务业的劳动者更容易组织起来；其二，在生产线上的劳动者存在相互接近的利益诉求，比较容易和雇主开展集体协商。

集体劳动权的行为因素也带有社会化大生产的特点。集体劳动权对劳动者而言是一项积极性权利，法律给予劳动者结社权、集体谈判权和集体合同权，而这些权利都是在工业制造行业得以确认和固定下来的。例如，英国和美国是集体协商开展最早的国家之一，早期工业生产企业进行协商的基本程序和基本内容至今已被世界各国普遍认可并采用，如1799年美国费城的制鞋工人与雇主进行集体谈判，1850年英国的纺织、矿山、冶金业的工会团体与雇主进行集体协商，随后集体协商制度在市场经济国家普遍开展。诸多西方国家相继通过劳动立法规定了集体劳动权，有关改善劳动条件和提高福利水平的内容都可以在集体劳动权框架下解决。

四、义务主体的形成

伴随着劳动权利体系渐渐浮出水面，劳动义务体系也开始逐渐成形。从辩证的视角来看，权利与义务是对立统一的关系，劳动权利与义务也不例外。法律上的权利与义务不可分离、相互依存。同理，劳动权利与义务也是相对存在的，没有无权利的义务，也没有无义务的权利。劳动权利、义务在功能上是相互补充的。通常，权利的享有要以义务的履行作为前提和基础，义务也不是独立于权利之外的一种异在物。劳动关系中的权利和义务，根据主体的不同，可以分为内部和外部权利、义务两个层面，权利和义务在这两个层面上基本上都是对等和对应存在的。

从劳动者或雇主各自的主体出发，各自享受的权利和应尽的义务在一定程度上是对等的。每一权利主体只有尽其义务才有条件实现其权利，义务本身不过是为实现某种利益，享受某种权利时应尽的责任。在劳动关系当中，劳动者享有劳动安全权、休息权、劳动报酬保障权等的前提是劳动者与雇主之间建立了劳动关系，履行了劳动的义务，并符合忠诚、勤勉、尽职尽责的要求。雇主享有对劳动者的指挥权和管理权的前提是履行为劳动者给付劳动报酬、提供安全保障等义务。

从劳动者和雇主之间的关系出发，各自享受的权利和应尽的义务与对方应尽的义务和享受的权利是对应的。从民法的角度看，权利是利益分配的法律技术手段，义务则是为使这种利益分配能正常进行而设立的另一技术概念。因此，在传统的劳动关系当中，一方的义务是为对方的权利而设定的。以劳动者的劳动报酬权为例，劳动者有权及时获得劳动报酬，雇主不得拖欠劳动报酬；劳动者有权获得最低工资的保障，雇主在给付工资的时候必须不得低于法定的标准；劳动者有权足额获得劳动报酬，雇主不得无故克扣劳动报酬，也不得以发放实物形式代替劳动报酬。类似的例子还有很多，均是以劳动者的权利对应雇主的义务，劳动者的义务对应雇主的权利的方式出现的。

劳动权利义务从形成来看，包括约定和法定的权利义务关系。约定的权利义务关系是通过劳动合同的形式来确定劳资双方的权利义务关系。在资本主义市场经济初期，从工业革命发端的英国来看，劳动者的权利和义务的设定往往是通过签订劳动合同来实现的。故而，西方国家立法和司法机构在早期调整劳动关系的过程中坚持的是契约自由的原则，双方（尤其是劳动者）的请求权基础只能是约定的权利和义务，救济手段也往往集中在普通的民事法律救济方面。

自由市场追求的是合同的自由和秩序，从而实现经济发展的效率提升。但看似自由平等的合同关系，却掩盖了劳动合同主体之间的不平等地位，难以实现约定的权利义务的平衡。事实上，资强劳弱的特点在工业化大生产时期尤为突出，劳动者经历了圈地运动“羊吃人”的过程，背井离乡来到城市，以出卖劳动力为生，成为典型的无产者。资产阶级通过原始积累掌握了大量的资本和技术，形成了资本的“买方市场”，通过合同恣意压低劳动报酬、延长工作时间、降低劳动保护，这些做法在前文已经多有列举，成为早期资本主义不堪的一面。

完全的契约自由和秩序在强者的手中成为实现利益最大化的工具和保障，因此，时代呼唤法定的权利和义务体系尽快成型，从而平复契约自由带来的创伤。法定的权利和义务通常是法律直接加以规定的强制性权利和义务。在劳动关系领域，法定的权利和义务出现得也比较早，但资本主义国家早期法定的权利义务，是从维护资本家生产经营的角度设定的，带有自由市场的逻辑，总体上来讲还是不利于劳动者的。早期的法律介入首先考虑的是效率因素，在自由市场的环境当中，效率等同于资本和交易的安全，而非劳动者的安全。因此，资本的产权是早期立法所保护的，法律对劳动纪律、成本直接进行严格要求的现象屡见不鲜。西方国家的工会在早期开展集体协商和产业行动，往往被法院的一纸禁令而阻断，工会领袖被追究侵权责任，甚至被捕入狱，劳动者追求权利和利益的行为被视为对资本家产权的侵犯、破坏市场竞争的行为甚至密谋行为，其背后的产权至上、市场至上的逻辑一览无余。

随着资本主义的发展，以及工人阶级的努力争取，法定权利义务的天平从此开始向劳动者一方倾斜，逐渐带有了社会法的逻辑。起初，工人阶级在法律上争取了开展集体谈判的权利，包括组织工会行为免受刑事密谋罪和反垄断法（美国）的制裁，开展产业行动在合同法和侵权法上获得豁免等，让工人阶级能够组织起来平等地与资本家展开谈判，拥有一定的砝码（产业行动）来最终实现自身的利益诉求。随后，团结起来的工人阶级在社会政策和立法方面为劳动者争取到了很多基本权利，例如八小时工作制、最低工资制等。西方国家立法者和政策制定者也从被动地接受变为主动地关心劳动者权益保护问题，并将此提升到维护社会有序发展的战略高度来对待，提倡建立社会伙伴关系，运用社会法的思维来构建劳动法的权利和义务体系。以反歧视的制度发展为例，对于少数族裔和群体而言，争取反歧视保护单靠弱势群体的自身力量略显单薄，依靠工会未必能够获得足够的内部支持，必须结合立法者和社会认识的提高来携手推进。近年来，反歧视在各个利益相关方的共同推动下，已经取得了长足的发展，保护面不断拓宽、保护机制不断完善。

劳动的法定权利和义务构建走向社会法的方向，就其本质属性而言，与生产的社会化有着密切的关系。总体而言，劳动保护体系进入社会法的轨道，或者换言之，社会法本身的出现，与社会化大生产的特点是密不可分的。生产的社会化形成了广泛的社会分工，而大生产进一步提升了社会化的深度和广度，让生产链条上的每一个人都成为生产的环节。早期资本主义的立法看到了市场交易的安全和效率，而忽视了生产环节的安全与效率也是社会化大生产的必备保障。尊重契约自由、保障交易安全本身并没有错，但皮之不存，毛将焉附，劳动保障的缺失忽略劳动者社会化链条上最重要的一环——劳动者在没有安全保障的情况下工作，自然也无法产生更高的效率。劳动者的负面情绪和愤怒的积累如果得不到及时化解，终有一天将会大爆发，从而破坏整个社会的秩序，对社会化大生产造成更大破坏。正是基于上述挑战的存在，劳动法定权利和义务的构建最终选择了社会法的进路。

劳动者的法定权利是社会化大生产的需要，但落脚到雇主的法定义务却是基于"从属性"的现实。劳动者与雇主之间建立的劳动关系，与奴隶社会的主仆关系、封建社会的佃户关系，形式上存在着质的差别，劳动者在劳动关系当中，在人格上是独立的，在人身上是自由的，根据自己的意思表示与雇主订立劳动合同，从事劳动并获取报酬。但劳动者在工作过程中要服从雇主的指挥和监管，按照要求完成任务，而且在同一时间不能从事其他雇主指派的任务，从属性乃是不争的事实。传统的机械化大生产还要求劳动者必须在雇主提供的工作场所、规定的工作时间，按照规定程序来完成工作任务。劳动者从属于雇主，在伦理上、社会上、经济上和法律上为雇主承担保护责任提供了合理性的支撑。

在劳动关系当中，劳动者在雇主的指挥下从事劳动，对双方都存在伦理上的要求。一方面，劳动者获取劳动报酬的前提是提供劳动，除遵守企业的规章制度和服从指挥外，还需恪守职业道德，尊重企业的产权和管理权，自觉维护企业的利益。另一方面，雇主在行使对劳动者工作的指挥和管理权的时候，面对的不是一台台冷冰冰的机器，而是一个个有血有肉的工人，尤其是工人们已经让渡自己的劳动力使用权于企业管理的情况下，雇主在道义上有责任保护劳动者的安全、提供良好的工作环境、支付体面的劳动报酬。正如战士们有责任服从命令浴血奋战，指挥官们有责任尽最大可能减少伤亡。

从社会关系的角度来看，劳动者为雇主提供从属性劳动从而建立了社会化大生产当中的劳动关系。在劳动关系当中，劳动者开展从属性劳动是社会分工的一部分，丰富了社会的物质产品，推动了社会的物质文明进步。雇主指挥劳动者从事生产、发放劳动报酬、提供劳动保护也是社会分工的一部分，一方面为社会提供更多物质产品，另一方面维护了社会的基本组成部分——人——的生存和发展。企业的社会责任包含对外和对内两方面的责任，对外是提供社会产品的责任和贡献社会福利的责任，对内则是作为雇主对为自己提供从属性劳动的工人提供保障的责任。

虽然劳动者提供从属性劳动主要是为了获取经济性回报，但获取的并非劳动力产生的全部价值，而雇主却是雇佣活动的最大受益者，也有能力为劳动保障承担经济责任。根据马克思的剩余价值理论，雇主在雇佣劳动的过程中收获了劳动者的剩余价值，供给了资本的不断扩张。获得劳动报酬是劳动者从事生产的主要目的，除此之外还有人身安全保障的需求、休养生息的需求，这些都是需要付出经济成本的。而雇主作为使用从属性劳动的最大受益者，既有责任又有能力为劳动者提供保护。

最后，从法律上讲，劳动关系当中的从属性是分配雇主和劳动者法定权利和义务的合理性基础。具体而言，劳动者的忠诚、勤勉、尽责和保密等义务都来自对雇主的从属性。正是由于劳动者是雇主企业当中的一分子，所以不得对外做出任何损害雇主利益的行为，如恶意招揽、同业竞争等。正是由于劳动者从属于雇主，所以其工作和身份都不得转让。对于雇主而言，因为劳动者听命于自己，雇主有义务对其承担保护责任，保障劳动者免受工作环境伤害，劳动力能够得到可持续的发展。

需要进一步指出的是，在社会化大生产的模式下，雇主的责任形式往往表现为直接责任。以劳动保护为例，在社会化大生产当中，雇主直接提供了主要的生产场地、生产工具，并掌控着生产流程，对劳动保护有着不可推卸的责任，当出现工业事故之时，雇主直接承担相应责任也是应有之义。因此，劳动法对传统的侵权责任法的归责模式进行了改造，将工伤归责方式设定为一种类似于“无过错责任”的形式，并削减了一些雇主免责或减责的法定事由。例如，雇主对于劳动者因自身原因（过失）导致的伤害不享受免责待遇。再以工时保护为例，雇主直接掌控着劳动者的工作时间，有义务在安排工作之时将八小时的上限考虑进去，并记录上下班及加班时间，提供必要的加班补偿。如果出现超时工作的情况，雇主将直接承担责任。

五、小结

社会化大生产的降临带来了一系列的新生事物和连锁反应，在当时开启了一个新的时代。第一次、第二次工业革命让机器生产得到了广泛的应用，工厂如雨后春笋般遍布各个资本主义国家，它们开始运用新型的方式开展生产，带来了工业资本的快速积累和工厂规模的迅速扩张。而新的生产方式又催生了资本主义社会的两大新阶级——资产阶级和工人阶级。两个阶级既互相依存却又互相对立，但资产阶级在资本的加持下，一直保持着强势的地位，肆无忌惮地对工人阶级进行剥削，其中既有强力的压制，也有法律的弹压，给劳动者的人身和财产造成了全面的侵害。

而工人阶级在资产阶级的压迫面前没有低头、奋起反击，通过不断的斗争赢取了资产阶级的妥协，让国家承认了劳动者在生产过程中的人身权、财产权和集体劳动权，劳动者有权在工作上免受职业风险的危害，在收入上免受克扣和拖欠，在集体行动上免受无端的禁止和打击等。正是由于劳动者与雇主之间存在人身和经济上的从属关系，让两者之间互为权利义务主体，工人阶级争取到的权利，就是雇主的义务。国家通过法律的形式将劳资双方的权利义务固定下来，这些法定的权利和义务历经两百年的涤荡，阶级属性已经淡化、法治思维逐渐凸显，成为现代劳动法的基本内容，这些将在下一章中进行详细介绍。

第三章　传统劳动法的时代回应性

社会化大生产是资本主义建立之初就出现的生产模式，时至今日仍广泛存在。社会化大生产实现了生产的规模化、分工的社会化，是当时先进生产力的代表，极大提高了生产率。社会化也带动了新生事物的层出不穷，例如，工厂、机器、工人阶级等。社会化大生产的到来，不仅推动了经济模式的转变，而且带动了治理模式的变革。尤其是在劳动关系领域，以工人阶级为核心的劳动者和以资本家为代表的雇主构成的两大主体逐步显现。而且，两大主体之间围绕着对劳动者的人身和财产保护的博弈和妥协，最终确定了一套以劳动权为中心的权利义务体系，通过劳动法在劳动者与雇主之间进行分配。而这套体系正是现代劳动法的主要内容，全面地调整着劳动关系的运行。

为了进一步说明劳动法与社会化大生产的关系，本书以我国劳动法为例，解析劳动法体系当中社会化大生产的基因。正如本书第二章所言，劳动法的诞生离不开社会化大生产的这一客观条件。但社会化大生产对现代劳动法体系的具体影响，尚未得到深入考察。因此，本章将着力探究劳动法是如何对社会化大生产中的劳动关系进行调整的。

一、研究对象与框架

当社会化大生产成为一个遍布全世界的经济模式之后，与之对应的劳动法律保护体系被各国广为采用。社会化大生产不仅是一种经济模式，而且代表着一个时代，劳动法正是时代背景下劳资关系的定海神针，不仅融会贯通，而且包罗万象。以世界各国劳动法作为研究对象，无论从其适用地域的广度，还是规范内容的宽度都远远超出了笔者研究能力所及。

故而，本书选择我国劳动法作为对象进行研究，适当缩小样本的范围。选择我国劳动法作为样本的主要原因有三：第一，相关资料便于收集，有利于全面深入地剖析；第二，虽然我国劳动法起步较晚，但仍是符合国际标准和国外通行习惯的，完全具备代表性和典型性；第三，同时也是最重要的，我国以新经济为代表的社会化小生产发展迅速和广泛，在不少方面处于世界领先地位，劳动法面临的社会化小生产的挑战最为现实和迫切，为未来劳动法的构建提供了难得的经验。

但囿于篇幅限制，本书研究主要集中于我国劳动法的强制性规范，也就是广义上的劳动基准。所谓广义的劳动基准，是指在适用范围上，既涵盖作为实体利益（如劳动报酬、劳动安全卫生）的劳动权利，又涵盖作为获取实体利益之工具（如集体合同、职工民主管理、法律救济）的劳动权利；既涵盖劳动关系中的劳动权利，又涵盖劳动关系成立前（如自由择业）和消灭后（如社会保险）的劳动权利。广义的劳动基准一般可分为两类，即劳动关系运行基准和劳动条件基准。前者即强行性劳动关系运行规则，与劳动关系的运行过程相对应，包括单个劳动关系运行基准和集体劳动关系运行基准，主要指劳动合同、集体合同、劳动规章制度和职工民主管理的运行基准；后者即强行性最低劳动保护标准，与劳动关系的内容相对应，如工时、工资、劳动安全卫生等基准，同时也是狭义“劳动基准法”的范围。

本书虽然考察的是广义上的劳动法强制性规范，但为了更为全面地考察劳动法的现状与特点，在广义劳动基准的基础上进一步扩大研究的范围，总体上采取五分法，按调整对象划分为：劳动条件基准、劳动关系运行机制、社会保险机制、劳动争议处理机制和劳动行政管理机制。其中劳动条件基准保护的是劳动者的生存利益；劳动关系运行机制保护的是劳动者的个体协商和集体协商的利益，即个体与集体劳动合同；社会保险机制保护的是劳动者的社会保险的利益；劳动争议处理机制保护的是劳动者获得司法救济的利益；劳动行政管理机制保护的是劳动者获得行政保护和救助的利益。将社会保险机制、劳动争议处理机制和劳动行政管理机制纳入考察范围是为了更为全面、系统地考察我国劳动保护体系。

需要提出的还有两点。第一，本书对劳动法的研究范围虽然在广义的劳动基准的基础上进行了扩展，但仍然没有脱离强制性规范的范畴，从而保持研究的聚焦性。第二，对劳动法的强制性规范采取五分法的安排并非绝对的，也存在一定交叉领域。例如，劳动条件基准当中包括劳动安全卫生，工伤保险表面上属于社会保险，但与劳动安全卫生密不可分，二者无法按照上述分类截然分开。所以上述分类是相对意义上的区分，而不是绝对性、排他性的界分，主要是为了便于开展类型化的研究。

每一类的强制性规范虽是适当倾斜保护劳动者利益的，但并非只落脚于此。虽然我国《劳动法》和《劳动合同法》都在立法目的条款中作出“单保护表述”,[①] 但是，从理论上来讲，劳动法的法益是比较广泛的，它所保护的不仅包括劳方利益，还包括一部分资方利益，以及社会公共利益，也就是说劳动法会穿透劳动关系双方的利益，上升到社会公共利益的高度进行保护。这三方的法益会高度黏合在一起，你中有我、我中有你，其核心的利益取向虽是偏重保护劳方利益，但并非只保护劳动者而忽视其他两方的利益。因此，在本书的论证当中，在探讨每一强制性规范类别主法益的同时，也尽量兼顾其他法益的适用，避免厚此薄彼的结果。

为了深入研究我国劳动法的强制性规定，本书对五类强制性规范进一步从形式和实质两个方面进行分析。在形式方面，对于每一类强制性规范，都是从它的调整对象、调整的内容和方法等几个方面进行呈现，并结合社会化大生产的特点进行分析，找出两者之间的外在联系。在实质方面，找到各类强制性规范的立法目的，以分析其所保护的实质利益，即法益。以劳动法的形式和法益分别考察，是为了对比社会化大生产与社会化小生产当中，劳动保护的外在与内核的“变”与“不变”。本书认为法益的出现是社会群体的共同需求决定的，既是主体权利意识的觉醒，也是社会公众认同的提升，更是各方妥协的产物。法律机制本身是

---

① 见《劳动法》和《劳动合同法》第1条。

社会现实反射和浇筑而成的。以法益体系为“纲”便可追寻劳动法体系的根基，以法律文本为“目”便可呈现劳动体系的枝叶。这样不仅能够拼凑出劳动法的全貌，而且能够反映出劳动法在适应外部环境的变化时已经和将要呈现出的形态。

从法理上来讲，每个法律文本都有内在的逻辑结构。通常，一个完整的法律规则要包含三个必备要素，即假定条件、行为模式和法律后果。[①] 其中，假定条件的主要功能是表明在发生何种情形或具备哪些条件时，相关的事件和行为才由该规则进行调整，它是构成法律规则的一个必备要素，往往出现在法律的总则当中，有时也存在于分则的法条当中。行为模式构成法律规则的核心部分，是对调整对象的行为作出法律要求和规定，指出调整对象所具体享有的法律权利和应当承担的法律义务及其方式。行为模式一般有三种：授权式、义务式和禁止式。法律后果是指在一定情形下，法律对其调整范围内的相关事件与行为的动机、内容和意义等方面进行法律评价所得出的结果。[②]

为了更好地挖掘劳动法机制当中必备要素的功能和它们在法律规则内部的具体逻辑关系，以便深入分析社会化大生产对劳动法的影响，本书也采用了“三要素”分析法，即假定条件、行为模式和法益分析。首先，本书将从劳动法各类法律机制的假定条件入手，来考察此项规则所适用的外部场景和社会条件。一般而言，假定条件在总则当中是和适用范围紧密相连的。每一条具体的法律规则也有着其本身特定的假定条件，但不会超出总则当中

---

① 孙国华．法学基础理论［M］．北京：中国人民大学出版社，1987.

② 王莉君．法律规范研究［M］．北京：法律出版社，2012.

假定条件的范围。因此，本书对假定条件，将以各类法规中的总则为主考察适用范围，以具体规则为辅，考察其特定的适用场景。

对于行为模式的考察，本书将严格按照授权性、义务性和禁止性对规则进行分类分析。授权性规则是规定主体自身有权做出或不做出某种行为以及要求他人做出或不做出某种行为的法律规则。[①] 在劳动法律文本中常常运用含有诸如“可以”“允许”“有权”“有……的权利”“有……的自由”等词句的法律条文来表述，往往出现在对劳动者权利的描述当中。义务性规则，是指在一定的条件下，要求相关主体必须做出某种行为的法律规则。[②] 在劳动法律文本中常常运用带有“应当”“必须”“有责任”“有义务”等法律概念的条文来表述，常见于对用人单位和政府责任的规定。而禁止性规则是要求法律主体不得做出或必须抑止某种行为的规则，在立法中常常运用含有“不得”“禁止”“严禁”等文字结构的条文来表述[③]，对劳动法律主体的各方都有运用。

最后，本书并没有将法律后果作为本研究的考察重点，而是替换为对各类法规的“法益”的考察。法律文本的法益，也就是它的立法目的，往往直接在总则里开宗明义地提出，同时也润物细无声地内化到分则的条文当中。找出相关的法益便于探求劳动法的本质，也就是劳动法之魂，有利于考察在社会生产转型的过程中代表劳动法本质的时代性问题。劳动法的法律后果并非不重

① 孙国华. 法学基础理论［M］. 北京：中国人民大学出版社，1987.

② 孙国华. 法学基础理论［M］. 北京：中国人民大学出版社，1987.

③ 孙国华. 法学基础理论［M］. 北京：中国人民大学出版社，1987.

要，但它既无法体现劳动法的外部特征，也无法体现劳动法的内部特点，所以本章将用“法益分析”作为解析劳动法规则的三要素之一。这样的做法并不符合学理上的标准，是为了本书体系而采取的定制化的调整。

二、劳动条件基准的机制与法益

劳动条件基准，也称狭义的劳动基准，包含了以生命健康为中心的基准和以劳动收入为中心的基准。其中，以生命健康为中心的基准，主要指劳动安全基准和劳动卫生基准；以劳动收入为中心的基准，主要指劳动报酬（含工资与福利）基准；而工作时间基准兼有保护劳动者生命健康和保障劳动收入的功能，既可归属于以生命健康为中心的基准，也可归属于以劳动收入为中心的基准。

（一）工作时间基准

工作时间基准的形成有着比较长的历史渊源。空想社会主义学者罗伯特·欧文于 1817 年 8 月最早提出了“8 小时工作、8 小时自己支配、8 小时休息”的口号。[①] 工人阶级为了争取工作时间的缩短采取了一系列的斗争，其中最有名的当属 1886 年的芝加哥工人大罢工，让八小时工作制作为一种普遍的制度内容在美国确立下来。随后，1919 年巴黎和会通过了《国际劳动宪章》，

---

① 郑尚元，李海明，扈春海．劳动和社会保障法学［M］．北京：中国政法大学出版社，2008：287.

规定工作时间以每日 8 小时或每周 48 小时为标准，在全世界范围内倡导推行。国际劳工组织还于 1930 年出台了第 30 号公约《商业及办事处所工作时间的规定公约》，将最高工时制从工业企业延伸适用到商业企业（包括邮政、电报、电话）雇用的人员，以及事业和行政管理机构主要从事办公室工作的人员。

中华人民共和国成立以来一直采取的都是八小时工作制。其中，1994 年 1 月 24 日国务院通过了《国务院关于职工工作时间的规定》（以下简称《工作时间的规定》），确定了标准工时制度和最高工时制度。对于不能实行标准工时制的，参照 1994 年原劳动部发布的《劳动部关于企业实行不定时工作制和综合计算工时工作制的审批办法》等多项法规适用非标准工时制。1994 年全国人大常委会通过的《劳动法》以法律的形式确认了我国的工时制度。其中，规定最高工时标准的《工作时间的规定》在 1995 年 3 月 25 日进行了一次修订，并形成了现有的制度。

1. 工作时间基准

（1）假设条件

工时制度的适用条件包括明示和默示两个层面的条件。《工作时间的规定》明确规定有关工时的规定适用于国家机关、社会团体、企业事业单位以及其他组织的职工。也就是说，只有建立了劳动关系的职工方能享受到工时方面的保障，从而排除了劳动关系难以确定或不存在时对劳动者的适用，例如外包、众包、自雇等灵活就业模式。

工时制度的适用还包含着两个默示条件。第一，用人单位对工作时间能够直接、有效地掌控。例如《工作时间的规定》第 3

条、第6条和第7条在设定标准工时、加班条件和安排休息时，都暗含了用人单位进行安排的义务。如果用人单位对劳动者的工作时间没有直接的控制，是无法落实标准工时制的要求的。第二，工作与非工作时间泾渭分明，且能够被计量。《工作时间的规定》规定的工时标准十分具体，若出现实际工作时间无法统计的情况，例如工作与非工作时间界限模糊、工作时间周期波动大，都会给标准工时的落实带来障碍。因此《工作时间的规定》将标准工时作为常态，不定时工作制作为例外，适用不定时工作制需要用人单位提出申请，交由劳动行政管理部门进行审批。

从中不难看出，标准工时制度是以传统工业生产的模式为假定条件的。标准工时是与传统的机械大生产相配套的保护方式。在机械化工业大生产的环境下，劳动者接受统一的管理，进行统一步调的工作。尤其是当福特式的流水线作业被广泛地应用到生产当中，劳动者作为生产线上的一分子，虽然有着各自的分工，但统一地开展劳动，工作时间高度一致。标准的八小时工作制既符合劳动者的要求，又能较好地获得执行，判断工厂是否达到最高工作时间的界限明晰，执法难度不高。

（2）行为模式

对于劳动者而言，标准工时是授权性的。劳动者只需每天工作8小时，每周工作不超过40个小时。用人单位与之对应的义务是按照要求安排工作时间，尽量保证劳动者能够按照标准工作时间安排工作，并给予劳动者足够的休息时间，用人单位应当保证劳动者每周至少休息1日，在节日期间应当依法安排劳动者休假。

用人单位在特定的情况下，可以将特殊工时制度作为例外性安排。在我国，特殊工时制度包括两种，即不定时工作制和综合计算工时工作制。实行不定时工作制的法定对象和情况包括：企业中的高级管理人员、外勤人员、推销人员、部分值班人员和其他无法按标准工作时间衡量的职工；企业中的长途运输人员、出租汽车司机和铁路、港口、仓库的部分装卸人员以及因工作性质特殊，需机动作业的职工。另外，企业可实行综合计算工时工作制，即分别以周、月、季、年等为周期，综合计算工作时间，但必须是在特定的情况下适用，如：交通、铁路、邮电、水运、航空、渔业等行业中因工作性质特殊，需连续作业的职工；地质及资源勘探、建筑、制盐、制糖、旅游等受季节和自然条件限制的行业的部分职工。

用人单位欲适用非标准工时制度还需遵守两个程序方面的义务性规则。第一，在保障职工身体健康并充分听取职工意见的基础上，采用集中工作、集中休息、轮休调休、弹性工作时间等适当方式，确保职工的休息休假权利和生产、工作任务的完成。第二，企业还需向劳动行政部门提出申请，经过批准后，方可以实行其他工作和休息办法。

标准工时和非标准工时行为模式也透露着社会化大生产的基因。第一，立法采取的是标准工时为主的做法，是对社会上主流生产方式的体现，即相对整齐划一的生产方式，包括上下班时间和方式。第二，法律文本对用人单位的表述仍然停留在“企业”一词上。以 1995 年《劳动部关于企业实行不定时工作制和综合计算工时工作制的审批办法》为例，仍然使用“企业”来代表用人单位，而早在一年之前的《劳动法》，作为上位法就已采取了“用人单位”一词来涵盖尽可能多的用工主体。针对“企业”来调整工时，并非措辞上不严谨，而是在当时社会化大生产的环境下，只有企业才会更多涉及标准工时和非标准工时的问题，故而专门加以调整。

在加班方面，立法对用人单位趋向于使用禁止性和义务性的规定。受到标准工时规定的限制，任何单位和个人不得擅自延长职工工作时间。因特殊情况和紧急任务确需延长工作时间的，需满足如下三个条件：第一，用人单位由于生产经营需要，经与工会和劳动者协商后可以延长工作时间；第二，在保障劳动者身体健康的条件下进行；第三，一般每日不得超过 1 小时，因特殊原因需要延长工作时间的，每日不得超过 3 小时，但是每月不得超过 36 小时。除此之外，加班又无法安排调休的，需支付一定量的额外劳动报酬。

提供加班费是用人单位的义务性规定。用人单位应当按照下列标准支付高于劳动者正常工作时间工资的工资报酬：（1）安排劳动者延长工作时间的，支付不低于工资的 150% 的工资报酬；（2）休息日安排劳动者工作又不能安排补休的，支付不低于工资的 200% 的工资报酬；（3）法定休假日安排劳动者工作的，支付不低于工资的 300% 的工资报酬。①

延长工作时间和支付加班费制度也是以社会化大生产为蓝本构建的制度。社会化大生产工作模式的一个主要特点就是，工作

---

① 见《劳动法》第 44 条。

时间能够相对准确地衡量，以此为基础设定的行为模式完全匹配了工时制度的假定条件。以工厂生产为例，劳动者从进入工厂生产到离开工厂回家存在明晰的物理性界限，故而延长加班时间也比较容易统计。而且，在社会化大生产的环境下，劳动形式相对固定，工资收入也相对稳定，因此在核算加班费的计算基数方面也是比较简便的，浮动空间不会太大，也不太会出现争议。

（3）法益分析

从工时制度所保护的法益来看，主要是保护所有劳动者都渴望拥有的休息权，以及能够惠及所有人的“社会主义现代化建设”。《工作时间的规定》第 1 条开宗名义地规定：“为了合理安排职工的工作时间和休息时间，维护职工的休息权利，调动职工的积极性，促进社会主义现代化建设事业的发展，根据宪法有关规定，制定本规定。”由此看来，工时标准立法的宗旨或者目的有两个：一是保护劳动者的休息权，二是促进社会主义现代化建设事业的发展。这两个目的本身是相互关联的，前者是从劳动者健康角度考虑的，而后者是从劳动力的再生产与国家经济建设与发展的角度考虑的。[①] 从中不难看出，最高工时制度的立法目的是以劳动者的身体健康和劳动力再生产方面的利益为基础的。同样的逻辑思路也被运用到了关于加班和休息休假的立法当中。

2. 休息休假基准

我国在休息休假方面的规定比较庞杂，本书难以做到面面俱到，因此选择职工带薪年休假作为休息休假的规则样本进行分

---

① 李炳安．我国劳动工时和休息休假制度的价值选择与制度完善［J］．社会科学研究，2017（05）：103－109．

析。实行职工带薪年休假制度，是世界各国劳动制度的普遍做法。带薪年休假制度是我国高度重视的休假制度。1991 年 6 月，中共中央、国务院下发了《关于职工休假问题的通知》，规定各级党政机关、人民团体和企事业单位，在确保完成工作、生产任务，不另增加编制和定员的前提下，可以安排职工的年休假。全国人大常委会于 1994 年 7 月制定的《劳动法》也对职工休假事项作了原则性的规定，职工的休息权利已经得到一定程度的保障。2008 年国务院出台了《职工带薪年休假条例》，对带薪年休假制度作了全面、具体的规定。

（1）假定条件

与工作时间制度相类似，带薪年休假制度适用的对象为“机关、团体、企业、事业单位、民办非企业单位、有雇工的个体工商户等单位的职工”。① 虽然，这里面的职工既包括存在劳动关系的劳动者，也包括存在人事关系的职员或公务员，但都必须与用人单位存在有依附性和从属性的劳动关系。除此之外，职工如果想享受带薪年休假待遇，还需要在该单位连续工作满 1 年。带薪年休假制度对正规就业而言，相较于灵活就业更加易于适用，因为灵活就业往往存在着劳动者频繁更换工作单位的特点。

（2）行为模式

带薪年休假制度对劳动者而言是授权性的。劳动者在用人单位工作满 1 年，可以按照如下规定的标准申请假期：职工累计工作已满 1 年不满 10 年的，年休假 5 天；已满 10 年不满 20 年的，

---

① 见《职工带薪年休假条例》第 2 条。

年休假10天；已满20年的，年休假15天。而且，国家的法定休假日、休息日不计入年休假的假期。[1]

对用人单位来讲，提供带薪年休假待遇是义务性规定。用人单位应根据生产、工作的具体情况，并考虑职工本人意愿，统筹安排职工年休假。而且，用人单位在1个年度内可以集中安排，也可以分段安排年休假，但一般不跨年度安排。如果单位因生产、工作特点确有必要跨年度安排职工年休假的，只能跨1个年度进行安排。如果单位确因工作需要不能安排职工休年假的，经职工本人同意，可以不安排职工休年假，但必须按照该职工日工资收入的300%支付年休假工资报酬。[2]

从带薪年休假的行为模式上来看，带薪年休假主要供给的对象是有着相对稳定就业的劳动者。首先，带薪年休假的时间与就业总工龄有着密切的联系。就业年限累计越长，可享受的假期越长。对于工作相对稳定的正规就业人员，在累计工龄的核算、积累方面，比灵活就业者更有优势。另外，在核算带薪年休假天数以及年休假工资方面，用人单位比较容易统计正规就业人员，而不是频繁更换工作的灵活就业者的年休假。

（3）法益分析

规定职工带薪年休假的目的也是从维护劳动者的休息权出发。《职工带薪年休假条例》第1条明确：带薪年休假制度是“为了维护职工休息休假权利，调动职工工作积极性”。在保障休息权这一点上，《工作时间的规定》中对休息日的规定也与带薪

---

① 见《职工带薪年休假条例》第3条。
② 见《职工带薪年休假条例》第5条。

年休假相一致，企业虽然可以根据实际情况有所调整，但必须安排周休息日。

维护劳动者的休息权也是对生存权、健康权和发展权的保护。劳动者通过休息不仅能够恢复体力，保障自己的健康不因过度劳动而受损，更重要的是，劳动者可以利用休息时间提升自己的技能，提高劳动生产率，或是回归家庭、进行消费，从而促进整个社会与经济的和谐发展。

（二）劳动报酬基准

在（个别）劳动法中，工资保护是由最低保障机制和支付保障机制两条支柱支撑起来的。工资的最低保障机制是确保工资需至少能够维持劳动者最低的生活需求；支付保障机制是为了让劳动者能够及时足额地获得工资，从而维持相应的生活。因此，本部分将以工资的最低保障机制和支付保障机制为蓝本，分析相关规范体系。

1. 工资的最低保障基准

最低工资是指，在法定工作时间或者依法签订的劳动合同约定的工作时间内，劳动者提供了正常劳动的前提下，国家规定用人单位应当支付的最低劳动报酬。我国 1994 年的《劳动法》就规定了国家实行最低工资保障制度，用人单位支付劳动者的工资不得低于当地最低工资标准。2003 年 12 月 30 日，劳动和社会保障部第 7 次部务会议通过《最低工资规定》，并于 2004 年 3 月 1 日起施行。

（1）假定条件

最低工资制度的适用范围依旧是企业、民办非企业单位、有雇工的个体工商户和与之形成劳动关系的劳动者。同时，国家机关、事业单位、社会团体和与之建立劳动合同关系的劳动者的最低工资也囊括在《最低工资规定》当中。[①] 这一假定条件的设置并无不妥，正是因为劳动关系中劳动者对用人单位存在从属性，用人单位才有责任保障听从其指挥的劳动者能够获得不低于最低限度的劳动报酬。

不过，最低工资制度在设计之初就考虑到一部分的灵活就业情况——非全日制用工。最低工资标准一般采取月最低工资标准和小时最低工资标准的形式，其中月最低工资标准适用于全日制就业劳动者，而小时最低工资标准适用于非全日制就业劳动者。[②] 故而，最低工资制度带有一定的延展性。但是，在最低工资制度的假定条件上，延展性是有边界的，仍是要求具有存在劳动关系这个前提，因此尚不能适用于外包和自雇劳动者。

（2）行为模式

最低工资的行为模式是以用人单位的义务性规则为主，其中包括用人单位的义务和政府的义务。对于用人单位而言，最低工资是“劳动者在法定工作时间或依法签订的劳动合同约定的工作时间内提供了正常劳动的前提下，用人单位依法应支付的最低劳动报酬”。[③] 支付工资义务仅仅是用人单位的责任之一，其还需对

---

① 见《最低工资规定》第2条。
② 见《最低工资规定》第5条。
③ 见《最低工资规定》第3条。

劳动者在标准工作时间内的劳动支付不低于最低工资的劳动报酬。

用人单位在最低工资方面的义务，需要基于劳动关系存在这一前提，也是依托社会化大生产这一背景来实现的。最低工资制度保护的客体是“工资”，易言之，只有带有工资性质的劳动报酬才不得低于工资的最低标准。而有义务支付工资的主体是用人单位，其他接受服务的主体是没有支付义务的，例如加工承揽合同的发包方和自然人雇主。用人单位这一主体在社会化大生产中不可或缺，在最低工资保障中也是如此。

对于政府而言，主要义务是定期确定和调整最低工资水平，从而保障劳动者收入水平的稳步提高。政府除了有义务参考多重因素来制定最低工资标准外，还需要遵守程序性的要求，需会同同级工会、企业联合会、企业家协会研究拟订最低工资标准，并将拟订的方案报送劳动保障部门。产业关系当中的传统组织（工会和雇主协会）长期以来在最低工资标准制定的过程中实际上扮演着主要角色。

（3）法益分析

最低工资制度旨在保护劳动者的基本权利——生存权。国际劳工组织在 1944 年发出的《费城宣言》中就强调了最低工资制度对劳动者生存权保障的重要性，并提出“每个有工作的人，有权享受公正和合适的报酬，保证使他本人和家属有符合人的尊严的生活条件”。我国《最低工资规定》第 1 条也指出最低工资制度是“为了维护劳动者取得劳动报酬的合法权益，保障劳动者个人及其家庭成员的基本生活”。故而，在确定和调整月最低工资标准时，政府应参考当地就业者及其赡养人口的最低生活费用、城镇居民消费价格指数、职工个人缴纳的社会保险费和住房公积金、职工平均工资、经济发展水平、就业状况等因素；在确定和调整小时最低工资标准之时，政府应考虑单位应缴纳的基本养老保险费和基本医疗保险费因素，同时还应适当考虑非全日制劳动者在工作稳定性、劳动条件和劳动强度、福利等方面与全日制就业人员之间的差异。

另外，为了保护劳动者的生存权，最低工资的适用期间被《劳动合同法》扩大。在劳动合同期内，即便劳动者没有提供劳动，用人单位在某些情况下也需要提供最低工资待遇，如等待劳务派遣期间的工资也不得低于最低工资。因此，最低工资制度保护的是劳动者底线性的权利，是刚性的保护。

2. 工资的支付保障基准

为了让在劳动关系中处于相对弱势的劳动者在付出劳动之后能够及时、充分地获得劳动报酬，很多国家都设计了相应的工资支付保护机制。在国际层面，国际劳工组织出台了第 95 号《1949 年保护工资公约》对劳动所得提供全面的保护。不少发达国家，如法国和日本，都通过劳动法以及其他法律的专门规定来保障工人们获得工资的权利。我国也于 1995 年颁布了《工资支付暂行规定》，对工资支付的安全性提供全面的保障。

（1）假定条件

我国的工资支付保障机制也是以劳动关系的存在为前提的。《工资支付暂行规定》将工资支付保护的社会关系设定在“企业、个体经济组织（以下统称用人单位）和与之形成劳动关系的劳动者”之间。但国家机关、事业组织、社会团体和与之建立劳动合同关系的劳动者，也可以享受该规定的保障。总的要求是，劳动者必须与用人单位建立劳动关系，方能享受工资支付机制的保障。

一旦进入劳动关系当中，《工资支付暂行规定》对工资支付保障的覆盖面就比较宽了。首先，工资可以包括用人单位依据劳动合同的规定以各种形式支付给劳动者的报酬。而且，对于实行周、日、小时工资制的，可按周、日、小时支付工资，但工资至少每月支付一次。还有，对于完成一次性临时劳动或某项具体工作的劳动者，用人单位还可以按有关协议或合同规定在其完成劳动任务后支付相应的工资。[①] 规定多种形式的工资适用在一定程度上契合了灵活用工的现实，让非全日制用工、任务型用工、劳务派遣用工的工资得到了法律的保护。不过，《工资支付暂行规定》依旧没有解决外包、众包、自雇的劳动报酬保护问题。

（2）行为模式

工资支付保障机制，对于用人单位来讲，基本上都是义务性或禁止性规范。比较典型的义务性规范包括，用人单位必须在与劳动者约定的日期支付工资，如遇节假日或休息日，则应提前在最近的工作日支付。用单位应当以法定货币支付工资，不得以实物及有价证券替代。而且，用人单位应将工资支付给劳动者本人。[②]《劳动法》第 50 条亦规定，“工资应当以货币形式按月支付给劳动者本人”。这也是在机器化大生产模式下，统一发放劳动

---

① 见《工资支付暂行规定》第 7－8 条。

② 见《工资支付暂行规定》第 5－6 条。

报酬的传统方式。另外，在正规就业当中，用人单位如果通过与职工大会、职工代表大会协商或者其他形式制定内部的工资支付制度，应告知单位全体劳动者，同时抄报当地劳动行政部门备案。

反克扣规则大多都是面向用人单位采取了禁止性模式。用人单位不可以随意扣除劳动工资，扣除劳动者的工资，必须有严格的限定条件：（1）用人单位代扣代缴的个人所得税；（2）用人单位代扣代缴的应由劳动者个人负担的各项社会保险费用；（3）法院判决、裁定中要求代扣的抚养费、赡养费。① 上述允许的事项往往出现在正规就业当中，因为灵活就业者按照我国有关法律的规定，有权自主缴纳税费、社会保险费，而用人单位并没有强制性的扣缴义务。

对于某些事项，用人单位同时接受授权性规定与禁止性规定的调整。例如，因劳动者本人原因给用人单位造成经济损失的，用人单位可按照劳动合同的约定要求其赔偿经济损失。经济损失的赔偿，可从劳动者本人的工资中扣除。但是，每月扣除的部分不得超过劳动者当月工资的20%。若扣除后的剩余工资部分低于当地月最低工资标准，则按最低工资标准支付。② 此处，以月最低工资作为兜底标准，也是主要参照了正规就业的模式，保障相对稳定就业的劳动者的权益。

另外，工资经常被定义为特殊债务，工人对企业欠发的工资享有较一般债权更为优先的受偿权利。我国2008年的《劳动争

---

① 见《工资支付暂行规定》第15条。
② 见《工资支付暂行规定》第16条。

议调解仲裁法》就规定，劳动者有劳动报酬争议的时候，可以通过向法院申请支付令的方式，快速解决争议并获得赔偿。具体而言，因支付拖欠劳动报酬、工伤医疗费、经济补偿或者赔偿金事项达成调解协议，用人单位在协议约定期限内不履行的，劳动者可以持调解协议书依法向人民法院申请支付令，而人民法院应当依法发出支付令。全国人大常委会在 2011 年还进一步将严重欠薪行为列入了刑法的制裁范围。

在破产程序当中，工资也享受特殊保护。我国《企业破产法》还对工资报酬在破产清算过程中的优先受偿权作出了明确的规定，破产财产在优先清偿破产费用和共益债务后，优先清偿“破产人所欠职工的工资和医疗、伤残补助、抚恤费用，所欠的应当划入职工个人账户的基本养老保险、基本医疗保险费用，以及法律、行政法规规定应当支付给职工的补偿金”[①]，最大限度地减少企业破产对职工带来的不利后果。

（3）法益分析

劳动报酬获得权就是工资相关法规所保护的客体。例如，我国《工资支付暂行规定》第 1 条就开宗明义地指出其立法目的是维护劳动者通过劳动获得劳动报酬的权利，而规范用人单位的工资支付行为，也正如《劳动法》明确劳动者享有“取得劳动报酬的权利”所体现的要义。在高度社会化的生产、经济和生活环境中，劳动报酬不仅是劳动的对价，还是劳动者生活的主要来源，是换取其他生活资料的必须介质，对劳动者的生存权、健康权和

---

① 见《企业破产法》第 113 条第 1 款。

发展权都有着非常关键的作用。

虽然各个国家的工资立法在具体形式和措施上有所不同，但都无一例外地强调保护劳动者以工资权利为核心的法益。例如，英国在其《1986 年工资法》（Wage Act of 1986）的前言中强调：通过对保护工人工资支付事宜进行规定，来保障劳动报酬权。在美国，不少州（例如宾夕法尼亚州、伊利诺伊州）都在此类法律的前言中明确了法律的立法目的是保护工资的获取权。

（三）劳动安全卫生基准

工作场所的安全是保护劳动者人身安全和身体健康的重要防线，是减少工伤事故的基本保障。安全生产事故的发生原因有二，一是物的原因，二是人的原因。其中物的原因指的是设备、物质、环境、防护用品等因素。防范工作中物的安全风险，需要通过加大职业安全设施的投入和使用，减少工作场所中的危险因素。而防范工作中人的安全风险，需要加强对劳动者的培训和管理，让劳动者能够准确熟练地掌握安全使用设备的知识，以及出现安全问题的应对措施。

我国一贯重视劳动安全卫生的保护，制定了大量法律。除了《宪法》和《劳动法》之外，我国还制定了大量专门的法律法规来处理劳动安全卫生问题，比如《安全生产法》《矿山安全法》《职业病防治法》《工伤保险条例》等。我国劳动安全卫生法规涵盖的门类众多、体系十分庞杂，不一而足。在此，笔者将以《劳动法》为主进行解读，《工伤保险条例》将放在“社会保险机制”部分进行讨论。

(1) 限定条件

《劳动法》提供的所有保护都将适用范围限定在“企业、个体经济组织(以下统称用人单位)和与之形成劳动关系的劳动者”。劳动者如果要享受劳动安全卫生的保护，从事的工作应当是带有从属性的，满足存在劳动关系这一前提。要求劳动者与用人单位之间具有从属性方由用人单位为劳动安全担责，在劳动安全卫生保护方面具有伦理上、经济上、社会上和法律上的合理性。

劳动安全卫生的各个具体规则也将其假定条件落脚在社会化大生产的模式上，尤其是机器设备比较集中的工厂里。例如《劳动法》规定的“三同时”制度，要求新建、改建、扩建工程的职业安全卫生设施必须与主体工程同时设计、同时施工、同时投入生产和使用，这显然是面向工业生产企业而制定的，而贸易、服务企业一般是租用或购买现成的办公场所，往往不存在类似的问题。对于平台经济而言，平台建设职业安全设施工程的可能性更小。

(2) 行为模式

对劳动安全与卫生进行管理的主要义务人是雇主。在机器大生产模式下，雇主作为劳动力的使用者，同时也是生产资料的提供者，有义务维护生产设施和卫生防护设备的安全性和有效性，此种义务一方面来源于雇主基于劳动契约对劳动者负有的照顾保护义务，另一方面来源于雇主对工作场所的控制能力和工作指挥能力。在传统的工厂当中，雇主不仅对自己提供的生产设备、工具、原材料等享有所有权，还拥有工作任务的指示命令权，雇主最有可能了解工作场所内存在的各种危险因素，也是最有能力控制和消除生产风险的当事人。雇主提供和维护符合标准的安全卫生设备以预防工业危害，保护劳动者人身安全，具有伦理上的正当性。同时，雇主应当对劳动者进行相关的培训，指导劳动者正确使用职业安全卫生设备，防止发生意外，为可能出现的紧急状况提供应对措施。用人单位必须为劳动者提供符合国家规定的劳动安全卫生条件和必要的劳动防护用品，对从事有职业危害作业的劳动者定期提供健康检查服务。

因此，劳动安全卫生规则对于用人单位而言，多为义务性的。例如，《劳动法》规定，用人单位必须建立、健全劳动安全卫生的规章制度，严格执行国家劳动安全卫生规程和标准，提供必要的劳动保护条件，对劳动者进行劳动安全卫生教育，防范劳动过程中出现的事故，减少职业危害。①

另外，为了让用人单位能够尽到劳动安全与卫生方面的义务，国家专门规定了“三同时”机制。我国《劳动法》规定：“劳动安全卫生设施必须符合国家规定的标准。新建、改建、扩建工程的劳动安全卫生设施必须与主体工程同时设计、同时施工、同时投入生产和使用。”② 作为一项原则，《矿山安全法》对矿山建设工程的安全设施，《职业病防治法》对建设项目的职业病防护设施等，都作出了“三同时”的要求。“三同时”机制的适用对象有一个隐含的前提：生产资料（也就是生产设备和场地等）是由雇主提供的，也就是雇主对生产资料有控制力，所以才

---

① 见《劳动法》第52条。
② 见《劳动法》第53条。

能要求雇主承担相应的责任，这也是符合机器大生产中工厂制造的一般模式的。

对于劳动者而言，为了切实保障自己的劳动安全与卫生，享有三项预防性的权利：抗辩权、避险权与解除权。抗辩权是指当劳动者遇到可能威胁其人身安全的命令时，可以拒绝雇主的指挥，保护自身健康与安全。避险权是指当劳动者遭遇即将发生的、无法避免的职业危害时，可以停止工作并离开工作场所。解除权是指当雇主所发出的指令危及劳动者的人身安全时，劳动者无需事先告知雇主，可以立即解除劳动合同，摆脱危险的工作环境。抗辩权、避险权与解除权皆为职业安全权的子权利，三者共同的功能是防范可能出现的危险，避免对劳动者生命、健康、身体造成伤害。《安全生产法》规定，从业人员有权拒绝违章指挥和强令冒险作业，生产经营单位不得因从业人员拒绝违章指挥、强令冒险作业而降低其工资、福利等待遇或者解除与其订立的劳动合同；从业人员发现直接危及人身安全的紧急情况时，有权停止作业或者在采取可能的应急措施后撤离作业场所。[①]《职业病防治法》规定，用人单位违反有关规定的，劳动者有权拒绝从事存在职业病危害的作业，用人单位不得因此解除与劳动者所订立的劳动合同。[②]《劳动合同法》规定，用人单位违章指挥、强令冒险作业危及劳动者人身安全的，劳动者可以立即解除劳动合同，不需事先告知用人单位。[③] 从中不难看出，这些权利行使的前提

---

① 见《安全生产法》第 51 – 52 条。

② 见《职业病防治法》第 33 条。

③ 见《劳动合同法》第 38 条。

是，雇主提供的生产资料或指挥劳动者从事的劳动在工作环境或环节上出现了不安全的情况，也就是机器大生产中常常遇到的情况，如果是在自主工作过程中出现危险，不存在拒绝雇主指挥的问题。

当然，劳动安全卫生规则当中也有针对劳动者的义务性规则，但也是从保护其人身健康角度出发的。《劳动法》要求从事特种作业的劳动者必须经过专门培训并取得特种作业资格。《安全生产法》也规定生产经营单位的特种作业人员必须按照国家有关规定经专门的安全作业培训，取得相应资格，方可上岗作业。[①]特种作业是指容易发生人员伤亡事故，对操作者本人、他人的生命健康及周围设施的安全可能造成重大危害的作业。正是因为特种作业有着不同的危险因素，容易损害操作人员的安全和健康，所以对特种作业需要有必要的安全保护措施，包括技术措施、保健措施和组织措施。在实践当中，特种作业往往存在于工业企业当中。

另外，国家对女职工和未成年工在劳动安全卫生方面实行特殊劳动保护，主要依靠的是指向用人单位的禁止性规范。例如，禁止安排女职工和未成年工从事矿山井下、国家规定的第四级体力劳动强度的劳动和其他禁忌从事的劳动；不得安排女职工在经期从事高处、低温、冷水作业和国家规定的第三级体力劳动强度的劳动；不得安排女职工在怀孕期间从事国家规定的第三级体力劳动强度的劳动和孕期禁忌从事的劳动。对怀孕七个月以上的女

① 见《安全生产法》第27条。

职工，不得安排其延长工作时间和夜班劳动；不得安排女职工在哺乳未满一周岁的婴儿期间从事国家规定的第三级体力劳动强度的劳动和哺乳期禁忌从事的其他劳动，不得安排其延长工作时间和夜班劳动。很明显，这些规则适用的场景往往涉及重体力和恶劣环境的劳动，主要集中于生产加工型企业当中。

同时，《劳动法》在义务性规则中也规定了国家的安全保障责任。国家的一个主要职责是建立工伤保险制度，要求企业广泛加入，从而帮助企业分担责任，为劳动者化解风险。还有，国家有义务监督用人单位劳动安全保护是否到位，做好劳动监察工作，防微杜渐。另外，国家还需建立伤亡事故和职业病统计报告和处理制度。国家在劳动安全卫生方面的责任内容比较多，将分别在工伤保险和劳动行政管理中进行详细的讨论。

（3）法益分析

《劳动法》将“获得劳动安全卫生保护的权利”作为一项重要权利加以保护。以此为统领，多部与劳动安全卫生有关的法律都作了类似的强调。例如，《职业病防治法》提出要“保护劳动者健康及其相关权益”。[①]《安全生产法》强调要“保障人民群众生命和财产安全”。[②]《矿山安全法》的主要目的是“保护矿山职工人身安全”。[③] 其中不难看出，获得劳动安全卫生保护的权利是劳动者人身权的主要组成部分。也就是说，劳动安全卫生保护的核心是保障劳动者的人身权在劳动的过程中不受损害。

---

① 见《职业病防治法》第1条。
② 见《安全生产法》第1条。
③ 见《矿山安全法》第1条。

进一步讲，健康和安全是每一名公民的基本权利。无论该公民是否是劳动者，也无论他所从事的工作是否是劳动法意义上的劳动，都有权在工作中享有安全保障的权利，他们的健康权和安全权都应当得到尊重。劳动安全卫生制度正是在劳动领域对这一需求的体现，但也不应仅仅局限在传统的劳动关系中，而放弃对其他形式劳动安全保障的规制。

三、劳动关系运行的机制与法益

劳动关系运行机制是劳动法当中一个比较宽泛的概念，它包含调整劳动关系的所有法律规范。本书进行的是一个相对狭义的解读，将焦点集中于劳动合同机制对劳动关系运行的调整上面。个体劳动合同是劳动者个人与用人单位确立劳动关系、明确双方权利和义务的协议。集体劳动合同是经全体员工或者员工代表大会讨论同意后，由工会或者员工委托的其他代表与用人单位为规范劳动关系而订立的，以全体劳动者的劳动条件和生活条件为主要内容的书面协议。我国《劳动法》《劳动合同法》对两种劳动合同形式都有所规定。

（一）个体劳动合同

尽管我国从20世纪80年代中期就开始进行劳动合同制度改革试点，但劳动合同立法出现得相对较晚。1995年1月1日，全国人大常委会审议通过的《劳动法》正式确立了劳动合同制度。虽然早在1996年就开始在企业实行全员劳动合同制度，但受制于多方面因素，劳动合同制度实施情况并不理想。特别是劳动合同签订率不高、质量低下等问题突出，直接影响了劳动者权益的维护和劳动关系的和谐发展。于是，我国于 2005 年开始《劳动合同法》的立法工作，并于 2007 年经过全国人大常委会审议通过。

1. 限定条件

劳动合同规则是面向劳动关系的调整机制。《劳动合同法》第 2 条把适用主体界定为“企业、个体经济组织、民办非企业单位等组织（以下称用人单位）与劳动者”，调整的对象界定为双方“建立劳动关系，订立、履行、变更、解除或者终止劳动合同”的情形。另外，国家机关、事业单位、社会团体和与其建立劳动关系的劳动者，订立、履行、变更、解除或者终止劳动合同，也依照《劳动合同法》执行。

总的来讲，《劳动合同法》的适用范围比《劳动法》略有扩大。根据《劳动法》第 2 条和 1995 年《劳动部关于贯彻执行〈中华人民共和国劳动法〉若干问题的意见》，劳动法的适用范围具体为：（1）各类企业和与之形成劳动关系的劳动者；（2）个体经济组织和与之形成劳动关系的劳动者；（3）国家机关、事业组织、社会团体实行劳动合同制度的以及按规定应实行劳动合同制度的工勤人员；（4）实行企业化管理的事业组织的人员；（5）其他通过劳动合同与国家机关、事业组织、社会团体建立劳动关系的劳动者。但随着市场经济的发展，劳动关系呈现多样化，劳动法的调整范围已不适应劳动关系客观发展的需要。因此，《劳动合同法》在《劳动法》适用范围的基础上，增加了民办非企业单位等组织作为用人单位，并且将事业单位聘用制工作人员也纳入

《劳动合同法》的调整范围。

对于灵活就业人员，《劳动合同法》还对非全日制用工和劳务派遣作了专门规定，尽可能地扩大劳动合同规则的调整范围。《劳动合同法》是规范用人单位与劳动者之间订立劳动合同的法律规范，对于一些主体不适格或从属性不强的情形，如家庭雇工、自雇、外包、众包、兼职、返聘离退休人员等，都未作规定，也不予适用。

2. 行为模式

由于个体劳动合同制度是劳动法的核心，所以《劳动合同法》规定得比较具体、庞杂。为了呈现的方便，本书将劳动合同制度按照劳动合同订立阶段进一步划分为个体劳动合同的缔结规则、劳动合同的履行规则和劳动合同的解除规则。针对不同阶段的规则，结合其行为模式的要点进行有侧重的分析。

（1）劳动合同的缔结规则

在劳动合同的形式要求方面，《劳动合同法》多是以对用人单位的义务性规则的形式出现的。对于劳动合同形式，《劳动合同法》提出了书面化的要求，而且这一要求落脚在用人单位的义务性规范上。用人单位与劳动者建立劳动关系，应当自用工之日起一个月内订立书面劳动合同。[①] 虽然劳动合同书面化的要求是面向双方的，但从用人单位被认定为未订立书面劳动合同的责任方这一点来看，义务方主要是用人单位。而且，《劳动合同法》规定的书面化主要是指“纸面化”，因为劳动合同由用人单位与

① 见《劳动合同法》第10条。

劳动者协商一致，要求经用人单位与劳动者在劳动合同文本上“签字”或者“盖章”方能生效，而电子化的“签名”除了“可靠的电子签名”外都无法被法律完全认可。

另外，用人单位和劳动者双方在招用劳动者时都有如实告知的义务，相关规范是双务性的。但法律对用人单位设置了应建立职工名册备查的义务性要求和不得扣押劳动者证件、财物的禁止性要求。[①] 其中还有争议比较大的规定，例如，要求用人单位在特定条件下应当续订劳动合同的义务性规范。

用人单位在劳动合同内容方面必须体现义务性规则所要求的必备条款。《劳动合同法》第 17 条第 1 款规定：“劳动合同应当具备以下条款：（一）用人单位的名称、住所和法定代表人或者主要负责人；（二）劳动者的姓名、住址和居民身份证或者其他有效身份证件号码；（三）劳动合同期限；（四）工作内容和工作地点；（五）工作时间和休息休假；（六）劳动报酬；（七）社会保险；（八）劳动保护、劳动条件和职业危害防护；（九）法律、法规规定应当纳入劳动合同的其他事项。”劳动合同部分必备条款的缺失，不会影响劳动合同的整体效力，对缺失的部分，没有合同约定的，可按照有关法律规定执行。但因为劳动合同不具备必备条款给劳动者造成损害的，用人单位应当承担赔偿责任。[②]

劳动合同当中可以有限制地约定试用期，但试用期条款并非完全针对用人单位的禁止性规定。不过，对于试用期的期限和方式的规定，对用人单位而言属于禁止性规定。用人单位约定的试

---

① 见《劳动合同法》第 7－9 条。

② 见《劳动合同法》第 81 条。

用期不得超过1个月至6个月（基于主合同期限的长短而定）。而且，同一用人单位与同一劳动者不能约定两次以上的试用期等。在工资待遇方面，用人单位给劳动者在试用期内提供的工资不得低于本单位相同岗位最低档工资或者劳动合同约定工资的80%，并不得低于用人单位所在地的最低工资标准。①

作为选择性条款，服务期协议对双方都存在禁止性规定，但相比较而言，针对用人单位的禁止性规定较多。用人单位为劳动者提供专项培训费用，对其进行专业技术培训的，可以与该劳动者订立协议，约定服务期。劳动者不得违反服务期约定，如果违反应当按照约定向用人单位支付违约金。但针对用人单位设定的违约金数额不得超过单位为劳动者提供的培训费用，而且要根据已经服务的年限递减折抵。②

竞业限制条款和服务期协议在行为模式上存在类似的特点，劳资双方都承担一定的义务，但针对用人单位的禁止性规定更多一些。劳动者不得违反竞业限制约定，一旦违反需按照约定向用人单位支付违约金。另外，用人单位在确定竞业限制的人员、范围、地域和期限时不得违反相关法律、法规的规定，而且还需要支付经济补偿。③

关于劳动合同效力的规定对于双方而言大多是禁止性的，也有针对用人单位的义务性规定。双方都不得以欺诈、胁迫的手段或者乘人之危，使对方在违背真实意思的情况下订立或者变更劳

---

① 见《劳动合同法》第19-20条。
② 见《劳动合同法》第22条。
③ 见《劳动合同法》第24条。

动合同，不得违反法律、行政法规的强制性规定。也有只针对用人单位的禁止性规则，如用人单位不得在劳动合同当中“免除自己的法定责任、排除劳动者权利”。[①] 如果劳动合同被确认无效，而且劳动者已付出劳动的，用人单位应当向劳动者支付劳动报酬，具体的标准可参照本单位相同或者相近岗位劳动者的劳动报酬确定。[②]

劳动合同在订立阶段的规则，构建的背景、目标和手段都是依托社会化大生产方式中的标准劳动关系。对劳动合同书面化的要求、必备条款的列举、选择条款的限制、合同效力的特殊安排，都是为了实现劳动关系正式化，或是在标准化的劳动关系下才能行之有效的手段。

（2）劳动合同的履行规则

在劳动合同的履行环节，《劳动合同法》对用人单位和劳动者双方都是运用以义务性规定为主的调整模式。用人单位与劳动者都应当按照劳动合同的约定，全面履行各自的义务。用人单位与劳动者协商一致，可以变更劳动合同约定的内容。变更劳动合同，除了用人单位分立、合并或名称变更之外，都要经双方协商一致并采用书面形式。其中，用人单位应当按照劳动合同约定和国家规定，向劳动者及时足额支付劳动报酬；应当严格执行劳动定额标准，不得强迫或者变相强迫劳动者加班。[③]

---

① 见《劳动合同法》第26条。
② 见《劳动合同法》第28条。
③ 见《劳动合同法》第三章。

（3）劳动合同的解除规则

对于劳动者而言，解雇保护在我国存在两种形式，即过错性解雇和非过错性解雇。其中，过错性解雇情形是指，当劳动者存在不法或违约的情形，致使劳动合同已无法继续履行的，用人单位有权立即解除劳动合同的情况。由于所涉情形可归责于劳动者的过错，所以我国常称之为过错性解雇，或过错性辞退，又由于用人单位可以立即行使解雇权，所以也被称为用人单位的即时解雇。

我国过错性解雇规则主要是对用人单位的授权性规则，但相关的授权必须在限定的条件下方可获得。用人单位行使即时解除权的限定条件包括：（1）劳动者在试用期间被证明不符合录用条件的；（2）劳动者严重违反用人单位的规章制度的；（3）劳动者严重失职，营私舞弊，给用人单位造成重大损害的；（4）劳动者同时与其他用人单位建立劳动关系，对完成本单位的工作任务造成严重影响，或者经用人单位提出，拒不改正的；（5）因《劳动合同法》第 26 条第 1 款第 1 项规定的情形致使劳动合同无效的；（6）劳动者被依法追究刑事责任的。①

而非过错性解雇则与之相反，是指由于不能直接归责于劳动者的原因或是劳动者主观的原因，使劳动合同继续履行已不可期待时，用人单位有权提前解除劳动合同。由于所涉及解雇情形中劳动者一般不具有可归责性，所以我国常称之为非过错性解雇。又由于非过错性解雇中用人单位被要求须履行提前预告程序后才

---

① 见《劳动合同法》第 39 条。

能解雇，所以也被称为用人单位预告解雇，其中也包括经济性裁员的情形。

虽然非过错性解雇也是针对用人单位的授权性规则，但限制性条件更多。其中包括用人单位需提前 30 天通知劳动者，还必须符合《劳动合同法》第 40 条所规定的情形，如劳动者不能胜任工作、客观情况发生重大变化等。用人单位需要裁减人员 20 人以上或者裁减不足 20 人但占企业职工总数 10% 以上的，还要满足提前30 日向工会或者全体职工说明情况，并听取工会或者职工的意见的条件，而且，要按照法律规定的次序决定留用人员。①

我国的解雇保护还辅之以经济补偿金制度，这是用人单位的一项重要的义务性规则，也是正规就业当中的一项重要制度。大多数解雇情形下用人单位均应向劳动者支付经济补偿金。原因是，经济补偿金既能缓减被解雇劳动者失业之困苦，又能在经济上威慑用人单位，使之基于成本考量审慎行使解雇权，从而实现解雇中对劳动者的保护。解除劳动合同的经济补偿制度是为了使劳动者在被解除劳动合同以后，寻找新的工作以前的基本生活开支有必要的保障，或者继续治疗疾病有必要的费用，而这是宪法赋予公民生存权、劳动法赋予劳动者择业自主权的需要。②

从上述分析中不难看出，相关的限制性条款也是从机器大生产的角度进行设计的。如裁员的前提是有诸如“转产”这样的情

① 见《劳动合同法》第 41 条。

② 董文军. 劳动合同经济补偿的制度嬗变与功能解析 [J]. 当代法学，2011，25(06)：99－104.

形，而且经济补偿金也是依据工作年限进行结算。而面对灵活用工，不仅经济补偿金不容易计算，而且解雇适用的情形还没有来得及确认，双方的劳动关系可能就已经到期终止了。此外，机械化大生产中的工作效果有可以量化的标准，但对于服务业为主的行业，工作成果和胜任与否就很难有客观的标准进行评价，让这些保护无法得到适用。

3. 法益分析

总的来讲，《劳动合同法》的主要目的是完善劳动合同制度，明确劳动合同双方当事人的权利和义务，保护劳动者的合法权益，构建和发展和谐稳定的劳动关系。正如曾主持相关立法的信春鹰表示，制定劳动合同法的一个很重要的背景，就是劳动者的权益被侵犯，而且没有救济渠道。“作为社会法，劳动合同法的一个宗旨就是要矫正这个问题。”时任全国人大法工委社会法室主任李援也指出：“在征求意见的时候，听取的将近20万条意见中相当一部分人的意见表示，书面劳动合同不能订立，使他们的劳动权益得不到最终的保障。只有口头的协议，双方的劳动关系的内容是不确定的，而且劳动者和用人单位发生争议的时候，由于没有书面劳动合同，劳动者往往拿不出维护自己权益的证据。在这种情况下，劳动者的合法权益就得不到保障。所以，我们在这次劳动合同制度的完善中，把订立书面劳动合同作为一项重要内容，并且作为所有用人单位的一项法律义务。”①

这些规定的出发点还是为了保护劳动者的生存利益，通过设

---

① 《审议劳动合同法草案发言摘登（二）》，http：//www. npc. gov. cn/zgrdw/npc/xinwen/2006 -12/30/content_ 356069. htm，最后访问时间：2020年2月23日。

置限制性条款来强化就业的稳定性。劳动者以工资作为主要的收入来源，失去工作，就意味着失去了收入来源，虽然找到下一份工作的可能性是存在的，但即便是短暂的失业状态也会给劳动者及其家庭造成较大的影响，因此，解雇保护制度的设计就是要消除或减少这种不稳定性，为劳动者提供一定的生活来源。简言之，经济补偿的功能主要体现为舒缓失业困顿、解雇保护，当然也因此具有宏观上的功用：保护劳动者利益、维系劳动关系的和谐稳定。

（二）集体劳动合同

《劳动法》也以法律的形式将集体协商、集体合同制度确立下来，为这项工作的推进奠定了良好的基础。为了进一步细化《劳动法》的操作，劳动部专门制定了《集体合同规定》和《劳动部关于进行集体协商签订集体合同试点工作的意见》①，就有关劳动集体合同的订立内容、订立程序、各个主体的责任和有关争议的调处都作了较为详尽的规定，对于企业开展集体合同工作具有很好的指导作用。2001 年，全国人大常委会通过修改的《工会法》，对集体合同和集体谈判制度作了进一步的明确，要求工会通过平等协商制度和集体合同制度调整劳资关系，维护职工的合法权益。2004 年，劳动和社会保障部修改了《集体合同规定》，对集体合同的规定更加具体细致，规定了集体谈判的内容、程序、代表、争议的协调处理，并对集体合同的设立、变更、终止

① 现已失效。

也作了详细的规定。2007 年 6 月正式颁布了《劳动合同法》，在推进集体谈判制度、协调劳动关系方面也作了许多现实的探索和创新的构思，其中有专门的条款对集体合同作了具体而明确的规定。

1. 限定条件

集体合同规范的适用面相对特定。《集体合同规定》适用于“企业和实行企业化管理的事业单位（以下统称用人单位）与本单位职工之间”进行集体协商和签订集体合同的情形。而且，作为协商主体的用人单位，限定在企业和部分事业单位上，体现了对传统经营主体的关注。另外，集体协商和集体合同制度还包含着一个“集体”的概念，也就是说，这一制度适用于规模型的企业和职工队伍，而非分散的灵活用工业态。

2. 行为模式

在涉及集体协商和集体合同的所有规定中，都无一例外地强调了程序和主体的正式性，在协商代表的选定方面有严格的程序性要求。例如《集体合同规定》规定：职工一方的协商代表由单位工会选派。① 对协商阶段的程序性要求更为严格。《集体合同规定》第四章较为全面地规定了协商的程序，要求协商的启动和回应都需要以书面的形式开展，面对面协商也有一定的程序性要求。另外，《集体合同规定》中对最终的集体合同的订立、履行和救济都有标准化的法定安排。总体观之，集体合同协商比较适合规模型的企业和就业相对稳定的劳动者。

---

① 见《集体合同规定》第 19－22 条。

集体合同的内容规范对于协商双方当事人来讲，大部分属于授权性规则。《集体合同规定》第 8 条规定：“集体协商双方可以就下列多项或某项内容进行集体协商，签订集体合同或专项集体合同：（一）劳动报酬；（二）工作时间；（三）休息休假；（四）劳动安全与卫生；（五）补充保险和福利；（六）女职工和未成年工特殊保护；（七）职业技能培训；（八）劳动合同管理；（九）奖惩；（十）裁员；（十一）集体合同期限；（十二）变更、解除集体合同的程序；（十三）履行集体合同发生争议时的协商处理办法；（十四）违反集体合同的责任；（十五）双方认为应当协商的其他内容。”但也存在部分限制性规则，例如《劳动合同法》要求集体合同中劳动报酬和劳动条件等标准不得低于当地人民政府规定的最低标准。整体而言，集体合同在内容和范围方面充分尊重双方意愿，提供了比较大的灵活空间，但仍然以传统劳动关系的核心条款为主。

对于协商代表，双方都有权利决定各自的代表，相关规定都属于授权性规则。职工一方的协商代表由单位工会选派。未建立工会的，由单位职工民主推荐，并经单位半数以上职工同意。职工一方的首席代表由单位工会主席担任。工会主席可以书面委托其他协商代表代理首席代表。工会主席空缺的，首席代表由工会主要负责人担任。未建立工会的，职工一方的首席代表从协商代表中民主推举产生。用人单位一方的协商代表，由用人单位法定代表人指派，首席代表由单位法定代表人担任或由其书面委托的其他管理人员担任。集体协商双方首席代表可以书面委托单位以外的专业人员作为本方协商代表。委托人数不得超过本方代表的

1/3。首席代表不得由非本单位人员代理。工会可以更换职工一方协商代表；未建立工会的，经单位半数以上职工同意可以更换职工一方协商代表。用人单位法定代表人可以更换用人单位一方协商代表。[①]

协商代表的职责和义务在法律上都有着明确的要求，属于其义务性规则。协商代表应履行下列职责：（1）参加集体协商；（2）接受本方人员质询，及时向本方人员公布协商情况并征求意见；（3）提供与集体协商有关的情况和资料；（4）代表本方参加集体协商争议的处理；（5）监督集体合同或专项集体合同的履行；（6）法律、法规和规章规定的其他职责。协商代表应当维护单位正常的生产、工作秩序，不得采取威胁、收买、欺骗等行为。协商代表应当保守在集体协商过程中知悉的用人单位的商业秘密。[②] 用人单位有义务保障职工协商代表履职。首先，企业内部的协商代表参加集体协商视为提供了正常劳动。其次，职工一方协商代表在其履行协商代表职责期间劳动合同期满的，劳动合同期限自动延长至完成履行协商代表职责之时，用人单位不得与其解除劳动合同。

启动集体协商是双方的权利，因此相关规范多以授权性规则为主。集体协商任何一方均可就签订集体合同或专项集体合同以及相关事宜，以书面形式向对方提出进行集体协商的要求。一方提出进行集体协商要求的，另一方应当在收到集体协商要求之日起 20 日内以书面形式给予回应，无正当理由不得拒绝集体协商

① 见《集体合同规定》第三章。
② 见《集体合同规定》第三章。

的请求。①

而协商的过程往往是通过义务性规则对双方的行为进行约束。集体协商会议由双方首席代表轮流主持，并按下列程序进行：(1) 宣布议程和会议纪律；(2) 一方首席代表提出协商的具体内容和要求，另一方首席代表就对方的要求作出回应；(3) 协商双方就商谈事项发表各自意见，开展充分讨论；(4) 双方首席代表归纳意见。达成一致的，应当形成集体合同草案或专项集体合同草案，由双方首席代表签字。②

经双方代表协商一致的集体合同草案或专项集体合同草案，应按照义务性规则的要求，经法定程序讨论并通过。首先，集体合同草案应当提交职工代表大会或者全体职工讨论。职工代表大会或者全体职工讨论集体合同草案或专项集体合同草案，应当有2/3以上职工代表或者职工出席，且须经全体职工代表半数以上或者全体职工半数以上同意，集体合同草案或专项集体合同草案方获通过。③

集体合同的变更或解除的规定，对于双方来说都是授权性规则。双方协商代表协商一致，可以变更或解除集体合同或专项集体合同。通常，集体合同或专项集体合同可以在出现下列情况时变更或解除：(1) 用人单位因被兼并、解散、破产等原因，致使集体合同或专项集体合同无法履行的；(2) 因不可抗力等原因致使集体合同或专项集体合同无法履行或部分无法履行的；(3) 集

① 见《集体合同规定》第32条。
② 见《集体合同规定》第34条。
③ 见《集体合同规定》第36条。

体合同或专项集体合同约定的变更或解除条件出现的。[①]

集体合同订立后，应当报送劳动行政部门审查和登记。劳动行政部门自收到集体合同文本之日起 15 日内未提出异议的，集体合同即行生效。[②] 依法订立的集体合同对用人单位和劳动者具有约束力。行业性、区域性集体合同对当地本行业、本区域的用人单位和劳动者具有约束力。未经劳动行政部门审查和登记的集体合同不发生法律效力。

我国《劳动法》和《集体合同规定》将集体合同争议分为两类：一是因签订集体合同发生的争议，二是因履行集体合同发生的争议。对于不同类型的争议，有不同的处理。一般而言，因签订集体合同而发生的争议，往往是利益之争，故而处理的方式与普通司法程序不太一样。首先，由双方当事人自行协商。集体协商过程中发生争议，双方当事人不能协商解决的，当事人一方或双方可以书面向劳动保障行政部门提出协调处理申请；未提出申请的，劳动保障行政部门认为必要时也可以进行协调处理。劳动保障行政部门应当组织同级工会和企业组织等三方面的人员，共同协调处理集体协商争议。协调处理集体协商争议，应当自受理协调处理申请之日起 30 日内结束协调处理工作。期满未结束的，可以适当延长协调期限，但延长期限不得超过 15 日。[③] 因履行集体合同发生争议，当事人协商解决不成的，可以向劳动争议仲裁委员会申请仲裁；对仲裁裁决不服的，可以自收到仲裁裁决书之日

---

① 见《集体合同规定》第 40 条。

② 见《集体合同规定》第 47 条。

③ 见《集体合同规定》第 50－52 条。

起15日内向人民法院提起诉讼。《劳动合同法》将提起诉讼的权利授权给了工会，当用人单位违反集体合同，侵犯职工劳动权益时，工会可以依法要求用人单位承担责任；因履行集体合同发生争议，经协商解决不成的，工会可以依法申请仲裁、提起诉讼。

整体而言，集体协商和集体合同的行为模式，带有很强的正式性，是以社会化大生产中的规模化经济组织为主要模型和适用对象的。因此，从协商代表的推选、协商的启动、协商的流程到集体合同的履行都有着相对严格和细致的规定，为的是让其能够平稳有序地开展。对于小规模企业和灵活经营的单位，这些要求往往是程序上和实体上的负担，其未必有能力和义务走正式的集体协商通道来达成集体合同。

3. 法益分析

对集体劳动关系进行严格规范是为了让工会能够依法履职，从而达到保护劳动者权益的目的。一方面，法律需要让职工的利益有一个强有力的代表机制进行表达，所以需要规范工会委员会的选举和工作机制。另一方面，法律还需确保职工代表能够有效履职，故而开通集体协商机制。

就其本质而言，集体合同规则的目的是“规范集体协商和签订集体合同行为，依法维护劳动者和用人单位的合法权益”。[①] 劳动者的合法权益包含工资、工时、劳动保护基准待遇。用人单位的合法权益包含经营发展的稳定性和持续性，以及劳动供给的保障性。其实，这些法益在社会化小生产下的灵活就业当中，也是

① 见《集体合同规定》第1条。

劳动者和用人单位都需要的工具，关于这一点将在后文中加以阐述。

四、社会保险的机制与法益

社会保险制度发端于工业化时代，当时生产已经初具规模，社会福利思想也逐渐被普遍接受。但在制度建立之初，社会保险所面向的群体主要是正规就业的劳动者。随着社会的发展，社会保险已经逐渐向全体公民开放。例如，我国2010年出台的《社会保险法》第1条就明确立法目的是维护“公民”参加社会保险和享受社会保险待遇的合法权益，使“公民”能够共享发展成果。《社会保险法》第2条再次确认，制度设计是为了让“公民”享有在年老、疾病、工伤、失业、生育等情况下依法从国家和社会获得物质帮助的权利，维护的是公民抵抗风险的能力。因此，从总体上划分，我国的社会保险机制分为养老、医疗、工伤、失业、生育五类社会保险机制，外加社会保险费的征缴机制。

社会保险的另一个关键背景是社会化大生产，由此生成了“社会连带责任”的理念。社会连带责任强调一种“我为人人、人人为我”或“同舟共济”的精神，目标是团结社会中包含劳动者在内的经济弱势群体。推行社会保险的目的也是通过保险的相关机制，让劳动者可以尽到社会共同体成员的义务，劳动者自己也可以取得来自社会整体提供的保护。①

---

① 黎大有．供给侧改革背景下就业保险制度的理念和价值目标［J］．江汉论坛，2019（11）：110－115.

从社会保险主体来看，国家作为社会保险的管理方和提供方较多地出现在相关行为模式的规范当中。国家在社会保险法规里有时受制于义务性规则，有时也受制于禁止性规则。这些规则的主要目的是让国家能够担负起为公众的福祉搭建社会保险体系的职责。

（一）养老保险

总的来说，我国养老保险制度可根据对象分为三类，即基本养老保险制度、城镇居民养老保险制度和新型农村社会养老保险制度。基本养老保险制度面向的是就业的人员，城镇居民养老保险制度面向的是城镇未就业居民，新型农村养老保险制度面向的是农村居民。由于本书关注的是就业人员，含正规就业和灵活就业的人员，所以在此只对基本养老保险制度进行讨论。

1. 限定条件

基本养老保险制度是一个相对开放的体系。为了让更多人能够参加基本养老保险，《社会保险法》第 10 条除了规定职工应当参加基本养老保险，由用人单位和职工共同缴纳基本养老保险费之外，还允许无雇工的个体工商户、未在用人单位参加基本养老保险的非全日制从业人员以及其他灵活就业人员参加基本养老保险，由个人缴纳基本养老保险费。

2. 行为模式

基本养老保险实行社会统筹与个人账户相结合。社会统筹部分实行现收现付制，个人账户部分实行基金积累制。基本养老保险的参保人员和企业为社会统筹部分缴纳的保费，并不用于为个人进行积累，而是主要用于为已经退休的老年人发放养老金。同样，参保人员退休之后所领取的社会统筹部分的养老金，不是来源于自己以前缴纳的社会保险费，而是来源于在职人员所缴纳的社会保险费。而个人账户部分的资金属于参保人员个人所有，来源于个人缴费过程中的结余和留存。

在缴费方式上，《社会保险法》也作了相应的变通，对于有劳动关系的主体，用人单位应当按照国家规定比例缴纳基本养老保险费，记入基本养老保险统筹基金；职工应当按照国家规定的比例缴纳基本养老保险费，记入个人账户。无雇工的个体工商户、未在用人单位参加基本养老保险的非全日制从业人员以及其他灵活就业人员参加基本养老保险的，应当按照国家规定缴纳基本养老保险费，分别记入基本养老保险统筹基金和个人账户。①对于达到法定退休年龄的人，基本养老金由统筹养老金和个人账户养老金组成。基本养老金根据个人累计缴费年限、缴费工资、当地职工平均工资、个人账户金额、城镇人口平均预期寿命等因素确定。

对于个人而言，社会保险制度以授权性规则为主，但同时辅之以一定的限制。个人领取基本养老金，需要满足达到法定退休年龄时累计缴费满 15 年的条件。参加基本养老保险的个人，达到法定退休年龄时累计缴费满 15 年的，按月领取基本养老金。参加基本养老保险的个人，达到法定退休年龄时累计缴费不足 15 年的，可以缴费至满 15 年，按月领取基本养老金；也可以转入

---

① 见《社会保险法》第 12 条。

新型农村社会养老保险或者城镇居民社会养老保险，按照国务院规定享受相应的养老保险待遇。[①] 同时，基本养老保险对于劳动者流动的情况，作了一些灵活性的安排。劳动者如果是跨统筹地区就业的，基本养老保险关系随其本人转移，缴费年限在不同地区累计计算。当劳动者达到法定退休年龄时，基本养老金分段计算、统一支付。[②]

相对而言，基本养老保险虽然是基于传统用工而建立的，但已经被充分改造为面向所有劳动者的养老保障制度。基本养老保险不用以劳动关系的存在为前提，也为灵活就业者开通了缴费入口、补齐了年限的门槛、提供相当的待遇，在全流程上疏通了所有的障碍。但美中不足的是，在灵活就业者和正规劳动者的缴费标准上，还是存在缴费负担上的差距。虽然问题不明显而貌似蚁穴，但可能会使社会保险的千里之堤溃于其间，反向鼓励正规就业向非正规就业转型。本书第四章将对此进行深入的讨论。

3. 法益分析

基本养老保险属于准公共产品，是为了实现“老有所养”的目标而设立的。政府具有组织和管理的责任，在雇主和雇员分别履行缴费义务的基础上，在基本养老保险出现收不抵支情形和存在不平衡潜在风险时，才由政府给予补助，维持基本养老保险收支的平衡。基本养老保险机制体现了权利与义务相统一的原则，劳动者在履行缴费义务之后，便具有享受养老保险的权利。这一权利并不与主体是否具有劳动者身份相挂钩，享受养老保险福利

① 见《社会保险法》第16条。
② 见《社会保险法》第19条。

的先决条件只有三个：（1）已经履行养老保险费用的缴纳义务；（2）缴费已经达到法定年限；（3）已经达到法定的退休年龄。故而，养老保险制度虽然诞生在社会化大生产时期，但已经逐步演变为面向所有劳动者、保护他们养老权益的机制。

（二）医疗保险

医疗保险制度是指一个国家或地区按照保险原则，为解决公民防病治病问题而筹集、分配和使用医疗保险基金的制度。随着我国经济发展水平的提高，国家对医疗保险的改革不断走向深入。1988 年，我国政府开始对机关事业单位的公费医疗制度和国有企业的劳保医疗制度进行了改革。1998 年，国务院颁布了《关于建立城镇职工基本医疗保险制度的决定》，开始在全国建立城镇职工基本医疗保险制度。2007 年，国务院决定开展城镇居民基本医疗保险试点工作，探索和完善城镇居民基本医疗保险的政策体系。直至 2010 年，《社会保险法》的出台最终确立了我国医疗保险制度。

医疗保险和养老保险类似，存在着至少三套体系，如职工基本医疗保险、城镇居民医疗保险、新型农村合作医疗保险。为了集中分析就业群体的医疗保险问题，本书将关注点集中在职工基本医疗保险上面。职工基本医疗保险是依法对职工的基本医疗权利给予保障的社会医疗保险制度，是通过法律、法规强制推行的，采取社会统筹医疗基金与个人医疗账户相结合的基本模式来分担职工医疗支出。

1. 假定条件

职工基本医疗保险虽然是以服务“职工”为主的，但也允许灵活就业者参与。《社会保险法》第23条规定，职工应当参加职工基本医疗保险，由用人单位和职工按照国家规定共同缴纳基本医疗保险费。同时，也规定了无雇工的个体工商户、未在用人单位参加职工基本医疗保险的非全日制从业人员以及其他灵活就业人员可以参加职工基本医疗保险，由个人按照国家规定缴纳基本医疗保险费。

2. 行为模式

首先，用人单位和劳动者都有义务缴费。按照《国务院关于建立城镇职工基本医疗保险制度的决定》的规定，个人账户的注入资金来自个人缴费和单位缴费两部分：个人缴费的全部记入个人账户，单位缴费的一部分记入个人账户。在实践当中，单位缴费一般按30%左右划入个人账户，从而充实个人账户。

就社保机构而言，基本医疗保险当中的义务性规则，主要涵盖社保的支付义务。在支付项目上，对于符合基本医疗保险药品目录、诊疗项目、医疗服务设施标准以及急诊、抢救的医疗费用，社保机构必须按照国家的规定从基本医疗保险基金中支付。当然，社保机构支付的范围是存在例外的，例如，“下列医疗费用不纳入基本医疗保险基金支付范围：（一）应当从工伤保险基金中支付的；（二）应当由第三人负担的；（三）应当由公共卫生负担的；（四）在境外就医的”。[①] 医疗费用依法应当由第

---

① 见《社会保险法》第30条。

三人负担，第三人不支付或者无法确定第三人的，由基本医疗保险基金承担先行支付的义务。

在程序上，基本医疗保险制度对社保机构设定了义务性和授权性两种规则。在义务性规则方面，参保人员医疗费用中应当由基本医疗保险基金支付的部分，由社会保险经办机构与医疗机构、药品经营单位直接结算。社保机构应当建立异地就医医疗费用结算制度，方便参保人员享受基本医疗保险待遇。[①] 在授权性规则方面，社保机构根据管理服务的需要，可以与医疗机构、药品经营单位签订服务协议，规范医疗服务行为。而医疗机构作为医疗保险制度的主要执行主体，其法定义务是为参保人员提供合理、必要的医疗服务。

在医保关系转移方面，社保机构有义务搭建医保账户的跨地区转移机制。法律规定，对于跨统筹地区就业的人员，国家应安排其基本医疗保险关系随之转移，而且要累计计算缴费年限，从而为人员流动提供便利，在某种程度上激励了灵活就业的发展。因此，职工基本医疗保险的参保率在全国范围内都比较高。

基本医疗保险和基本养老保险的类似之处在于，在缴费标准方面，灵活就业和正规就业是存在差异的。正规就业的医疗保险费是根据劳动者工资水平确定，收入高低与医保费正相关。而灵活就业人员的医疗保险费是按照一个相对固定和统一的基数缴纳。但在医疗待遇方面采取的是无差异的做法，而不论对医疗保险的贡献率，这一点和基本养老保险是存在差别的。对于正规就

① 见《社会保险法》第29条。

业和灵活就业，医疗保险制度上的不均衡更为明显。

3. 法益分析

职工基本医疗保险是为补偿劳动者因疾病风险造成的经济损失而建立的一项社会保险制度。通过用人单位和个人缴费，建立医疗保险基金，参保人员患病就诊发生医疗费用后，由医疗保险经办机构给予一定的经济补偿，以避免或减轻劳动者因患病、治疗等所带来的经济风险。基本医疗保险面向的受众不以是否具有劳动者身份作为标准，而是完全以是否缴费为门槛，除此之外，别无其他要求，因而具有比养老保险更为广泛的开放性。

（三）工伤保险

工伤保险制度是指，对于劳动者在生产经营或在某些规定情况下，遭遇意外事故，造成伤残、职业病、死亡等伤害时，为劳动者提供医疗救治和康复服务，保证劳动者及其家属生活的社会保障制度。1994 年的《劳动法》规定劳动者在因工伤残或者患职业病的情况下，依法享受社会保险待遇。[①] 随后，原劳动部于 1996 年颁布了《企业职工工伤保险试行办法》，首次对工伤保险制度进行单独规制。2003 年国务院通过了《工伤保险条例》，全面建立了工伤保险制度。

1. 假定条件

工伤保险是典型的围绕劳动关系的存在而设立的。我国境内的企业、事业单位、社会团体、民办非企业单位、基金会、律师

---

① 见《劳动法》第 73 条。

事务所、会计师事务所等组织的职工和个体工商户的雇工，均有享受工伤保险待遇的权利。从中不难看出，虽然工伤保险的适用范围比起其他保险种类有比较大的扩展，但仍旧是以有明确工作单位的劳动者为主。

另外，以工伤认定条件来看，它指向的对象带有很强的正规就业色彩。《工伤保险条例》第 14 条规定了 7 种可以认定为工伤的情形："（一）在工作时间和工作场所内，因工作原因受到事故伤害的；（二）工作时间前后在工作场所内，从事与工作有关的预备性或者收尾性工作受到事故伤害的；（三）在工作时间和工作场所内，因履行工作职责受到暴力等意外伤害的；（四）患职业病的；（五）因工外出期间，由于工作原因受到伤害或者发生事故下落不明的；（六）在上下班途中，受到非本人主要责任的交通事故或者城市轨道交通、客运轮渡、火车事故伤害的；（七）法律、行政法规规定应当认定为工伤的其他情形。"工作时间、工作场所和工作原因是社会化大生产当中常见的概念，在工厂的工业生产当中也是比较容易区分的。但对于灵活就业而言，工作时间、工作场所和工作原因都出现了界定上的困难。

2. 行为模式

工伤保险在缴费方面的规定，是以用人单位的义务性规范为主。职工应当参加工伤保险，由用人单位缴纳工伤保险费，职工不缴纳工伤保险费。保费费率的确定，是根据行业而定，而非具体工种，不必考虑岗位之间的差别。国家根据不同行业的工伤风险程度确定行业的差别费率，并根据使用工伤保险基金、工伤发生率等情况在每个行业内确定费率档次。社会保险经办机构根据用人单位使用工伤保险基金、工伤发生率和所属行业费率档次等情况，确定用人单位缴费费率，用人单位有义务按照确定的费率及时足额缴纳工伤保险费用。

社保机构及劳动行政部门的义务性规则有两项。第一，社保机构和相关机构开展“工伤认定和劳动能力鉴定应当简捷、方便”[①]，从而保障遭受工伤伤害的劳动者能够及时、足额地获得补偿。第二，社保机构还负责支付因工伤发生的费用，对于符合法定条件的，按照国家规定从工伤保险基金中支付。另外，“先行支付”作为一项保护劳动者的特殊制度安排，要求社保机构在用人单位未缴付工伤保险费且无能力支付相关待遇的时候，先行从工伤保险基金中支付待遇。

对于劳动者而言，工伤保险制度多数是授权性规则。当职工因工作原因受到事故伤害或者患职业病，且经工伤认定的，享受工伤保险待遇。工伤保险待遇包含工伤医疗待遇、停工留薪待遇和护理补助。工伤结束治疗之后，如果劳动者被鉴定为丧失劳动能力的，可以享受伤残待遇，包括：一次性伤残补助金、伤残津贴，解除劳动合同的还有一次性工伤医疗补助金和一次性伤残就业补助金。

而劳动者在享受工伤待遇的时候，对应的义务方除了社保机构之外，还有用人单位。《社会保险法》至少为用人单位设定了两个方面的义务：第一，协助工伤认定的义务。职工发生事故伤害或者按照《职业病防治法》规定被诊断、鉴定为职业病的，所

---

① 见《社会保险法》第36条。

在单位应当自事故伤害发生之日或者被诊断、鉴定为职业病之日起30日内，向统筹地区社会保险行政部门提出工伤认定申请。第二，支付工伤待遇的义务。用人单位有义务支付下列因工伤发生的费用：（1）治疗工伤期间的工资福利；（2）五级、六级伤残职工按月领取的伤残津贴；（3）终止或者解除劳动合同时，应当享受的一次性伤残就业补助金。[①] 因此，用人单位的角色必不可少，即便是劳动者在没有用人单位的情况下能够像养老保险那样独自完成缴费义务，也难以完全享受到法定的工伤待遇。

工伤保险设计的模型，不仅是以劳动关系存在为前提，而且是以正规就业为中心的。工伤保险机制当中，用人单位扮演着关键的角色，不仅单方面承担缴费的义务，而且在工伤待遇中担负支付部分待遇之责。用人单位主体地位的成立离不开劳动关系这个纽带。另外，从工伤的构成要件上来看，工作时间、工作地点和工作原因三个核心要素都或多或少地带有工业大生产时期的特点，而且也是在劳动关系存在的语境下方能论及的要素。

3. 法益分析

工伤保险制度的立法目的有两个。第一，保障因工作遭受事故伤害或者患职业病的职工获得医疗救治和经济补偿，促进工伤预防和职业康复工作。在劳动的过程中，无论劳动者的身份如何，都会遇到工作伤害的风险，工伤保险正是对抗此类风险的重要保障，从而保护劳动者的健康权和生存权。

---

① 见《社会保险法》第39条。

第二，分散用人单位的工伤风险责任。工伤不仅对劳动者是一个风险，对用人单位也是一笔意外的负担，甚至是无法承受之重。用人单位，尤其是中小型企业，资金长期处于“紧平衡”的状态，出现工伤事故，尤其是比较严重事故的时候，往往无力承担相应的责任，这样就会给劳动者造成二次伤害，出现疾病无法得到治疗，以后的生活失去保障的状况。从化解社会风险的角度来看，工伤保险既为企业减轻了负担，也给劳动者提供了相应的补偿，从而使工业风险带来的影响降到最低。

工伤保险所保护的法益是解决每一名劳动者都存在的风险，也是解决每一个用人单位都面临的困难。安全生产风险对所有劳动者和用人单位的破坏是一致的，无论劳动者是否是正规就业，也无论用人单位的主体性质是什么，更无论是否存在劳动关系，都存在寻求工伤保险保护的需要。

（四）失业保险

失业保险制度是指非自愿性失业人员在失业期间无法获得必要的维持基本生活的经济保障时，由国家和社会提供帮助的制度。我国的失业保险制度始于1986年7月国务院颁布的《国营企业职工待业保险暂行规定》，它开始了失业保险的尝试，但适用对象仅仅是国营企业的职工。1999年出台的《失业保险条例》，正式建立了面向所有劳动者的失业保险制度。2011年，我国《社会保险法》将失业保险作为一项法律制度确立了起来。

1. 假定条件

失业保险是另外一个只面向职工开放的保险，保障的是职工在非自愿失去工作期间的生活。对于这一点，《社会保险法》第44条规定得十分明确，职工应当参加失业保险，由用人单位和职工按照国家规定共同缴纳失业保险费。也就是说，失业保险只面向“职工”而非对所有劳动者开放，而且必须是用人单位和职工共同参与方能启动。

2. 行为模式

为了防止劳动者滥用失业保险金制度，失业保险制度对劳动者设定了很多限制性要求，这在其他社会保险当中是不常见的。首先，失业保险金的领取有一定的门槛。从具体条件上讲，失业人员符合下列条件的，从失业保险基金中领取失业保险金：（1）失业前用人单位和本人已经缴纳失业保险费满一年的；（2）非因本人意愿中断就业的；（3）已经进行失业登记，并有求职要求的。[①] 其次，对于劳动者领取失业保险金的期限也存在上限的规定。例如，在失业人员失业前用人单位和本人累计缴费满1年不足5年的，领取失业保险金的期限最长为12个月；累计缴费满5年不足10年的，领取失业保险金的期限最长为18个月；累计缴费10年以上的，领取失业保险金的期限最长为24个月。重新就业后，再次失业的，缴费时间重新计算，领取失业保险金的期限与前次失业应当领取而尚未领取的失业保险金的期限合并计算，最长不超过24个月。[②]

另外，失业保险金的领取也有程序上的要求。失业人员应当持单位为其出具的终止或者解除劳动关系的证明，及时到指定的

---

① 见《社会保险法》第45条。

② 见《社会保险法》第46条。

公共就业服务机构办理失业登记。失业人员凭失业登记证明和个人身份证明，到社会保险经办机构办理领取失业保险金的手续。失业保险金领取期限自办理失业登记之日起计算。①

面向劳动者的程序性限制对正规就业者和灵活就业者的影响是不一样的。总体而言，只有工作相对稳定的正规就业劳动者，才有可能满足失业保险的门槛的要求。而且，失业保险待遇享受的期限也是和工作期限的长短直接挂钩，这也是失业保险适用于正规就业的体现。而社保机构给失业人员设定的登记要求，也是对灵活就业人员的一种负担。

针对政府的义务性规则是政府有责任制定相应的标准。失业保险金的标准，由省、自治区、直辖市人民政府确定，不得低于城市居民最低生活保障标准。失业人员在领取失业保险金期间，参加职工基本医疗保险，享受基本医疗保险待遇。失业人员在领取失业保险金期间死亡的，参照当地对在职职工死亡的规定，向其遗属发放一次性丧葬补助金和抚恤金。所需资金从失业保险基金中支付。②

针对用人单位也存在相关义务性规则。用人单位除了与劳动者共同履行缴费义务外，还应当及时为失业人员出具终止或者解除劳动关系的证明，并将失业人员的名单自终止或者解除劳动关系之日起15日内告知社会保险经办机构，从而为劳动者完成失业登记提供便利。

---

① 见《社会保险法》第50条。

② 见《社会保险法》第47－49条。

3. 法益分析

失业保险制度具有“保生活、防失业、促就业”三重功能，是积极的就业政策所秉承的基本理念。失业保险要解决劳动者因暂时失业而丧失经济收入的后顾之忧，故而属于保障生存权的范畴。同时，保障劳动者的失业救济权是实现生存权的最重要途径，它不仅包括了劳动者在失业期间的生活保障，更包括了其就业能力的培养、维持及更新。

生存权经过长期的发展已经成为所有公民的基本权利。生存权的形成在不同的历史阶段，具有不同的意义。原始时代的生存完全依赖个人自身来维护，服从的是丛林法则；到文明国家出现后，从国家无责任时期发展到国家施恩惠时期；到近代自由资本主义社会化大生产时期，社会化地保障生存权成为国家的义务，生存权被提高到维护国家稳定及社会和谐的高度。就失业劳动者而言，接受失业给付是一项权利，以维护其尊严。同时，使劳动者在失业期间有缓冲时间和能力，来寻找符合其工作技术与经验的职业，从而避免因失业过久而失去就业市场的竞争力。

（五）生育保险

生育保险是国家通过立法，在怀孕和分娩的妇女劳动者暂时中断劳动时，由国家和社会提供医疗服务、生育津贴和产假的一种社会保险制度。我国生育保险起步相对比较晚，1994 年，原劳动部发布了《企业职工生育保险试行办法》，启动了生育保险制度。2011 年，生育保险制度在《社会保险法》中得到了正式的确认和建立。2019 年 3 月，国务院办公厅印发《关于全面推进生育保险和职工基本医疗保险合并实施的意见》，要求在 2019 年年底前实现生育保险和职工基本医疗保险合并实施。

1. 假定条件

生育保险也是只面向职工的社会保险。享受生育保险需要满足三个条件，第一，所属用人单位已经缴纳了生育保险费。第二，属于已缴费单位的女职工或职工未就业配偶。第三，属于在生育的过程中，包括产检、生育、育儿等阶段，或是为了落实计划生育政策而做的医疗准备。① 前两项假定条件已经将生育保险与劳动关系严格地绑定在一起，使生育保险成为只面向正规就业开放的保险形式。

2. 行为模式

在生育保险的缴费机制当中，只有用人单位是缴费义务主体。《社会保险法》规定，职工应当参加生育保险，由用人单位按照国家规定缴纳生育保险费，职工不缴纳生育保险费。用人单位在生育保险中占据着不可或缺的地位，劳动者本人无法像基本养老保险那样代替用人单位缴纳保险费用。

对于劳动者而言，生育保险是授权性的规则。生育保险待遇包括生育医疗费用和生育津贴。女职工在享受产假或计划生育手术休假之时，可以按照国家规定享受生育津贴。而且，女职工生育的医疗费用和计划生育的医疗费用享受从生育保险基金报销的待遇。

---

① 见《社会保险法》第 53－54 条。

3. 法益分析

生育保险制度是在生育事件发生期间，对于生育行为的承担者给予收入补偿、医疗服务和生育休假的社会保障制度。[①] 生育保险的主要目的在于确保女职工在生育过程中暂停劳动时，仍能获得基本的现金收入和医疗服务保障等必要的社会帮助。

生育保险作为社会保险的组成部分之一，与其他险种相比有其自身特点。它不是对劳动者因工作岗位或劳动能力丧失造成的收入损失的补偿，而是对另一种社会再生产价值的肯定，它不是对因疾病导致的损失的补偿，而是基于生育这一行为产生的待遇保障。因此，生育保险所保护的对象是进行生育的女性，而并不一定是已经就业的女性劳动者。生育保险不仅可以满足劳动者在非常时期生存发展的需求，而且是对人类特别是妇女自身进行再生产活动的权益保障。生育保险的特点决定了它的目标具有明确的普惠性和国家福利性。

五、劳动争议处理的机制与法益

劳动争议，也称为劳动纠纷，在有些国家和地区亦被称为劳资争议或劳资纠纷。劳动争议的概念有狭义和广义之分：广义的劳动争议是指以劳动关系为中心所发生的一切争议。[②] 其涵盖的范围囊括劳动法域中各种主体之间的争议，如劳动合同争议、劳动保险争议、劳动行政争议等。狭义的劳动争议是指劳动者与用

---

① 潘锦棠. 中国生育保险制度的历史与现状 [J]. 人口研究，2003 (2)：29-35。

② 史尚宽. 劳动法原论 [M]. 台北：正大印书馆，1978：241.

人单位之间以劳动权利和义务为中心所发生的争议。在劳动立法和劳动法学中，劳动争议的概念一般取其狭义，本书也以狭义的劳动争议为对象进行分析。劳动争议处理制度是通过劳动立法的形式将劳动争议处理的机构、原则、程序、受理范围等确定下来，用以处理劳动争议的法律制度。其中，《劳动争议调解仲裁法》是解决我国劳动争议的重要法律依据。囿于篇幅限制，本书无法做到面面俱到，故将以《劳动争议调解仲裁法》作为样本剖析劳动争议处理机制的情况，并分析其背后的法益。

（一）假定条件

《劳动争议调解仲裁法》规定，我国境内的用人单位与劳动者发生的下列劳动争议，适用该法：（1）因确认劳动关系发生的争议；（2）因订立、履行、变更、解除和终止劳动合同发生的争议；（3）因除名、辞退和辞职、离职发生的争议；（4）因工作时间、休息休假、社会保险、福利、培训以及劳动保护发生的争议；（5）因劳动报酬、工伤医疗费、经济补偿或者赔偿金等发生的争议。[①] 同时，该法第52条将事业单位实行聘用制的工作人员与单位发生的劳动争议，也纳入了劳动争议处理的范畴。

以劳动争议作为假定条件，主要是因为它具有两方面的特点。第一，争议的主体方面，劳动争议的主体限于劳动关系的双方当事人及其团体，即一方为劳动者或其团体，另一方为用人单位或其团体。如果争议不是发生在劳动关系的双方当事人或其团

---

① 见《劳动争议调解仲裁法》第2条。

体之间，即便争议的内容涉及劳动问题，也不构成劳动争议。第二，争议的内容方面，劳动争议以劳动权利和义务为中心。劳动权利和劳动义务是依据劳动法规定、集体合同和劳动合同约定而确定的，因而劳动争议在一定意义上是因遵守劳动法，订立、履行、变更和终止劳动合同或集体合同所发生的争议，包括就业、工资、工时、劳动保护、保险福利等相当广泛的内容。

（二）行为模式

1. 劳动争议处理机构

劳动争议处理机构是指受理劳动争议案件的组织机构。根据《劳动争议调解仲裁法》的相关规定，劳动争议的处理机构有劳动争议基层调解组织、劳动争议仲裁委员会、人民法院三类。这三类机构分别扮演着调解、仲裁和诉讼的角色，各自独立、各司其职，但又紧密联系，甚至在功能上有所交叉，共同处理劳动争议。

劳动争议调解的职能由基层群众性组织承担，具体包括企业劳动争议调解委员会、依法设立的基层人民调解组织和在乡镇、街道设立的具有劳动争议调解职能的组织。三者之中，企业劳动争议调解委员会是传统上最主要的劳动争议调解机构，基层人民调解组织以及乡镇、街道设立的具有劳动争议调解职能的组织是在《劳动争议调解仲裁法》中增设的，旨在增强劳动调解的能力，使劳动争议案件得以更多分流，减轻仲裁和诉讼的压力。多元化的劳动争议民间调解组织有利于借助更广泛的社会民间力量，最大限度发挥调解在人民内部化解劳动纷争的作用。

劳动争议仲裁委员会是处理劳动争议的专门机构，由劳动行政部门代表、工会代表和企业方面的代表组成，委员会组成人员应当是单数，属于典型的“三方”组成的劳动争议处理部门。劳动争议仲裁委员会依法履行聘任或解聘专职或兼职仲裁员、受理劳动争议案件、讨论重大或疑难的劳动争议案件、对仲裁活动进行监督的职责。

人民法院是国家审判机关，同时也承担着处理劳动争议的任务。当劳动争议当事人对仲裁委员会的裁决不服提起诉讼时，人民法院应当予以受理并作出裁判。另外，人民法院也担任着执行劳动仲裁裁决的职能，因为劳动仲裁机构没有直接执行裁决的权力。

2. 劳动争议调解

劳动争议基层调解是指基层群众调解组织对用人单位与劳动者发生的劳动争议，以国家的劳动法律、法规为准绳，在查明事实、分清是非的前提下，依据相关规定和劳动合同、集体合同的约定，通过说服、劝导和教育，使双方当事人在平等协商、互让互谅的基础上自愿达成协议，消除纷争。劳动争议调解与劳动行政主管部门进行的行政调解不同，也不同于劳动争议仲裁程序或诉讼程序中的调解，它是基层群众性组织所做的民间调解，《劳动争议调解仲裁法》及《企业劳动争议协商调解规定》等均是劳动争议调解的法律依据。

在劳动争议调解程序当中，劳动者、用人单位和调解机构都需遵循一定的义务性规则。首先，当事人进行调解需提出申请，劳动争议调解可以书面申请，也可以口头申请。其次，调解劳动争议，调解员应当充分听取双方当事人对事实和理由的陈述，耐心疏导，帮助其达成协议。最后，经调解达成协议的，调解机构应当制作调解协议书。[①]

对于特殊债权，法律为劳动者提供了授权性规则。例如，因支付拖欠劳动报酬、工伤医疗费、经济补偿或者赔偿金事项达成调解协议，用人单位在协议约定期限内不履行的，劳动者可以持调解协议书依法向人民法院申请支付令。人民法院应当依法发出支付令。[②]

3. 劳动争议仲裁

我国劳动争议仲裁是指劳动关系当事人将劳动争议提交法定的仲裁机构，即劳动人事争议仲裁委员会，进行处理并作出对双方具有约束力的裁决以解决劳动争议。劳动仲裁由中立的第三方居中裁判，具有公正性的特点。此外，劳动仲裁相对民事诉讼而言程序简单，方便快捷。仲裁程序的启动只需一方申请即可，且仲裁是劳动争议案件进入诉讼程序的必要程序。

为了便于劳动仲裁委员会处理劳动争议问题，法律给予其充分的授权。根据《劳动争议调解仲裁法》，劳动仲裁委员会依法履行的职责有：（1）聘任、解聘专职或者兼职仲裁员；（2）受理劳动争议案件；（3）讨论重大或者疑难的争议案件；（4）监督本仲裁委员会的仲裁活动。[③]

相对劳动调解而言，劳动争议仲裁机构要遵守更为严格的义务性规则，例如地域管辖和时效。劳动争议仲裁委员会负责管辖本区域内发生的劳动争议。劳动争议由劳动合同履行地或者用人

---

① 见《劳动争议调解仲裁法》第12－14条。

② 见《劳动争议调解仲裁法》第16条。

③ 见《劳动争议调解仲裁法》第19条。

单位所在地的劳动争议仲裁委员会管辖。双方当事人分别向劳动合同履行地和用人单位所在地的劳动争议仲裁委员会申请仲裁的，由劳动合同履行地的劳动争议仲裁委员会管辖。① 如果有多个劳动合同履行地的，则由最先受理的仲裁委员会管辖。仲裁委员会之间因管辖争议协商不成的，应当报请共同的上一级仲裁委员会主管部门指定管辖。②

针对劳动者的义务性规则主要是需要遵守时效的规定。劳动争议申请仲裁的时效期间为一年。仲裁时效期间从当事人知道或者应当知道其权利被侵害之日起计算。劳动关系存续期间因拖欠劳动报酬发生争议的，劳动者申请仲裁不受一年的仲裁时效期间的限制。③

相比较而言，劳动仲裁在程序上对当事人的义务性规则更为严格。首先，在受理环节，申请人申请仲裁应当提交书面仲裁申请，并按照被申请人的人数提交副本。书写仲裁申请确有困难的，可以口头申请，由仲裁委员会记入笔录，经申请人签名、盖章或者捺印确认。仲裁委员会对符合规定条件的仲裁申请应当予以受理，并在收到仲裁申请之日起 5 日内向申请人出具受理通知。对于不符合条件的，仲裁委员会不予受理，并在收到仲裁申请之日起 5 日内向申请人出具不予受理通知书，以便申请人继续凭此提起诉讼。④ 在庭审环节，申请人和劳动仲裁委员会有义务

① 见《劳动争议调解仲裁法》第 21 条。
② 见《劳动人事争议仲裁办案规则》第 8－9 条。
③ 见《劳动争议调解仲裁法》第 27 条。
④ 见《劳动争议调解仲裁法》第 29 条。

积极准备，并稳步推进。[①] 开庭审理时，由仲裁员宣布开庭、案由和仲裁员、记录人员名单，核对当事人，告知当事人有关的权利义务，询问当事人是否提出回避申请。开庭审理中，仲裁员应当听取申请人的陈述和被申请人的答辩，主持庭审调查、质证和辩论，征询当事人最后意见，并进行调解。[②]

而且，劳动仲裁机构受到严格的审限和决策方式的限制。仲裁庭裁决劳动争议案件，应当自劳动争议仲裁委员会受理仲裁申请之日起45 日内结束。案情复杂需要延期的，经劳动争议仲裁委员会主任批准，可以延期并书面通知当事人，但是延长期限不得超过15 日。逾期未作出仲裁裁决的，当事人可以就该劳动争议事项向人民法院提起诉讼。[③] 裁决应当按照多数仲裁员的意见作出，少数仲裁员的不同意见应当记入笔录。仲裁庭不能形成多数意见时，裁决应当按照首席仲裁员的意见作出。[④]

在劳动仲裁裁决作出之后，有两项针对当事人的授权性规则。当事人对终局裁决以外的其他劳动争议案件的仲裁裁决不服的，有权自收到仲裁裁决书之日起 15 日内向人民法院提起诉讼。[⑤] 当事人对发生法律效力的调解书、裁决书，应当依照规定的期限履行。一方当事人逾期不履行的，另一方当事人有权依照

---

① 劳动争议仲裁委员会在开庭审理前应当做必要的准备，应当在5 日内将仲裁申请书副本送达被申请人，在开庭5 日前将开庭日期、地点书面通知双方当事人。当事人有正当理由的，可在开庭3 日前请求延期开庭，是否延期，由仲裁委员会根据实际情况决定。

② 见《劳动争议调解仲裁法》第 30 – 45 条。

③ 见《劳动争议调解仲裁法》第 43 条。

④ 见《劳动争议调解仲裁法》第 45 条。

⑤ 见《劳动争议调解仲裁法》第 48 条。

民事诉讼法的有关规定向人民法院申请执行，受理申请的人民法院应当依法执行。①

（三）法益分析

劳动争议处理机制从其本质而言是为了实现劳动权利的救济功能。劳动者的权利包括休息休假、劳动安全、劳动报酬、平等就业、就业援助等方面的请求权。这些权利主要依靠用人单位主动履行义务来实现。当用人单位出现违约或违法情形之时，劳动者可以向劳动争议处理机构主张权利，实现相关权利的救济。

但劳动权利之债并非普通的民事权利之债，关涉劳动者的生存权、健康权和发展权，劳动争议处理机制也对此作出了特殊的安排。在劳动争议处理机制中设计的调解为主、三方机制、强制仲裁、仲裁审限等，都是为了保障劳动者的权利能够得到快速全面的实现。也正是因为劳动争议处理机制救济的是劳动者的生存权、健康权和发展权，所以它的法益所保护的范围不应局限于有劳动关系的劳动者，而是所有从事劳动的劳动者。

六、劳动行政管理的机制与法益

劳动行政管理是对社会劳动进行行政管理的各种活动的总称。劳动行政管理机构根据国家的劳动政策和劳动法规，在一定的职权范围内对社会劳动进行管理活动。劳动行政管理包括抽象的行政管理和具体的行政管理。抽象的行政管理的内容有：（1）根据宪

① 见《劳动争议调解仲裁法》第51条。

法、劳动法以及国家关于劳动管理工作的方针、政策，拟订和实施相关的政策、规章和实施办法；（2）统计和公布劳动数据。而具体的行政管理的内容有：（1）管理劳动就业市场和职业技术培训工作，也就是通常所说的就业促进；（2）管理劳动保护，对劳动安全和卫生实行国家监督，也称劳动监察。[①] 由于本书关注的是劳动行政管理对劳动者的具体作用，因此本书将围绕劳动行政部门的具体行政管理事项，即就业促进和劳动监察两个方面展开讨论。

（一）就业促进

就业促进是指国家为了保障公民实现劳动权所采取的创造就业条件、扩大就业机会的各种措施的总称。我国在计划经济时代，工作是由国家统一分配的，所以就业促进制度也是从改革开放之后才发展起来的。1990 年 1 月，原劳动部颁布了《劳动部关于职业介绍暂行规定》，在当时的历史背景下确定了职业介绍的制度。1990 年 4 月，国务院发布《关于做好劳动就业工作的通知》，强调广开就业门路，积极拓宽就业渠道。2007 年 8 月，《就业促进法》正式颁布，这标志着“劳动者自主择业、市场调节就业、政府促进就业”的就业促进工作方针以立法的形式得到了固定，我国促进就业的长效机制在法制层面得到了强有力的保障。[②]

1. 假定条件

就业促进原则上主要是政府的责任，但服务对象是所有劳动者。《就业促进法》并不限定政府进行管理或提供服务的范围。

---

① 黄运武．现代企业制度大辞典［M］．武汉：武汉工业大学出版社，2001.

② 黄河．新中国就业促进法制的变迁及其启示［J］．职业，2017（13）：17－19。

国家倡导劳动者树立正确的择业观念，提高就业能力和创业能力，并提供相应的引导和帮助。而且国家也鼓励劳动者自主创业、自谋职业，再次证明就业促进并非以传统就业为主线或范围，而是服务于包含灵活就业在内的多种就业形式。

2. 行为模式

就业政策是劳动行政管理部门调节劳动力市场的一个主要方式，同时也是其主要的义务。因此，《就业促进法》要求，政府应当把扩大就业作为重要职责，统筹协调产业政策与就业政策，鼓励各类企业在法律、法规规定的范围内，通过兴办产业或者拓展经营，增加就业岗位。① 因此，对政府的义务性要求包括：鼓励发展劳动密集型产业、服务业，扶持中小企业，多渠道、多方式增加就业岗位。同时，政府还需要倡导劳动者树立正确的择业观念，提高就业能力和创业能力；鼓励劳动者自主创业、自谋职业。② 值得一提的是，《就业促进法》在择业方面并没有将目标限定于正规就业。而是要求各级人民政府采取广泛的措施，拓宽就业渠道，逐步完善和实施与非全日制用工等灵活就业相适应的劳动和社会保险政策，为灵活就业人员提供帮助和服务。③

在公平就业领域，法律针对劳动者的规则基本上都是授权性的。劳动者依法享有平等就业和自主择业的权利。劳动者的就业活动，不得因民族、种族、性别、宗教信仰等不同而受歧视。④

① 见《就业促进法》第 12 条。
② 见《就业促进法》第 7 条。
③ 见《就业促进法》第 23 条。
④ 见《就业促进法》第 3 条。

对于劳动行政部门而言，公平就业的要求大多是义务性规则，作为支持劳动者实现平等就业权利的支撑。国家保障妇女享有与男子平等的劳动权利，保障各民族之间平等的劳动权利，并保障残疾人参与劳动的权利，为他们提供相应的便利和优待。

公平就业方面的禁止性规则主要是针对用人单位而言。用人单位招用人员、职业中介机构从事职业介绍活动时，需要向劳动者提供平等的就业机会和公平的就业条件，不得实施就业歧视。用人单位招用人员，除国家规定的不适合妇女的工种或者岗位外，不得以性别为由拒绝录用妇女或者提高对妇女的录用标准。用人单位录用女职工，不得打听妇女的婚育状况，不得在劳动合同中规定限制女职工结婚、生育的内容。用人单位招用人员，不得歧视残疾人、少数民族劳动者，并应给予他们一些适当照顾和便利。《就业促进法》在《劳动法》所列的反歧视情形之外还新增了：用人单位招用人员，不得以是传染病病原携带者为由拒绝录用；农村劳动者进城就业享有与城镇劳动者平等的劳动权利，不得对农村劳动者进城就业设置歧视性限制。①《就业促进法》通过制度的完善构建了面向所有劳动者的反歧视保护体系。

在就业服务和管理领域，以针对政府的义务性规定为主。首先，政府有培育和完善统一开放、竞争有序的人力资源市场、为劳动者就业提供服务的义务。② 其次，政府应当鼓励社会各方面依法开展就业服务活动，加强对公共就业服务和职业中介服务的

① 见《就业促进法》第三章。
② 见《就业促进法》第32条。

指导和监督，逐步完善覆盖城乡的就业服务体系。[①] 政府应为劳动者免费提供下列服务：（1）就业政策法规咨询；（2）职业供求信息、市场工资指导价信息和职业培训信息发布；（3）职业指导和职业介绍；（4）对就业困难人员实施就业援助；（5）办理就业登记、失业登记等事务。[②] 再次，政府还应加强人力资源市场信息网络及相关设施建设，建立健全人力资源市场信息服务体系，完善就业市场信息发布制度。

在职业培训方面的规定以义务性规范为主，且义务的主体主要为政府和用人单位。首先，国家需依法发展职业教育，鼓励开展职业培训，促进劳动者提高职业技能，增强就业能力和创业能力。[③] 其次，政府应加强统筹协调，鼓励和支持各类职业院校、职业技能培训机构和用人单位依法开展就业前培训、在职培训、再就业培训和创业培训，并鼓励劳动者参加。[④]《就业促进法》对于用人单位和培训机构也设立了义务性规则。企业应当按照国家有关规定提取职工教育经费，对劳动者进行职业技能培训和继续教育培训。职业院校、职业技能培训机构与企业应当密切联系，实行产教结合，为经济建设服务，培养实用人才和熟练劳动者。[⑤]

另外，对于劳动者，尤其是失业人员，享受授权性规则的照顾。政府鼓励和支持开展就业培训，帮助失业人员提高职业技能，增强其就业能力和创业能力。失业人员参加就业培训的，按照有关

---

① 见《就业促进法》第 33 条。
② 见《就业促进法》第 35 条。
③ 见《就业促进法》第 44 条。
④ 见《就业促进法》第 46 条。
⑤ 见《就业促进法》第 47 条。

规定享受政府培训补贴。[①] 但面向失业人员的照顾政策，更多的是面向从正规就业当中退出来的失业人员。失业人员需失去正规就业的工作并完成登记，方能成为法律意义上的失业人员。而对于灵活就业人员而言，失去工作不代表法律意义上的失业，因为没有被雇佣，也不存在所谓的离职证明，但实际上其已经失去了主要生活来源或者全部生活来源，却无法享受正规失业人员的某些待遇。

就业援助是政府在就业促进方面义务性规则的主要部分。政府有义务建立健全就业援助制度，采取税费减免、贷款贴息、社会保险补贴、岗位补贴等办法，通过公益性岗位安置等途径，对就业困难人员实行优先扶持和重点帮助。[②] 对于就业困难人员，《就业促进法》的规则大多是授权性的。就业困难人员是指因身体状况、技能水平、家庭因素、失去土地等原因难以实现就业，以及连续失业一定时间仍未能实现就业的人员。[③] 法定劳动年龄内的家庭人员均处于失业状况的城市居民家庭，可以向住所地街道、社区公共就业服务机构申请就业援助。街道、社区公共就业服务机构经确认属实的，应当为该家庭中至少一人提供适当的就业岗位。

3. 法益分析

《就业促进法》围绕促进就业的目标，对坚持和贯彻我国就业方针作出了全面规定。同时，侧重规定了政府在促进就业中的职责，将我国积极的就业政策上升为法律，这是该法突出的特点。[④]

---

① 见《就业促进法》第49条。

② 见《就业促进法》第52条。

③ 见《就业促进法》第52条。

④ 马俊军. 2007年中国劳动法立法评述——兼评《就业促进法》、《劳动合同法》、《劳动争议调解仲裁法》[J]. 岭南学刊，2008（4）：61-64.

《就业促进法》将促进就业的长效机制确定为法律，为各项就业政策措施的落实提供了法制保障，确保我国积极的就业政策长期有效地实施和运行，成为构建和谐劳动关系的必然选择和重要内容。政府需要解决就业问题，发挥劳动力市场在劳动力资源配置和促进就业中的基础性作用，促进劳动者自主择业的积极性。

就业促进政策面向的是所有劳动者，解决人民的收入问题。就业是民生之本、国安之策，就业问题是人民群众最关心、最直接、最现实的利益问题之一，是构建和谐社会的前提和基础。所以，就业促进政策应当不作区分地惠及所有劳动者，保护好每一名劳动者的利益。《就业促进法》虽然也有些许照顾不到的地方，但基本上是朝着服务于所有劳动者的目标前进的。

（二）劳动监察

劳动监察制度是由劳动行政部门依法对用人单位遵守劳动法律、法规的情况进行监督和检查，对用人单位的劳动违法行为作出处罚的制度。劳动监察制度的诞生与劳动行政部门权力的确认有着密切的联系。政务院 1950 年发布了《关于各省、市人民政府劳动局与当地国营企业工作关系的决定》，规定劳动局有权监督和检查国营企业劳动政策法令的执行，标志着我国劳动监察体制的诞生。1956 年 9 月 17 日，国务院又批准了《劳动部组织简则》，明确劳动部是统一管理全国劳动工作的机关，领导地方劳动部门的工作，通过各级劳动部门监察和指导各国营、地方国营、合作社和公私合营企业、事业单位的劳动工作。

改革开放之后，劳动监察制度随着劳动部门组织形式的变化以及产业主管部门分割，出现了“条块”化和“碎片”化的现象。2000年，煤炭安全监察机构通过《煤矿安全监察条例》，将自己在煤炭行业生产安全领域的监督权确定下来；2001年《职业病防治法》确立了卫生部门对职业病防治工作的监督权；2002年修订的《农业法》将对农业劳动者的劳动监察职能交给农业等部门；2003年的《特种设备安全监察条例》将特种设备的安全监察权交给特种设备安全监督管理部门（即国家质量监督检验检疫总局下的特种设备安全监察局）；建设部门则通过《建筑法》《建设工程安全生产管理条例》和《特种设备安全监察条例》三部法律法规确立了自己在建筑工程项目上的劳动监察权。[①] 这种分割体制最终在2004年得到一定程度上的统一，国务院出台了行政法规《劳动保障监察条例》，明确由劳动行政部门主要负责劳动权利监督和保护工作，尤其是落实劳动基准的有关规定。

1. 假定条件

劳动行政监察根据对象的不同，分别有两个假定条件。根据《劳动保障监察条例》的规定，“劳动行政部门对企业和个体工商户（以下称用人单位）进行劳动保障监察”。劳动监察的对象明确为用人单位，所隐含的假定前提是必须存在劳动关系。因为只有存在劳动关系才能确定用人单位的主体地位，方能进入劳动监察的视野当中。

另外，劳动行政部门也对职业介绍机构、职业技能培训机构和职业技能考核鉴定机构进行劳动保障监察。因此，劳动监察的

① 岳经纶，庄文嘉．转型中的当代中国劳动监察体制：基于治理视角的一项整体性研究［J］．公共行政评论，2009，2（11）：98－126，210。

对象是劳动力市场的经营主体。由于职业介绍机构、职业培训机构等主体并非只面对有劳动关系的劳动者提供服务，这也决定了相关的劳动监察并没有以存在劳动关系作为假定条件，只要是提供劳动力市场服务的主体，都是被监察的对象。

2. 行为模式

《劳动保障监察条例》是对劳动行政机关赋权的规则体系。在调整劳动关系方面，劳动监察机构有下列职责：(1) 宣传劳动保障法律、法规和规章，督促用人单位贯彻执行；(2) 检查用人单位遵守劳动保障法律、法规和规章的情况；(3) 受理对违反劳动保障法律、法规或者规章的行为的举报、投诉；(4) 依法纠正和查处违反劳动保障法律、法规或者规章的行为。[①] 具体的监察范围包括：(1) 用人单位制定内部劳动保障规章制度的情况；(2) 用人单位与劳动者订立劳动合同的情况；(3) 用人单位遵守禁止使用童工规定的情况；(4) 用人单位遵守女职工和未成年工特殊劳动保护规定的情况；(5) 用人单位遵守工作时间和休息休假规定的情况；(6) 用人单位支付劳动者工资和执行最低工资标准的情况；(7) 用人单位参加各项社会保险和缴纳社会保险费的情况；(8) 职业介绍机构、职业技能培训机构和职业技能考核鉴定机构遵守国家有关职业介绍、职业技能培训和职业技能考核鉴定的规定的情况。[②] 因此，劳动保护监察的对象多为传统用工下的劳动关系问题，例如劳动合同的订立情况，休息休假、工作时间和最低工资标准等劳动基准实施情况，以及社会保险缴纳情况。而对

① 见《劳动保障监察条例》第10条。
② 见《劳动保障监察条例》第11条。

于未必存在劳动关系，也没有纳入劳动基准保护体系的灵活就业，如众包、自雇等用工状况，难以进入劳动监察的职责范围。

劳动监察的实施多是以义务性规则作为基线的。劳动保障监察以日常和专项巡视检查、审查用人单位按照要求报送的书面材料以及接受举报投诉等形式进行。劳动保障行政部门认为用人单位有违反劳动保障法律、法规或者规章的行为，需要进行调查处理的，应当及时立案。劳动保障行政部门对违反劳动保障法律、法规或者规章的行为的调查，应当自立案之日起 60 个工作日内完成；对情况复杂的，经劳动保障行政部门负责人批准，可以延长 30 个工作日。[①]

从劳动行政监察的法律责任来看，劳动监察机构处罚的对象皆是违法的用人单位。依规定，用人单位违反劳动保障法律、法规或者规章，对劳动者造成损害的，依法承担赔偿责任。[②] 劳动保障行政部门应当建立用人单位劳动保障守法诚信档案。用人单位有重大违反劳动保障法律、法规或者规章的行为的，由有关的劳动保障行政部门向社会公布。常见于灵活就业的劳务关系、发包关系的“买方”主体是无法进入劳动行政的保护范围当中的。

3. 法益分析

劳动监察的目的是保护劳动者的合法权益。它的本质就是以国家有形之手调节劳动关系，通过贯彻劳动法来执行，对用人单位的不法行为进行惩处，保护劳动者的合法权益，维护社会关系

① 见《劳动保障监察条例》第 14、17 条。
② 见《劳动保障监察条例》第 21 条。

的稳定，为社会经济发展创造条件。[①] 劳动监察制度的完善和发展对于劳动权的实现亦有不可低估的影响，甚或可以说，离开劳动监察去谈论劳动权，无异于纸上谈兵。法律上设立劳动监察制度的基本目的在于规范资方的劳动用工行为，维护劳动者的基本权益。[②]

同时，需要指出的是劳动监察所保护的合法权益，主要限定在劳动法列出来的权利清单范围内。不可否认的是，社会化大生产下构建的劳动法，仍然以劳动关系的存在为前提，也就是说现阶段还处于“有劳动关系就有劳动权益，没有劳动关系就没有劳动权益”的状态。其他的劳动者，如灵活就业人员，从事了劳动但未必具有形式上的劳动关系的人员，同样有健康权和生存权保障需求，与劳动监察的法益无二，却进入不了劳动监察的范围。

七、小结

劳动法诞生于社会化大生产当中。在社会化大生产出现之前，劳动者虽然也是从事劳动，但没有特别的法律对其进行保护，劳动关系遵守的是民事和刑事方面的习惯和规则。究其原因，历史上的传统生产形式并非不需要对劳动者进行保护，而是劳动者的利益无法统一，劳动者本身的自由没有实现，对应的群体和代表没有出现，与统治阶级在劳动政策与立法方面无法展开

① 章辉．劳动监察制度的生成逻辑及其功能［J］．合肥工业大学学报（社会科学版），2009（06）：97－101．

② 秦国荣．劳资均衡与劳权保障：劳动监察制度的内在功能及其实现［J］．河南省政法管理干部学院学报，2010（06）：144－154．

有效的博弈，也无法提供有效的制度供给。

社会化大生产的出现给劳动立法按下了启动键，同时也为劳动法框定了应用的场景和发展的脉络。早期的社会化大生产，是以工厂中的大机器生产为主。从而不难理解，在集体劳动关系方面，劳动者的结社权、集体谈判权和产业行动权，在个体劳动关系方面，工时基准、劳动安全卫生基准和工资基准作为产业工人的核心利益，被风起云涌的工人运动推动，经历了轮番的力量博弈、司法博弈，最终被推到了立法者案前，率先出现在劳动立法当中。伴随着社会化大生产在内容和形式上的扩展，劳动法也呈现出步步为营的态势，稳步推进劳动合同规制、反歧视制度等。社会化生产程度的进一步提高，带动了政府角色的重要转型。产业关系的和谐与否，在高度社会化的生产当中会带来连锁反应和全面影响，政府不能再继续固守“守夜人”的小政府角色，而是要构建劳动风险保障体系（也就是社会保险），来化解劳动风险；构建产业风险防范机制（包括就业促进、劳动监察、劳动争议处理等）来化解产业风险。劳动法推动政府的全面介入，让劳动关系的互动从两方机制，逐步转型为三方机制。

劳动法究其本质而言，是面对社会化大生产的现实，重新分配劳动者、用人单位和国家之间关系的一套法律体系。总的来说，劳动者、用人单位和国家各自都享受和承担一定的权利和义务，相互之间也是互负义务。不过，在劳动法的视阈下，三者在微观上各自的法定权利与义务不一定要统一，相互之间法定的权利与义务也不一定要平等。具体而言，在法定规则体系中，劳动者的权利性面向比较突出，用人单位和国家的义务性面向比较明显。从宏观上看，三者之间的权利与义务是平衡的，也是封闭的。劳动权利指向的义务方通常不会跳出劳动关系框架，指向任何第三方，如消费者、发包方。义务方的履责对象通常也不会跳出劳动关系的框架，提供给“非劳动者”，如独立承包者、自雇者等劳动者。

因此，劳动法规则体系的整体框架，体现了三方关系的闭环，同时还带有大机械劳动的背景。劳动法是为劳动者、用人单位和国家三方主角搭起的舞台，也是三方权利义务体系支撑起来的框架，三者之间的每一次互动，都推动了劳动法向前迈进。不过，劳动法在调整方式上万变不离其宗，脱离不了劳动关系的限制，始终带有传统机械化生产的痕迹。

（一）假定条件分析

在假定条件上，劳动法律规则大多以劳动关系的存在为前提。例如劳动条件基准当中的工作时间、劳动报酬和劳动安全基准，都是针对劳动关系的当事人之间权利和义务的分配。而判定劳动关系存在的标准或是依据，往往考察是否存在从属性。正如本书第二章所言，从属性是典型的根植于机器大生产的概念。劳动者在用人单位提供的工作场所当中和限定的工作时间内，利用用人单位提供的生产工具，按照用人单位的指令，整齐划一地从事工业生产活动，其中所体现的从属性不言而喻。用人单位为劳动者提供相应的保障也是应然之举。随着生产形式的不断演变，从属性的内涵与外延也在不断地扩大，逐步将一些非工业化生产模式纳入其中。

以劳动关系为规则的假定条件，蕴含着另外一个条件，也就是必须要有“用人单位”存在。这也就是为什么劳动法并非单纯地确立劳动权利，而是要通过劳动关系来搭建用人单位的“雇主责任体系”。如果用人单位不适格或者搭建劳动关系的路径不通都会导致用人单位的缺失。例如，雇佣方是自然人或者双方是以劳务合同或加工承揽合同构建的关系，即便劳动者提供的劳动是从属性劳动，也无法适用相关规则的保护，或者即便赋予劳动者权利也无法找到对应的义务主体。

对于部分规则，其假定条件进一步具象为机械化生产。以工时制度为例，工业流水线式的“同时开工、同步工作、同时下班”依稀可见，构成了标准工时制度的样本，同时还统领着加班制度的设定和安排。而其他工时制度只能作为例外形式存在，并且需要劳动行政部门审批。另外，在非标准工时制度下，加班制度规定得也比较模糊，现实当中的落实程度不佳。

当然也有一些劳动法制度的假定条件不以劳动关系存在为前提。例如，《就业促进法》《社会保险法》等，这两类法律的共同特点是政府作为主要的参与者和服务的供给者，面向所有劳动者和公民提供社会公共产品。因此，在这两部法律当中，假定条件就不以劳动关系存在为前提。而且，正是由于政府是公共产品的提供者，从理论上讲，在用人单位缺位的情况下，也是不影响劳动者权利的实现的。

不过也有一部分政府参与型的规则是以劳动关系存在为前提的。劳动争议处理机制和劳动监察机制就是比较典型的类型，都是为了解决劳动关系运行过程中出现的问题。如果没有劳动关系的存在，即便是出现的问题与劳动有关，如劳务关系中的劳务报酬和工作伤害责任，也无法纳入劳动争议处理机制和劳动监察机制当中。

（二）行为模式分析

正是由于劳动法是在工人阶级不断争取后出现的，是一部写满劳动者权利的法律，因此在行为模式方面，对于劳动者而言总体上以授权性规定为主，尤其是在劳动条件基准当中。但也有部分规则从另一个侧面，即用人单位的义务性规则和禁止性规则的角度切入，从而实现对劳动者权利的保护，主要存在于劳动关系运行机制当中。社会保险机制、劳动争议处理机制和劳动行政管理机制，都是涉及国家参与劳动关系的调整，让三者皆面对一部分授权性、义务性和禁止性规则。

1. 劳动条件基准

在劳动条件基准当中包含劳动者休息休假权、劳动报酬请求权和劳动安全权，都是劳动者的生存权、健康权和发展权在劳动法中的具体体现。因此，在相关法规的总则当中，以面向劳动者的授权性规定为主，从而打好劳动者的权利基础。

劳动条件基准在落实机制方面，多以用人单位的义务性规则为抓手。为了不让劳动者的权利仅停留在口号上，劳动条件基准必须将其转化为用人单位的具体义务。因此，在劳动条件基准当中不难看到，用人单位有义务保障劳动者生存权、健康权和发展权，故而有责任提供休息休假、劳动报酬和劳动安全保障。而劳动关系的存在是树立用人单位主体地位的逻辑性基础，也是其担责的合理性基础。

事实上，劳动条件基准行为模式的设定多以社会化大生产为背景。比较典型的是工时制度、工资制度和劳动安全制度，多是以工业生产作为制度构建的模型，如以标准工时为主导的工时和加班制度，以月最低工资为主轴的工资最低水平保障制度，以用人单位的直接责任为主线的劳动安全保障制度等。

2. 劳动关系运行机制

《劳动合同法》在个体劳动合同机制当中并未给劳动者直接安排很多的授权性规则，只有少量规定明文提出劳动者的权利，诸如：劳动者有权拒绝用人单位管理人员违章指挥、强令冒险作业的规定，劳动者可以提前通知解除劳动合同的规定。这并不代表劳动者只享受有限的劳动合同权利，相反劳动者的大部分权利都是通过用人单位的义务性规则体现的。

用人单位的义务性规则，在个体劳动合同制度当中涵盖的范围比较广泛。《劳动合同法》对于用人单位，既有订立阶段的要求，也有履行阶段的规范，更有解除阶段的限制；既有劳动合同形式的要求，也有劳动合同内容的限制，更有劳动合同效力的规范。多重规定相互交错和密织构成了保护劳动者就业权利的一张安全网。

这些义务性规则与传统就业形式密不可分。例如，劳动合同书面化的要求，劳动合同由固定期限转为无固定期限的情形，解除劳动合同的程序性和实体性要求等，主要以相对稳定的正规就业为出发点或者是追求目标，而稳定的正规就业也正是社会化大生产中常见的工作业态。

3. 社会保险机制

社会保险机制是劳动者、用人单位和国家共同参与的典型规则体系，也是三者之间权利义务相互交叉平衡的有机体。对于劳动者而言，既有义务性规则的要求，如缴纳社会保险费，也有权利性规则的支持，如享受社会保险待遇。国家既有征缴的权力，也有保障供给的责任。相对而言，用人单位在社会保险机制下，义务性规则较多，其中以缴费义务为主。

从上述的权利义务分配来看，社会保险虽然有国家的参与，但很多情况下仍无法离开用人单位这个主角。社会保险逐步脱离劳动关系日趋明显，其中养老保险和医疗保险已经实现了与劳动关系脱钩的机制安排，而且也能够在没有用人单位的情况下运转。但是，失业保险、工伤保险和生育保险却是无法与劳动关系脱钩的，而且这三类社会保险与相对稳定的正规就业高度绑定，深植于社会化大生产的模式当中。在这三类社会保险当中，国家虽然参与承担主责，但仍然离不开用人单位从中分担部分责任，如缴费、提供保障（如生育工资、伤残津贴）等。

4. 劳动争议处理机制

劳动争议处理机制是国家主导型的，对于劳动争议处理机构既有授权性规范，也有义务性规范。授权性规范，包括劳动争议处理机构的管辖、职责和权限等。义务性规范，包括劳动争议处理机构的程序性要求、时效和审限等。劳动者和用人单位作为争议当事人，在劳动争议处理机制中的义务和一般诉讼程序中对当事人的要求接近，主要的不同之处在于强制仲裁的设置，以及便利化的制度安排。

劳动争议处理机制是一个相对封闭的体系，由其本质属性所左右，不处理与劳动关系无关的争议。也就是说要进入劳动争议处理的通道当中，当事人需要证明劳动关系的存在，而社会化大生产模式下的从属性是证明的关键。因此，这一制度也是构架在社会化大生产模式之上的。

5. 劳动行政管理机制

在劳动行政管理机制当中，国家的义务性规范多以监督和服务为主。国家履行监督义务的目标，主要是确保劳动法的落实。因此，劳动监察的涵盖范围与劳动法的适用范围高度重合，也就是说劳动监察的对象是劳动关系的运行状况。劳动者如果没有与用人单位建立形式上或事实上的劳动关系，是难以得到劳动监察的保护的。就本质而言，劳动监察仍然是社会化大生产的产物。

劳动行政服务的受益方不再仅仅是传统意义上的劳动者，而是一般意义上的具备劳动能力的自然人。以《就业促进法》为例，公民无论是否已经建立或者将要建立劳动关系，都将是劳动行政的保护对象。尤其是就业存在困难的劳动者，或者是易遭受歧视的劳动者，都是政府就业服务和援助的对象。但是，在甄别就业困难人员时，却往往以无法或没有从事传统就业（如失业人员）为标准。

（三）法益分析

劳动条件基准、劳动关系运行机制、社会保险机制、劳动争议处理机制和劳动行政管理机制这五大机制虽然在假定条件和行为模式上存在着些许不同，但他们的法益却存在一个非常明显的共同点，即都是为了保护劳动者的权益。当然，这五大制度的法益不能简单地概括为只保护劳动者的权益，它们是为了维护社会和谐稳定并充分考虑各方利益，而作出的对劳动者适度倾斜保护的选择。劳动者的权益可以分为人身权和财产权，包含劳动报酬请求权、休息休假权、劳动安全权、平等就业权、司法救济请求权和社会保险请求权等，从而保障劳动者的生存权、健康权和发展权。这些权益在社会化大生产当中对应的是用人单位的义务和政府的义务，缺少任何一个，权利都无法得到实现。

这五大制度虽然保护劳动者的权益，但受保护的“劳动者”受当时的历史条件的影响被限定在从事社会化大生产的劳动者范围内，而不包括以其他形式从事劳动的劳动者。然而，后者在劳动内容方面与从事社会化大生产的劳动者没有什么本质上的差别。基于历史生产模式和条件所限，同时也由于用人单位作为责任主体不可或缺，劳动法迟迟未能对劳动关系之外的劳动进行等量的保护。

这五大制度的法益从本质上而言，应是尽可能地保护所有劳动者，包括但不限于传统产业工人。劳动法近期的发展也不同程度地反映了这一现象，例如社会保险和就业促进就已经率先跳出了劳动关系的限制，开始面向灵活就业者。同时，劳动条件基准也开始稳步尝试向无劳动关系的劳动者扩张，如劳动安全卫生保护范围已开始界定为所有参与工作现场的人员，而并非限于本单位的职工。但劳动法基于社会化大生产的属性仍然没有改变，因此在社会化小生产到来的当下必然遭遇巨大的挑战。

第四章　社会化小生产：劳动法的时代挑战

自动化和互联网技术的广泛运用，给昔日的生产方式带来了巨大的变化。时下，机械化大生产模式虽然在工业生产领域仍然随处可见，依旧占据着主导地位，但新的生产形式已经悄然兴起并逐步开始替代传统的生产方式。社会化生产的模式出现了多样化的趋势，不仅快速增长的服务业充盈着各种新型的用工方式，而且在传统的工业生产领域也感受着工作方式的巨大变化。

在蓬勃兴起的第三产业当中，新的用工模式层出不穷并逐步占据主导地位。以平台经济为代表的新经济在服务领域发展十分迅速，从交通运输、物流到生活消费都在享受移动互联网和共享模式带来的便利。同时，很多传统服务行业的劳动者，也转化为共享服务的提供者或者是“承揽者”，例如网约车司机当中有不少是从出租车行业转型过来的。他们开展的是原子化、灵活化的工作，但最终完成社会分工的一部分，是社会协同工作的一个环节。

在工业生产领域当中经常会见到：传统的简单重复劳动正在被自动化设备所替代，保留下来的员工仅从事机械维护和系统编程等技术型工作。工业4.0的到来让生产自动化程度进一步提高，人工智能设备正在逐渐替代流水线上的工人，客观上除了提升生产效率之外，也让劳动者的工作内容和方式发生了变化。从中长期看，工业机器人的价格、性能、功能通过技术升级不断优化，在工业生产领域的运用将更为广泛。在成本方面，机器人过去十年的成本下降了约50%。[①] 在性能方面，机器人行业将向模块化、智能化、网络化等方面发展，尤其是新型材料的出现将会大幅度提高机器人的性能，生物医学研究的进展可能会对机器人的认知提供新思路，提升它们的智能程度。随着制造成本、技术性能的提高，越是低端制造领域，越是劳动密集型产业，被机器所替代的劳动力越多，"机器换人"势不可当。2014年，牛津大学一份名为《未来就业：就业对人工智能的敏感性分析》的研究报告提出，科技的发展非但不能提高就业，人工智能还将取代近50%的现有岗位，受人工智能冲击较大的职业分别是零售业、服务业、制造业和交通运输业等，占就业总人口的47%。[②] 另外，剩下来的技术类劳动者在工作内容和方式方面已经和传统机械化流水线作业大不相同，自主性、灵活性都有了很大的提升。

在工厂当中进行集中协作生产的传统模式已经被分散但又高度协作的生产模式所替代，其生产单元呈现原子化的形式，但整体上又不失社会化的特点，因此本书称之为"社会化小生产"。

---

① 吴锦宇，葛乙九．"机器换人"背景下劳动力就业问题的思考［J］．温州大学学报（社会科学版），2018，31（05）：11－18．

② 吴锦宇，葛乙九．"机器换人"背景下劳动力就业问题的思考［J］．温州大学学报（社会科学版），2018，31（05）：11－18．

社会化小生产是相对于社会化大生产而提出的一个概念。从历史来看，社会化大生产的概念诞生于以工厂为组织单位的工业化、机械化的集中生产模式，劳动者以规模化、团队化的形式在工厂中开展“大生产”合作。“流水线型的生产加工”就是社会化大生产的一个非常典型的例子，至今仍广泛存在于大型的生产加工企业当中。社会化小生产模式是一种自主化、原子化和灵活化的生产模式，劳动者不再集中在工厂当中从事工作，而是根据需求以个体或家庭为单位进行生产或提供服务，在形式上属于“小生产”，但需求和供给的对接往往通过新的经济协作组织“共享平台”，通过平台经济实现“社会化”的协作。

社会化小生产虽然仍处于快速发展阶段，尚未完全替代传统的机械化大生产的地位，但已经在劳动关系领域对劳动法的有效实施和适用带来了巨大的挑战。劳动者的原子化、灵活化和自主化的工作特点，让传统劳动关系的判定标准难以在社会化小生产当中找到抓手，也让从事社会化小生产的劳动者无法跨过劳动法“适格性”的门槛享受相关的待遇。随着技术的推陈出新，劳动关系的痕迹通过技术手段可以被进一步地抹去或淡化，劳动者成为劳动法保护对象的难度进一步增大。从事社会化小生产的劳动者即便成功跨入劳动法的适用范围，也会发现原来的保护机制并不完全适合自己，如工时制度、工伤保险等，因为这些机制都是针对社会化大生产而设计的，存在着严重的滞后性。

因此，本章将从社会化小生产的特点入手，探讨劳动法在新时代、新经济当中遇到的挑战，以及学界对此展开的讨论。本章将重点阐释社会化小生产产生的社会背景及土壤，分析我国社会化小生产的两个发展阶段：其一是改革开放之后出现的、以浙江民营经济模式为代表的小生产模式，本书称之为“社会化小生产1.0”；其二是移动应用技术与数据技术发展出来的新的商业模式和工作模式——平台经济和平台用工，谓之“社会化小生产2.0”。然后，本章将以劳动法在社会化小生产2.0时代遇到的挑战为主线，来探讨各方对劳动法在新时代的因应之道所作的思考。

为了方便阐述，本书选择了平台经济作为社会化小生产的典型，将灵活用工作为平台用工的统称，选取正规就业作为社会化大生产劳动关系的代表展开分析。不可否认的是，对社会化大生产和社会化小生产抽象化、简单化的处理并不能反映这两种生产模式的全貌。社会化小生产虽然以平台经济为代表，但并不一定以平台经济为全部，还存在很多其他的经济模式，如小微企业、个体经济等。同时，平台经济中的用工模式并非都是灵活用工，很多平台企业都会维持一定规模的运营管理、后台维护和数据支持的团队，采取的就业方式也往往是正规就业的形式，签订无固定期限劳动合同、缴纳社会保险等。正规就业按照国际劳工组织给出的定义是指，根据劳动法签订无固定期限劳动合同、享受国家规定的各种劳动保障并且比较稳定的就业形式。以我国目前的情况来看，签订无固定期限劳动合同的就业形式并未占很高的比例，但传统企业中签订固定期限劳动合同的劳动者却不少，虽然不完全符合正规就业的情形，但接近于正规就业。因此，本书采取的是正规就业的广义概念，当劳动者与用人单位直接建立了全日制劳动关系，并签订了书面劳动合同，无论劳动合同是固定期限还是无固定期限，都将暂视为正规就业的样本。社会化大生产中正规就业虽是主流但并非全部，正规就业之外也存在劳务派遣、外包等灵活就业情况。另外，平台企业与为其提供服务的灵活就业劳动者之间经常不存在传统意义上的劳动关系。本书为了方便与正规就业主体进行区分，平台企业统一称之为“平台”或“雇佣方”，作为正规就业中“用人单位”的对应概念；以“灵活就业者”代表在平台工作的灵活就业劳动者，作为正规就业中“劳动者”的对应概念。

不过，上述分析样本的选取还是具有一定的代表性的，能够在一定程度上反映出社会化小生产与社会化大生产在用工方式之间的主要区别，为后续的制度构建提供实践支撑。灵活就业是社会化小生产的一个重要特征，但它不仅存在于社会化小生产当中，社会化大生产当中也存在灵活就业的形式。不过，社会化大生产中的灵活化现象其实也是小生产模式对大生产带来的部分影响，继续以社会化小生产为抓手来分析灵活就业对劳动法的实施产生的影响是有根据的。而作为比较对象的正规就业也反映了社会化大生产的主要特点，将其与灵活就业进行对比研究能够反映出社会化大生产与社会化小生产在用工模式上的核心差别。平台经济是社会化小生产中异军崛起的经营模式，虽然随着科技的进步和商业模式的创新，一定会出现更新、更多的经营模式。但万变不离其宗，小生产模式更为新颖和细化，社会化的特征更为深入和广泛。因此，以平台经济为抓手来思考社会化小生产不会出现因代表性不足而失真的情况，也不会出现因时代的发展而失效的情况，故而以平台经济作为管中窥豹的切入点。

一、社会化小生产的出现

社会化小生产是一个全球性的现象，发达国家和发展中国家都有社会化小生产的蛛丝马迹。社会化小生产是小规模生产单位通过社会化的整合而实现的分工生产模式，是一个相当广泛的概念。当下，国内外都有小规模生产的实践，也有社会化分工的配合。囿于本文的篇幅和笔者的视野，本书仅以中国的社会化小生产的历史脉络和现状特点为范本进行分析，尝试解开它对劳动关系和劳动法治的深远影响。

（一）传统的小生产

从历史上来看，小生产模式早已存在，并且贯穿了人类社会经济发展的主要阶段。毋庸置疑，带有“小生产”特点的手工业作坊和农耕生产模式在奴隶社会、封建社会中就已经存在了，而且可以追溯到更为久远的时期。早期的小生产往往是以家庭为单位进行的生产，但其中很大一部分是自给自足，进行交换的往往是剩余产品，这类交换虽然在事实上构成了一定程度的社会协作，但从本质上来讲，这种小生产不具备社会化的主观和客观要件。

本书以相对成熟的封建时期的“小生产”为样本，尽可能地还原传统“小生产”的业态与特点。传统的小生产通常的表现为：个体和家庭在占有少量生产资料的基础上，自己劳动或运用少量帮工的形式进行生产，将所获劳动成果部分或全部用于交换的生产模式。这种以个人和家庭为单位的小生产作为社会基本的生产单位和经济单位客观上实现了生产社会化的效果，他们通过与其他基本经济单位的交换来满足再生产条件的基本补偿，交换突破了地域的界限，在区域中将小生产成果的涓涓细流汇合成为社会流通，较为有机地整合了社会资源。①

传统的小生产的生产形式有三种。第一种是农业型的小生产，主要是生产农产品，相关的生产成果除少量农产品用于交换外，大多都用于自给自足，生产和分工的社会化程度不高。第二种是手工业加工型的小生产，其产品主要用于出售，而不是用于自己消费，带有一定的社会化生产性质。第三种是服务型的小生产，属于利他性的劳动，带有较强的社会化生产的性质。②

在我国上下五千年的历史长河中，男耕女织的生产模式存在已久。在农村，农民家庭从事手工业生产，只是作为农业自给自足的一种补充而存在，生产主要是为了满足自身的消费，通过将一部分产品投于市场，来换取自己不能生产的生活用品，是维持生计的补充，而不是出于社会化商品生产的既定目的。③ 而在一些人口相对集中的市镇，专门为了交换而生产的独立手工业作坊也大量存在。手工业作坊覆盖冶铁、制陶、纺织、木工等各行各业，形成手工业比较集中的市镇，如冶铁比较集中的河北遵化、山西阳城、福建龙溪等地，纺织业比较集中的松江、苏杭、芜

① 张忠民．“小生产”和“大流通”：前近代中国社会再生产的基本模式［J］．中国经济史研究，1996，6（2）：2.

② 李风华．小生产社会：对马克思主义生产方式理论的补充［J］．湖南师范大学社会科学学报，2011，40（01）：28－32.

③ 李风华．论秦汉至明清中国社会为小生产社会——兼论封建社会论的内在逻辑矛盾［J］．史学月刊，2013（08）：5－25.

湖，以及铅山的造纸业和景德镇的制瓷业。

在小手工业者的经营过程中往往以家庭为基本单位开展生产，且居家从事加工制造活动。多数的手艺工匠，只有少量简单工具，没有资本和能力开设有雇工的作坊，仅凭手工技艺为顾客加工原料，或从事一定的修补作业，取得一定的报酬，在某种程度上类似于现在的自由职业者或者自雇业者。而在规模稍大的手工业作坊当中，使用工匠、学徒从事劳动，作坊主在很多时候亦参加劳动。作坊内部虽然存在一定程度的分工，但帮工和学徒是为学习技术和谋生而劳动，店主经营生产的目的，也是以维持生活为主。①

传统小生产的社会化程度不高，生产单位内部分工程度不高，外部分工依存度也不高，以工资为主要收入来源的劳动者也并不多。在传统的小生产当中，生产资料的分散占有是普遍现象，没有形成资本高度集中的生产单位，对内无法实现高度分工；生产的产品流动性不高，对外无法实现企业间的分工。总体而言，传统的小生产社会分工不全面、精细，是生产和社会封闭性的产物，是一种生产力水平比较落后与低下的经济形态。在农村，农耕生产的方式虽然属于小生产方式，但不宜界定为社会化小生产。在城镇手工业作坊中，生产商品和提供服务主要以交换为目的，虽然在效果上初步具备了社会化特征，但仍然无法构成社会化形态下的小生产。

简言之，传统的“小生产”至少具有以下三个基本特征，让

① 张忠民．“小生产”和“大流通”：前近代中国社会再生产的基本模式［J］．中国经济史研究，1996，6（2）：2.

它同后来出现的社会化大生产存在着明显的区别。第一，以个体或家庭为基本的生产或经营组织，资本集中度不高、规模往往不大；第二，个体既是经营者也是生产者（劳动者），尚没有形成大规模的雇工和劳动关系；第三，生产的社会化的程度初现端倪，但总体程度不高，大多数小生产的目的是以自给为主，以交换为辅。

与“小生产”相对应的就是人们常说的“社会化大生产”，也是现代社会的标志。前文已经较为详细地介绍，在此就不再赘述。比较而言，“社会化大生产”相较于前现代社会的“小生产”，生产社会化程度、生产资料集中度更高，机器大生产的特征明显。生产的社会化不仅让资产阶级战胜了传统小生产者和领主，取而代之成为统治阶级，更主要的是催生了工厂和工人阶级。

（二）社会化小生产 1.0

我国从 20 世纪 90 年代开始，在一些经济较为发达的沿海地区，小生产模式出现了社会化的特征，同时社会生产出现了分散化的特点。随着交通与通信基础设施的不断扩大，结合中国传统的协作文化，形成了一种比较新式的社会化生产模式，杨建华教授称之为“社会化小生产”。①

杨建华教授提出的“社会化小生产”理论模型是基于我国江浙一带在改革开放之后 30 年当中出现的以小微企业为主体的经

① 杨建华．社会化小生产：一个现代化理论分析框架——基于浙江改革开放三十年现代化实践的研究［J］．上海经济研究，2008（07）：3－19.

济现象（以下简称江浙模式）。在江浙模式下，大多是以家庭或家族为基本的生产组织，个体作坊、家庭工商业居多，产权结构比较封闭，绝大多数企业为个人或家族控制，有很强的血缘和地域色彩。杨建华教授认为："这种社会化小生产与传统的小生产既相联系，又有着根本性的区别。这种联系主要表现在其形式上，即仍以家庭或家族为其主要的生产组织，并以亲缘、地缘、业缘为其主要的生产网络，但它本质上又不同于传统的小生产，它是在现代社会分工体系下的一种社会化的生产。这种生产方式表现出生产单元、生产企业之间相互依存的关系，并通过这种广泛的分工协作关系将各个企业、各个行业的生产十分紧密地联系在一起，成为一个有机的整体。"①

江浙模式的社会化小生产，具有如下特点：第一，以家庭、家族为主要的生产组织；第二，以亲缘、地缘、业缘为主要的生产网络；第三，以分散化、专业化、小规模为主要的生产形式；第四，以社会分工和市场为主要的联结纽带。② 总的来讲，这种生产模式既有"小生产"的特点——分散化、小规模生产，同时也兼具"社会化"的特点——为市场需求而进行社会分工。

但笔者从劳动关系角度来看，江浙模式带有局部性和时代性，属于第一代的社会化小生产，本书姑且将其命名为"社会化小生产 1.0"。江浙模式的局限性在于生产单元还是不够"小"，

---

① 杨建华. 社会化小生产：一个现代化理论分析框架——基于浙江改革开放三十年现代化实践的研究［J］. 上海经济研究，2008（07）：3－19.

② 杨建华. 社会化小生产：一个现代化理论分析框架——基于浙江改革开放三十年现代化实践的研究［J］. 上海经济研究，2008（07）：3－19.

而生产和服务的范围还是不够“大”。江浙模式的生产单元仍是以企业的形式存在，也就是说用人单位这个主体依旧存在，生产单位尚未缩小至劳动者独立劳动情形，也不存在现代意义上的灵活用工。江浙模式另一个局限在于服务对象的社会化程度不高，是在一个相对封闭的生产网络进行分工，而不像现在生产和服务的范围已经具有非常广泛的开放性。

改革开放前三十年出现的社会化小生产 1.0 已经无法完全体现近十年来凸显的新经济模式所带来的变化。平台经济是一个新生事物，在它的带动下，社会分工和协作真正做到面向全世界、全社会的分工，而不再是封闭的亲缘关系下的社会分工。另外，生产单位也被平台进一步缩小到劳动者个体身上，从而部分地剔除了用人单位的角色。

（三）社会化小生产 2.0

近十年发展出来的社会化小生产模式是社会化小生产 1.0 的升级版，本书称之为“社会化小生产 2.0”，在科技的引领下出现了新的特点：以个体劳动为单位，利用相对分散的生产资料，在互联网通信和运算的协调下进行分工合作，从事着高度社会化的生产。不断崛起的社会化小生产业态丰富多彩，而且不断地推陈出新。由于篇幅的限制，本书重点介绍和研究社会化小生产中的两个新生事物——平台经济和工业 4.0，虽无法代表社会化小生产的全部和未来，但可以从中看出一些端倪。

1. 平台经济

根据国家信息中心的界定，平台经济（也称共享经济）是指利用互联网等现代信息技术，以使用权分享为主要特征，整合海量、分散化资源，满足多样化需求的经济活动。平台经济依托的是互联网和移动通信，是通过大数据运算整合各类分散资源，准确发现多样化需求，实现供需双方快速匹配的最优化资源配置方式。

自2015年开始，我国平台经济一直保持高速增长，平台经济2018年市场交易规模较2017年增长41.6%，达到29420亿元。2017年—2018年我国平台经济当中，交通出行2478亿元，增长23.3%；共享住宿165亿元，增长37.5%；知识付费2353亿元，增长70.3%；生活服务15894亿元，增长23.0%；共享医疗88亿元，增长57.1%；共享办公206亿元，增长87.3%；生产能力8236亿元，增长97.5%。①

平台经济在我国出现之后，不仅成为经济增长的重要新动能，也成为就业增长，尤其是新型的、弹性就业的一个重要源泉，并成为反映就业形势和经济走势的一个风向标。根据国家信息中心2018年的初步估算，2018年我国平台经济参与者人数约7.6亿人，其中服务提供者人数约7500万人，但直接受雇于平台的员工人数却仅有598万人。在这一庞大的服务提供者群体中，绝大多数都是没有与平台直接建立劳动关系的灵活就业人员。②

平台经济既有资本密集型的，也有劳动密集型的模式。其

---

① 见国家信息中心分享经济研究中心：中国共享经济发展年度报告（2019），http：//www.sic.gov.cn/News/557/9904.htm，最后访问时间：2020年3月19日。

② 见国家信息中心分享经济研究中心：中国共享经济发展年度报告（2019），http：//www.sic.gov.cn/News/557/9904.htm，最后访问时间：2020年3月19日。

中，劳动密集型的平台，包括以物流、外卖、家政服务为主业的平台，劳动者通过平台提供服务，与平台之间既有直接建立劳动关系的模式，也有通过劳务派遣、外包或零时工的方式开展工作的模式。而资本密集型的平台是以共享资源为主，以大型民居租赁平台——爱彼迎为例，平台主要是提供闲置房间的共享服务，属于以提供资源置换为主业，而不是以提供服务为主业，涉及用工关系比较简单，主要劳动者是运维人员，与平台直接建立劳动关系，但也不乏部分员工参加灵活就业安排。

平台经济大多集中在服务领域当中，多以提供体力、专业、信息和租赁服务为主要经营范围。平台经济是通过平台对供求信息进行汇总和分发，让服务的提供方和需求方能够直接进行交易，平台提供的就是信息中介的服务，而通过平台进行交易的客体虽然有服务也有产品，但根据现有的生产力发展水平，工业化产品的生产尚无法完全在平台上实现。因此，日常所看到的平台经营多以提供服务和商品为主，而没有从事生产加工的平台。工业企业接入平台主要是为了销售产品，而非在线生产，产品的加工仍然是在工厂当中进行，但生产方式在科技的助力下已经出现了变化。

2. 工业 4.0

在工业领域中，新技术的出现也让小生产模式成为可能。主要原因是随着工业自动化的广泛应用，工厂逐渐成为无人工厂，而提供运维服务的劳动者，能够进行远程的操控，不必局限在工厂里和上班时开展工作。德国政府在 2013 年的汉诺威工业博览会上正式推出了“工业 4.0”战略，其目的是提高德国工业的竞争力，让德国能够在新一轮工业革命中占领先机，同时也代表了未来工业的发展方向。

具体而言，“工业4.0”是以工业智能化为核心，在人工智能、清洁能源、无人控制技术、量子信息技术、虚拟现实以及生物技术等方面开始的全新技术革命，又称为“人工智能革命”。“工业4.0”概念包含了由集中式控制向分散式、增强型控制的基本模式转变，目标是建立一个高度灵活的个性化和数字化的产品与服务的生产模式。在这种模式下传统的行业界限将消失，并会产生各种新的活动领域和合作形式。①

受到“工业4.0”最大影响之一的是劳动力市场。可编程的自动化装置将生产流程灵活整编，以完成不同的工序操作，“批量生产”改为“批量订制”，“固定流水线”的生产方式将被“灵活生产系统”所取代，劳动可以完全脱离工业化大生产的模式，进入个性化小生产状态。② 高新技术产业将成为主导产业，创意性产业、知识密集服务业也将占据越来越重要的地位。不断增加的技术将减少企业对劳动力的需求，机器人的使用使劳动者从简单重复劳动中解放出来，劳动生产率大幅提高。另外，智能机器人的开发和投入市场，不仅对低技能的工作岗位带来冲击，对一些技术型的职业也会带来一定影响，比如医生和工程师等，使他们能够逐渐脱离工作场所的限制，远程实现生产和提供服务。

---

① 阳晓伟，闭明雄．德国制造业科技创新体系及其对中国的启示［J］．技术经济与管理研究，2019（05）：32－36．

② 田思路．工业4.0时代的从属劳动论［J］．法学评论，2019，37（01）：76－85．

（四）联系与区别

社会化小生产与传统的小生产既相互联系，又有着根本性的区别。这种联系主要表现在外在形式上，两者都是以个体和家庭为其主要的生产单元，且占一定的生产资料。但社会化小生产在成因上又不同于传统的小生产，它是在现代社会分工体系下，通过现代的物流和通信技术实现生产的分散化和分工的社会化。社会化小生产与传统的小生产的本质区别在于社会化的程度不一样，传统的小生产往往是以自给自足为主、交换为辅，而社会化小生产则是以交换为主，基本不存在自己使用或消费的现象。

社会化小生产 1.0 和 2.0 之间也是存在联系和区别的。社会化小生产 1.0 是我国改革开放之后出现的一个比较典型的现象，它是中国传统家族和社会纽带与现代物流和通信技术结合的产物，部分运用了科技手段，但由于当时条件所限，仅限于局部的社会化交换，而且交易对象是在一个封闭社会网络当中，主要以社会关系和家庭关系为纽带。

而社会化小生产 2.0 则是通过移动互联网技术而实现的一种高度社会化的生产方式。在互联网平台的协调下，生产和服务的各个环节，以及各个单元之间都存在高度依赖的分工和协作关系，在一套复杂而严密的运算规则下，个体劳动成果直接供给终端顾客，突破了工厂的樊篱，成为一个有机的整体。更为重要的是，社会化小生产 2.0 的适用范围得到更为广泛的延伸，形成了一个相对开放的交换平台，而不是局限在社会化小生产 1.0 时期的一个相对封闭的社会环境当中。社会化小生产 2.0 打破了社会化小生产 1.0 以熟人社会为基础的构建模式，形成了更为开放、全民参与的模式，进一步地促进了工作模式的灵活性和分工的社会化。

二、社会化小生产的特点

现代经济环境下的社会化小生产 2.0，是后工业化社会的产物，与传统的“小生产”或现存的“社会化大生产”存在比较明显的区别。因为，社会化小生产的组织形式和生产方式既不同于与自然经济相联系的“小生产”，也不同于以集中化、规模化为特征的“社会化大生产”。它既有着“小生产”的痕迹，以劳动者个人的原子化、灵活化劳动为基础，又是在互联网平台下进行高度社会化的分工。

在现代社会化小生产当中，以个人或家庭为主的生产组织，在互联网平台的调度下，直接为终端客户提供产品和服务。以社会分工和市场为主要联结纽带的古典经济学的集大成者亚当·斯密曾对分工与经济增长进行了深入的研究，在其著作《国民财富的性质和原因的研究》中提到，推动经济增长的最根本原因是分工的日益深化和不断演进，通过市场这只“看不见的手”对分工网络的协调，最终促成全社会的共同富裕。而市场这只“看不见的手”在后工业化时代正通过互联网发挥作用。这样的分工协作方式对经济单位的组织形式、工作模式和内部关系产生了比较大的影响。本部分将以平台经济为例深入阐释社会化小生产对劳动关系产生的影响。

（一）平台的去中介化

在社会化小生产模式下，表面上看是劳动者自己掌握了生产资料，但现代社会最主要的生产资料——数据却牢牢掌握在平台的手中。社会化小生产是以信息技术为支撑，以平台为运作模式，将平台掌握的信息资源结合劳动者的劳动力和生产资料进行生产。平台不再直接雇佣劳务提供者，而是提供一个交易场所，为供需双方提供订立合同的渠道，平台本身并不提供管理，只是通过收取信息服务费获取利润。

1. 平台的去中介化

“去中介化”主要是针对商业中介的存在而言的。中介的价值主要有信息和服务两类，主要是为了解决市场当中信息不对称、不透明带来的问题。长期以来，中介的存在有利于整体服务体验的提升。一个行业最开始发展时，供需双方的配合不够流畅，中介的存在能够提高生产的效率，其存在也是合理的，但随着行业的逐渐成熟，行业服务开始集中，服务流程逐步标准化，带动整个行业发展逐步升级，从而挤压过多的价值浪费，中介必将逐步被取代。

互联网具有信息传输速度快、开放性强等特点，充分解决了信息不对称的问题，达到了去中介化的效果。互联网出现之初便将去中介化作为主要使命，为的是利用互联网信息交互的便利性，让交易双方能够越过传统的中间商进行交易，有效地降低交易的成本。为解释网络经济带来的诸多传统经济理论不能解释的经济现象，姜奇平先生提出了“直接经济”理论。他认为，如果说物物交换是最原始的直接经济，那么，当今的新经济则是建立在网络上的、更高层次的直接经济，从经济发展的历史来看，它是经济形态的一次回归，即农业经济（直接经济）—工业经济（迂回经济）—网络经济（直接经济）。直接经济理论主张网络经济应将工业经济中迂回曲折的各种路径重新拉直，缩短中间环节。①

信息网络化在未来发展过程中还将不断地突破传统流程模式，逐步完成对信息流、物流、资本流之间关系的重构，压缩甚至取消不必要的中间环节。以此为基础，互联网经济可以通过对接消费者的需求信息，实现生产能力有效、充分的利用。另外，减少市场的流程有利于企业提供个性化的产品和服务。在后工业化时代，消费者的个性化需求越来越明显，谁能够满足这种需求，谁就会在经济活动中掌握主动。平台经济的去中介化缩短了企业与顾客之间的距离，使企业与消费者直接充分沟通，消费者可以方便地查询产品资源，订制产品与服务，在线付款，获取产品使用维护常识等。②

2. 平台的再中介化

平台企业在去除中间商的过程中，慢慢演变为一个中介性的组织，也就是“再中介化”。再中介化是指新的在线平台取代了传统中介的作用，它们在数字环境中充当了新中介的角色。同时，一些传统的中介组织也建立了自己的平台信息系统，将自己的角色调整为新型的电子中介。个体服务者虽然可以脱离商业组

---

① 姜奇平．21世纪的网络经济［J］．广东金融电脑，1999（07）：11－15.

② 孙开庆．电子商务环境下的非中介化和再中介化［J］．云南财贸学院学报，2006（01）：50－53.

织与消费者建立连接，但这种连接如果没有平台的助力将比较困难，原因有二：第一，信息泛滥，用户真假难辨。用户可以在网络上轻松地找到任何想要的信息，但实际上，找到的未必是真实、有效的信息。一般用户往往不具备信息筛选能力，会被误导或者找不到需要的信息。第二，卖方直接交易的风险难以规避。对卖方而言，电子商务市场中存在各种各样的风险，如消费者在收到产品后可能会拒绝付款、各交易主体的身份可能不真实等。

为了保障交易的安全性和有效性，仍然需要中介的存在。在网络环境中，如果中介组织完全缺失或中介功能不完备，交易成本最终反倒有上升趋势，因此中介不仅不会简单消失，还将出现新的形式。学者孙开庆将平台经济下的再中介化总结为三种表现形式："第一种，信息提供模式。ICR（互联网内容提供商）是典型的信息提供模式，其提供的信息涉及政治、经济、文化、科技、法律等人类生活的各个方面等。第二种，商品提供模式。虚拟市场是应用电子商务技术形成的一个虚拟的买卖双方聚集并进行交易的场所，其采用计算机仿真与虚拟现实技术使现实的市场达到虚拟实现，它可进行市场营销的全过程，以增强市场营销各级的决策与控制能力。第三种，服务提供模式。为某一特定行业提供整个交易过程的全方位服务，从接受需求，到匹配服务提供方，再到交易物流、付款以及交易评价等。"①

但不可否认的是，平台企业在再中介化的过程中，逐步形成了新的行业垄断。其中，最值得关注的是大数据造成的壁垒。平

---

① 孙开庆．电子商务环境下的非中介化和再中介化［J］．云南财贸学院学报，2006（01）：50－53．

台经济的实现依赖于大数据对供求的及时匹配，构建平台的企业一般需要在初期大量投入以获得初始数据，一旦业务顺利展开，大量的交易就会源源不断地产生海量数据。伴随参与主体数量的增多、主体间联系的广泛，单位数据处理成本将迅速下降，数据质量也将快速提升，从而为数据的商业化和垄断带来可能。这种趋势决定了平台经济经营者能利用大数据产生的规模效应与网络效应，占据有利的数据优势，成为行业的垄断者。

3. 平台的主要角色

从劳动关系的角度来看，就用人单位而言，平台去中介化的过程是“去用人单位”的过程。共享平台是社会资本关系的凝结，创造了机会均等的空间，将对立的劳资关系转变为劳资融合的共生性服务关系，双向互动的服务关系替代了单向管理关系。①劳动者以灵活就业者的身份加入共享平台，可以同时加入多个平台。而共享平台往往能够跳过企业，将劳动者的劳务直接提供给终端客户，也让用人单位失去了参与的必要性。因此，在平台上从事经营和工作的，往往是以个体或家庭成员组成的小商家和自雇人员，直接面对消费者提供服务，传统的公司和工厂在平台上逐渐失去主流的地位。

同时，平台在再中介化的过程中，逐步扮演了一些用人单位的角色，包括指挥、管理、付酬等。平台再中介化的趋势已经势不可当，目前已经出现了不少规模庞大的平台，在行业中占据着绝对的优势。例如，一提到网约车，乘客都会联想到“滴滴”平

---

① 杨文华，何翘楚．平台经济业态下去集体化劳动关系的生成及治理［J］．改革与战略，2018，34（1）：39－44.

台；一提到外卖，食客都会联想到“美团”“饿了么”；一提到网上商品交易平台，消费者都会联想到“淘宝”“京东”等。这些平台在挤出出租车公司、餐饮公司、零售公司等中介的过程中，自己也开始扮演上述机构的角色。以网约车平台为例，大型平台已经渐渐不满足于单纯信息匹配的角色，而是逐渐地扩大自己的经营版图，着手开始构建自己的专车体系，对在自己平台上接单的司机进行培训、建章立规、监督服务质量、解决司乘纠纷等。从某种程度上来讲，平台已经开始转变为生产和经营的组织者。在这一点上，平台与用人单位在经营方面的定位和角色是一致的。平台在生产和经营组织的方式上却与传统的方式又不太一样，是通过虚拟环境下的指挥和管理来实现，对劳动者的生产工具和生产场所不进行要求。

从劳动者的角度来讲，平台在去中介化的过程中，劳动者能够绕开中介或用人单位直接为终端消费者提供服务。劳动者在平台去中介化的过程中直接对接终端客户，利润率可以因省去了中间环节而获得提升，但也渐渐失去了对用人单位的归属，而后者也是提供劳动保护的责任主体。劳动者需要对自己提供的服务向消费者承担责任，在提供劳务的过程中负责自身的人身和财产安全。也就是说，劳动者在通过平台提供劳动和服务的过程中，虽然能够获得相对较高的利益，但是要独自承担用人单位缺位所带来的劳动权益保障责任。

劳动者在平台再中介化的过程中，受到了平台和客户的双重制约和管理。虽然用人单位作为中介在平台经济当中被挤出了交易环节，但平台本身在再中介化过程中，加强了对劳动者的监督和管理。平台从过去的信息匹配角色转化为交易秩序的维护者，甚至成为服务的提供者。劳动者从单纯的通过平台找到客户并按照客户要求提供服务的角色，转变为在平台的指导、指令和规范下接受平台安排的客户，并提供相应的服务。劳动者在实际提供劳务的过程中要接受平台和消费者双重的检验和要求，这与劳动者在生产和服务过程中要接受用人单位和消费者的指挥和管理并没有太大的差别。主要的差别在于形式，用人单位对劳动者的管理和指挥来源于劳动关系的存在，也正是从属性的要求。而平台与劳动者并不一定存在劳动关系，所谓的从属性主要集中在经济方面。但因为平台的相对垄断地位，实际上的从属性未必比正规就业关系要弱，平台劳动者也不得不接受平台的监督和指挥。

（二）工作的灵活化

平台经济的发展冲击了传统的劳动关系形态，形成了“顾客+平台+个人”的新型雇佣关系。[①] 基于互联网平台得以将劳动力供给侧与需求侧有效联结，劳务提供者在盘活闲置资源的同时也发挥了劳动力的价值。平台经济的用工模式颠覆了传统用工方式，共享平台不要求劳务提供者在固定场所、固定时间工作，而是允许他们自行控制工作时空，平台只对其工作效率及工作产出作适当约束。[②] 现代远程通信工具在人工智能和工业 4.0 等的

---

① 袁文全，徐新鹏．共享经济视阈下隐蔽雇佣关系的法律规制［J］．政法论坛，2018，36（1）：119－130．

② 刘皓琰，李明．网络生产力下经济模式的劳动关系变化探析［J］．经济学家，2017（12）：33－41．

共同作用下，带来了一场生产方式的革命。企业规模逐渐缩小和分散，平台网络逐渐扩大，由此衍生和发展出了大量灵活就业形态，比如非全日制用工、临时雇佣、派遣劳动、外包劳动、委托劳动、远程劳动、兼职劳动、自雇型劳动、家庭劳动、轮班劳动、零时劳动等。总体而言，社会化小生产的灵活性主要体现在工作场所、工作形式和工作时间三个方面：

1. 工作场所的灵活性

互联网在我国社会经济中的广泛应用，创造了虚拟工作环境和进行远程工作的可能，劳动从而脱离了工作场所的限制。在此背景下，很多高科技企业普遍采用松散型的管理方式，给予员工在工作地点安排上更大的灵活性和自主性。灵活的工作时间和灵活的工作地点安排已经成为我国新型用工的重要特征之一。

在新兴的高新企业当中，技术员工对工作地点的选择有很大的自主权。企业只要求员工能够完成交代的任务，而不论具体是在哪里开展工作。员工有权利自主选择工作场所，既可以是办公室，也可以是家庭，还可以在外地，往往仅需要电脑和网络之类的基本办公条件。比较典型的是国内阿里巴巴、百度、中国移动通信研究院、用友软件等知名公司均开展云移动办公的部署，实现足不出户便可以处理各种工作。[①] 在部分生产加工型企业当中，科技的支持也存在远程办公的可能性，例如，自动化设备远程操控和维修装置的运用，让工程师无论在哪里都能够参与到工作当中。[②]

---

① 汪岳．移动云办公的应用和研究［J］．信息系统工程，2017（04）：82－83．

② 李文浩．工业互联网在有色金属加工远程技术服务中的实践［J］．有色金属加工，2018，47（06）：9－11．

在平台经济当中，有很多行业是对工作地点的灵活性具有客观需求的。以外卖行业为例，美团外卖平台在全国范围内就有多达270万名外卖骑手。[①] 他们的任务本身就是递送食品和物品，因为工作要求无法固定具体的工作地点，只有一个相对宽泛的区域范围作为服务区域。同样的情况在快递行业也广泛存在，快递员也是没有固定工作地点，而是承包一定范围的区域开展工作。

与互联网企业技术人员能够自由选择工作地点的灵活性不太一样，外卖、快递等劳动密集型的平台企业，员工的工作地点灵活性是有一定限制的，是根据平台的指派来确定工作地点，也就是由平台决定劳动者的下一个工作地点。以某外卖平台为例，它的接单规则是："订单是系统自动派的，依据是骑手的实时位置以及他已有的订单量；骑手若有需要，可设置'暂不接单'的状态，理由如吃饭、上厕所、电瓶车没电了、要休息等，但是在线状态不能拒绝接单。"也就是说，该平台的外卖骑手是不能选择性接单的，也不能选择将要到达的区域和位置，除非关掉相关的应用。当然，也有部分平台劳动者对工作地点有一定的选择权利，如网约车司机，现在不少流行的网约车软件都为网约车司机设置了手动接单的选项，司机可以根据自己喜好和需求决定是否接单，还可以提前设置一些偏好，这样可以通过系统自动筛选出一些订单，从而满足自己的要求。不过，网约车司机一旦接单就不得改变订单要求的路线和到达地点，也就是说工作地点因为其接单行为而固定下来了。

---

① 见美团：《2018外卖骑手就业报告》，https://baijiahao.baidu.com/s?id=1622914078933900119&wfr=spider&for=pc，最后访问时间：2020年3月19日。

2. 工作形式的灵活性

在平台经济与工业 4.0 的共同作用下，形成了以分散的劳务提供为主的工作模式，劳动者基于委托、外包契约在用户企业的指示下提供服务，使生产变得弹性化。劳动者处于不被雇用、也不雇用他人的存在形态。例如，劳动者从互联网平台上领取任务，签订外包契约，并且受到平台一定的管理，完成外包任务后线上反馈或通过现代物流体系反馈。平台将原本由指定代理（通常是雇员）的工作任务，外包给非特定的大众网络群体。在工业生产领域中，智能机器人的使用让机器人代替人工劳动完成传统的“机械化生产”的部分，用人单位对劳动者的管理控制转化为用人单位通过劳动者对机器人进行管理控制以及协调合作，而劳动者往往通过电讯技术和设备在传统办公地点之外进行远程工作。

总的来说，在社会化小生产的模式下，工作的方式与传统的机械化大生产出现了本质性的区别。一方面，科技进步使人类从传统劳动形态中解放出来，每个人都需要积累多种专门知识，就业能力的提升是长期雇佣的保证，人才将与资本一样，甚至取代资本成为核心生产要素；另一方面，由于灵活用工的发展，打破了画地为牢的职业界限，就业者能够跨越不同的组织实现持续就业，并通过为不同的组织服务来获得更多收入，以及享有更具价值的对时间自由支配和利用的“时间主权”。人们不再满足于“专一职业”这种生活方式，开始通过多重职业来体验更丰富和多元化的生活，正如马特·里德利在《理性乐观派》中所言，“也许我们很快就进入后资本主义、后公司的世界了，个人可以自由地临时聚到一起分享、协作和创新，互联网会帮助人们在世界各地寻找雇主、雇员、消费者和委托人。”① 这种多重身份的从业形态突破了单一雇主的界限，兼职、多职以及在受雇和自雇之间的身份转换可能会成为一种常态。

3. 工作时间的灵活性

在社会化小生产当中，劳动者的工作时间更为灵活。科技的发展为很多行业的劳动者随时投入工作当中创造了客观条件。劳动者无需像在工业化大生产时期，必须按照规定时间到达指定地点开展劳动，否则就会给整齐划一的流水线工作带来影响。劳动者可以在工作场所之外，按照用人单位要求的步调，通过远程办公的方式完成分配的任务，不必与其他人同劳动、同休息。另外，个性化服务和生产也让工作时间灵活性成为某些行业的必要。平台经济提供的大多是服务，需要全天候满足顾客的需求，就要求劳动者以更为灵活的时间来提供服务。

在平台用工当中存在劳动者对灵活工时安排掌握主动权的情形。平台公司里的技术人员，可以根据自身情况和工作需要，合理地安排工作时间，只要在规定时限内将工作完成便可。在很多大型互联网企业当中，此类时间安排是一个比较普遍的现象。但是，随着现代即时通信工具的广泛应用，各种工作群不断建立，碎片化的工作指令可能会随时下达到劳动者，因此，工作时间与非工作时间的界限也越来越模糊，工作时间往往难以明辨。

当然，在平台企业中，劳动者的工作时间也存在“被灵活”

---

① 马特·里德利，闾佳．理性乐观派［J］．中国投资，2012（2）：115.

的可能性。部分职业当中劳动者没有决定工作时间的主动权，往往是根据工作任务需求来确定自己的工作时间，而非自主确定工作时间。还以外卖行业为例，一旦作为专职骑手，必须处于时刻待命的状态，工作时间是由订单的数量和时间来决定的，而骑手自己是没有权限决定的，除非需要临时休息、吃饭和处理其他事情。

不过，在平台用工中，也有一部分劳动者对工作时间有一部分主动权。在平台上以非全职身份工作的劳动者对自己工作时间是有一定的决定权利的。以网约车司机为例，其中有一部分快车或顺风车的司机属于非全日制劳动形式，他们通常可以根据自己的需要决定是否进入接单状态，在完成订单之后可以决定是否继续接单，从而掌控自己的工作时间。

（三）劳动的原子化

劳动者在从事平台劳动过程中，往往以个体为组织单位开展工作。具体表现有三个方面，第一，劳动者横向上无须与其他工友合作完成工作。以外卖平台为例，劳动者在接受平台的指令之后，直接前往商家取货，并独自驾驶交通工具送至指定地点，在工作过程无须组成团队配合完成。同样的情况在服务为主的平台经济比较普遍，类似的情况还可以在网约车平台见到。随着工业自动化的提高以及 3D 打印技术的普及，劳动者也可独自完成产品的生产设计和编程，然后交由机器进行自动生产，而一般无需组成团队来协作生产。

第二，劳动者纵向上直接面向终端客户提供服务，很少对接上下游工友。再以外卖平台为例，外卖骑手一端对接的是饭店，另一端对接的是终端客户，而不是在生产线上与上下游员工配合开展生产活动。劳动者提供的服务也是个性化的服务，除了配合客户的要求之外，无需和其他同事展开协作，或者是按照其他同事的步调和要求开展工作。

第三，劳动者能够独立决定某些生产要素的使用。平台劳动者拥有自己的生产工具，如交通工具、配送器材和通信设备，在工作的过程中可独自决定这些工具的使用。平台劳动者还可以个性化地设置自己工作的起始时间，并独立地在工作时间内完成任务。这样的原子化的工作方式充分地体现了“小”生产的精髓。自动化程度比较高的工业领域，这样的“小”生产更是随处可见，在特斯拉的超级汽车工厂中，一个人可以管理整个车间的生产。在无人商店当中，甚至不需要员工的参与就可以完成整个交易流程，这些都是“小”生产的模板。

但从宏观上来看，劳动者的劳动仍然是社会化生产的一部分，而且完成的是一个严密复杂的社会分工。现代社会化小生产是通过大数据的运算和互联网的大范围协调，调动资源从而完成社会化的分工。从微观来看，劳动者看似盲目的接单行为，从表面上看只是完成了一个细微且具体的工作，但从整体上来看是实现了社会大协作的一个环节，完成了社会化大分工的一部分。而现代的技术和通信能力是实现这些协作行为的幕后协调工具和分配工具。

（四）关系的松散化

平台和劳动者之间的关系也从形式到内容上都慢慢走出了劳

动关系的传统模式。首先，雇佣模式上，平台除了传统的、直接的与劳动者建立劳动关系之外，还存在多种用工模式。其次，用工内容上，劳动者的自主性和平台的管理性这一对看似此消彼长的元素，却都在不同程度地提高，从属关系出现了新的特征。

1. 从属关系形式上的变化

科技的进步，让社会化小生产的用工模式不再是以用人单位直接建立劳动关系为主，而是衍生出了多种灵活用工的形式。继续以平台用工为例，某网约车平台上就有至少三类司机，专车司机、快车司机、出租车司机和顺风车司机（暂停）。专车司机以平台自有全职司机为主，或与专业驾驶员服务公司进行合作，司机有福利保障，需要经过层层严格筛选、审核培训，统一着装，全程标准化商务礼仪服务，每日在线时间、单数等均有严格限制。快车司机可以携带私家车加入网约车平台，与平台没有直接的劳动关系，但需要按照平台的规范参与接单和服务过程。出租车司机加入网约平台通过网约方式接单，但劳动关系仍存在于出租车公司和司机之间。而外卖骑手也分为专送、众包两种主要形式。以某外卖平台为例，专送是平台公司内部员工操作，有严格的管理和规定的上下班时间，薪资结算方式是月结，专送一般都是系统派单，系统会根据各个骑手的位置来分配订单；而众包是个人注册的，时间上是自由的，众包的薪资可以随时提现，需要骑手自己去抢单，还要自行规划路线。

除此之外，平台企业在各地对各类直接管理的人员采取的用工方式也是各不相同的。平台用工大体上可以分为全日制和非全日制。其中，非全日制“是指以小时计酬为主，劳动者在同一用人单位一般平均每日工作时间不超过四小时，每周工作时间累计不超过二十四小时的用工形式”。[①] 而全日制是与非全日制相对应的一个概念，也就是说日工时和周工时超过上述标准的都属于全日制。就其本质而言，非全日制属于灵活就业的一个主要形式，参与网约车服务的快车、顺风车司机、外卖平台的众包骑手当中有不少是以非全日制形式开展的。

平台用工按照劳动者与平台的关系来分，存在直接用工和间接用工两种类型。直接用工是指平台与劳动者直接建立劳动关系，无论是签订固定期限劳动合同还是签订无固定期限劳动合同，也无论是全日制或非全日制劳动用工，由平台直接指挥和管理，发放劳动报酬等。而间接用工是指平台没有与劳动者直接建立劳动关系，但有一定的监督管理的权限，在部分情况下也向劳动者直接支付劳动报酬，但劳动关系往往是由第三方与劳动者建立，或劳动者以自雇的形式参与劳动。其中间接用工包括外包、众包、劳务派遣、自雇和零时工等多种形式。

外包就是企业根据自身的需要将运营工作中的某一项或是所有项外包出去，由专业的组织或机构进行运作，以减少人力投入、减少企业投资、降低成本，实现效率最大化。企业使用外包服务，可以解决企业由于自身团队或资源配置不足等相关事项带来的难题。另外，企业将部分业务外包给相对专业、流程更加完善的外包机构，可以享受人才、推广宣传、采购、出租转让等批量服务带来的便利，也节省了人力、时间和金钱成本。

---

① 见《劳动合同法》第68条。

众包指的是公司把过去由员工执行的工作任务，以自由自愿的形式外包给非特定大众的做法。众包的任务通常是由个人来承担，但如果涉及需要多人协作完成的任务，也有可能以自愿组成的生产单位来实现。以某网约车平台为例，用户通过呼叫中心或APP向平台提交需求，平台将需求导入数百家上游租车公司，在一分钟内回复是否可以接单，平台根据公司评级和服务满意度，选择某个租车公司完成上述订单，并获得分成，而平台本身不拥有车辆，也不雇用司机。

劳务派遣是指由劳务派遣机构与派遣劳工订立劳动合同，把劳动者派向其他用工单位，再由其用工单位向派遣机构支付一笔服务费用的一种用工形式。劳动力给付的事实发生于派遣劳动者与用工单位之间，用工单位向劳务派遣机构支付服务费，劳务派遣机构向劳动者支付劳动报酬。派遣工当中有技术型的专业人士，但更多的是从事体力劳动的劳动者，如保洁员、保安员、营业员、服务员等。

“零时工”也称零时合同工，它是指针对所有的按小时结算薪酬的员工。零时工合同允许用人单位只在需要用人时才支付工资，劳动者工作多长时间就拿多少报酬。零时工的一个重要的特点是劳动者在等待工作的期间，用人单位是无须支付任何报酬的。在英国和很多欧洲国家都存在零时工的现象，我国平台用工中很大一部分也属于零时工的模式，劳动者按接单数量收取劳动报酬、等单期间没有报酬。

2. 从属关系内容上的变化

在平台用工的过程中，劳动者与平台之间从属关系的内容出现了有趣的变化。一方面劳动者的自主性在增强，另一方面平台的管理性也在增强。这两个方面在正规就业当中本是此消彼长的关系，但在平台用工中却是对立统一的现象，也给劳动关系的内容注入了新的含义。

（1）劳动者自主性增强

在平台经济中，劳动者的自主性得到了明显的提高，主要表现在三个方面：第一，劳动者可以通过一家或多家平台提供服务，在平台之间的流动性比较强。这一点在之前的介绍中已经有所涉及，在此不再赘述。劳动者进入和退出平台方式比较简便，往往完成一定网上注册或注销程序便可以办理入职和辞职手续，所以劳动者在平台之间的切换也比较频繁，自主流动比较常见。

第二，劳动者与客户之间的关系趋于平等。在平台经济模式下，互联网平台实质上是一个利益关系汇聚的交互场所，它可以使劳动者突破企业界限而直接与外部的需求方形成多重的供需利益关系，进而形成一个宽泛的利益关系网络。多重供需利益关系网络的出现，打破了传统的“单一企业对应单一员工”的劳动关系模式，劳动者的利益获取渠道趋于多元化，其利益诉求对象并不再指向单一的企业、平台和客户，这会在一定程度上提升劳动者的地位，降低传统劳动关系模式中人力资本所有者对物质资本所有者的从属依赖关系，使两者的关系趋于平等。

第三，劳动者与平台、企业或客户之间签订的往往是服务合同而不是劳动合同。劳动者接受业务委托，报酬依计件工资支付，终端用户只关注劳动成果，对劳动时间、劳动场所、劳动方式的束缚较弱，也不再侧重于指挥监督的全程管理，而是效率优先，能力至上。

社会化小生产催生出了多样的新型劳动形态，但总的趋势是传统支配性、从属性劳动向自主劳动、网络劳动、创新劳动方向演进，专业化、个性化劳动将有较快发展。“平台 + 个人”的用工模式同时具有劳务关系和劳动关系的特征，根据现有的劳动关系认定法无法明确判定其用工性质，而以从属性视角来看，也未必构成劳动关系。①

（2）平台的管理性增强

平台成立之初扮演着一个中介的角色，虽然经历了“去中介化”和“再中介化”两个阶段，但平台并不满足于单纯的中介功能，而是强化了自身的监管功能，甚至代替消费者全面介入劳动过程的管理。如前文所述，互联网在去中介化的过程中，孕育出了一系列的平台企业，而平台企业逐步又开始扮演起了中介的角色，成为联系供需双方的纽带。不过，很多平台在完成初步的用户积累之后，逐步开始担当起了监管者的角色。例如，某网约车平台针对司机审核比较严谨，在招募的过程中和开启工作前都必须需要“三证”验真，并且结合人像验证，从而保证司机与注册人员信息准确无误，而且针对疲劳驾驶、路线偏移、异常停留等都有提醒和考核。针对已经注册的司机，平台的系统还会通过数据精准分析作出对司机的管控，同时设定了明确的惩罚规则体系和完善的管理体系。另外，根据国内某外卖平台的管理制度，对外卖骑手从着装、取餐规范、送餐规范以及面对客户的礼

---

① 李梦琴，谭建伟，吴雄．共享经济模式下的共享型用工关系研究进展与启示[J]．中国人力资源开发，2018，35（8）：105－115．

貌用语和投诉回复等，都有详细的要求。而且，平台通过后台的大数据能够充分地掌握外卖骑手的所在位置、行进路线和送餐时间等实时数据，员工虽未在面前，平台却能对工作过程中所有情况完全掌握。

另外，平台也开始逐步建立起自己的服务体系和队伍，不再单纯地扮演一个信息桥梁的角色。网约车平台已经组建了自己的专车体系，直接购买车辆、招募司机提供网络预约出租汽车经营服务。外卖平台也搭建了自己的专送队伍，招募专送骑手全职开展递送服务。很多购物平台除允许他人继续在平台经营之外，也建立起了自己的线上、线下直营商店。

但从用工制度的设计方面看，平台往往没有直接与劳动者建立劳动关系，而是选择通过第三方机构与劳动者签订劳动合同。据初步了解，网约车平台的专车司机队伍是通过另行成立或购买的汽车租赁公司进行雇佣。外卖平台的专送员也大多通过第三方的劳务派遣公司进行招募和聘用。专车司机和专送骑手虽然不是平台的正式员工，但为平台提供服务，而且享受正规就业者的所有待遇，包括休息、休假、五险一金等。

三、劳动法遇到的挑战

传统劳动法在社会化小生产到来之际遇到了全面的挑战。劳动条件基准、劳动关系运行机制、社会保险机制、劳动争议处理机制和劳动行政管理机制作为劳动法的五大支柱，在社会化小生产面前，或者失去了劳动关系从属性的抓手、无法覆盖；或者形式上过于僵化而缺乏灵活性，互不相容。劳动法一方面在灵活就业者劳动保护问题上手足无措，另一方面难以挽回正规就业大量流失、保护弱化之颓势。

（一）劳动条件基准的失准问题

工资基准、工时基准和劳动安全与卫生基准是社会化大生产当中构成劳动条件保护的支柱，但在社会化小生产当中，却无一例外地遭遇到挑战。劳动法对工资、工时和劳动安全方面的要求，因为社会化小生产就业的新特点，都不同程度地存在着无处安放或无法得到落实的困境。

1. 工资基准

最低工资制度在传统的社会化大生产中面临来自政策和实践两方面的挑战。在最低工资政策方面，问题有二。其一，最低工资标准得不到合理的提升。有研究对全国35个城市的最低工资标准进行比较发现：中国最低工资标准有了一定的提高，但是仍然偏低，尽管东部地区最低工资的绝对值高，但与当地平均工资的比值相比却较低，长期徘徊在30%左右。[①] 最低工资的涨幅跟不上人均GDP增长的步伐，劳动者的福祉没有在最低工资中得到较好的体现，劳动者没有充分享受到经济发展的成果。其二，最低工资标准中的"剔除项"规定也比较模糊和不统一。以北京和深圳为例，北京2019年的最低工资标准为2200元，而同期深圳也是2200元，虽然表面上不存在差距，但深圳的最低工资标准中不剔除劳动者个人应缴纳的各项社会保险费，而北京的最低工资标准

---

① 韩兆洲，魏章进．我国最低工资标准实证研究［J］．统计研究，2006（1）：35-38.

需要扣除个人应缴纳的社会保险费。各地最低工资标准口径的不一致，尤其是剔除项不清晰，不仅会导致劳动力市场价格信号的扭曲，也会带来实际落实最低工资制度的偏差。①

实际操作层面，在传统就业中违反最低工资标准的情况比较突出。企业克减最低工资的手段多样，主要表现为：第一，很多企业将最低工资视为基本工资，以此来压低员工工资收入水平，同时诱导工人加班，以加班的方式来提高月工资标准。这使得外来工工时长和经常性超时加班的情况更为严重和复杂，乃至出现工人要求加班的现象。② 一些用人单位通过事先约定的方式将加班工资包含在平时工资中，但剔除加班费后所剩余工资低于最低工资标准的案例比比皆是。而司法实践当中，对此类违法问题的重视不足。③ 第二，计件定额过高导致职工收入达不到最低工资标准。有些企业借口实行计件工资制，无法确定小时工资，故一律以当地最低工资作为员工基本工资，以此来尽量减少企业工资成本支出。④ 另外，劳动定额和计件单价具有多变性，用人单位

① 喻术红，黑婷婷．中国最低工资制度存在的问题及其完善［J］．社会法评论，2007，2（00）：41－58.

② 刘林平，万向东．制度短缺与劳工短缺［M］．北京：社会科学文献出版社，2007：187.

③ 例如，杨某某与珠海某混凝土有限公司劳动合同纠纷一案［珠海市金湾区人民法院民事判决书（2013）珠金法民一初字第65号］中，用人单位针对杨某某补发加班工资的诉求，辩称实行底薪加计件工资制的工资构成，计件工资包含加班工资，由于该核算方式较灵活，而法院也主要以是否存在未足额支付的情节以及劳动者是否能初步证明加班事实来进行判决，但没有考虑到如果扣除加班工资，余下的工资是否达到最低工资标准。

④ 甘满堂，赵丹．当前最低工资标准在执行过程中出现的问题及建议［J］．重庆工商大学学报（社会科学版），2016，33（05）：43－48.

常常无法举证证明劳动定额和计件单价，劳动定额和计件单价不明确的情形十分多见，法院和仲裁机构也很难查清，因此实务中也存在当劳动定额与计件单价不明确时，直接将劳动者的收入总额与当地最低工资标准比较，只要不低于最低工资标准，就倾向于认定其所得工资中已包含加班工资，如周某某与诸暨某环境科技有限公司劳动争议案①。

在社会化小生产当中，工资标准方面的问题往往更为隐蔽和严重。再以方兴未艾的外卖平台为例，它们虽然在劳动保护方面颇受质疑，不过劳动报酬却是很多平台企业眼中的“亮点”而非“问题”。根据国内某递送平台的《2018 年外卖骑手群体洞察报告》显示，外卖骑手月收入主要集中在 4000 元至 8000 元，高于 2017 年全国城镇私营单位就业人员月均薪资水平（3813.4 元/月）。不少骑手月收入远超原籍省份的月平均工资，河南籍骑手的月均收入比 2017 年河南省城镇私营单位就业人员月均工资高出 24%。同年，国内另一知名外卖平台发布了《2018 年外卖骑手群体研究报告》，也提到了其自营骑手的收入较为可观，收入多在 6000 元至 8000 元。而且，底薪加提成的电子化支付的模式也鲜见拖欠工资的情况，劳动法似乎无从置喙，也无须多虑。

然而，如果将劳动报酬与实际工作时间相对照的话，相关的顾虑就并非杞人忧天了。以北京为例，北京市人社局 2018 年公布非全日制最低工资标准为 24 元/小时。然而，如果考虑到每个骑手的工作时间，北京的外卖骑手普遍日工作 10 个小时以上，

① 见诸暨市人民法院民事判决书（2012）绍诸民初字第 2976 号。

每月休息通常不超过4天，也就是说月累计工时在260小时以上，月收入在6000元至8000元。如果取收入中间值7000元进行核算，骑手们的小时工资为27元，略高于最低工资。也就是说，所谓的“高收入”，实乃“高工时”堆砌出来的结果。其中，如果参照劳动法对加班工资的规定，现有的小时实际收入存在低于最低工资的可能性。在正规就业中，用人单位还需额外支付50%至200%之间的加班工资，且不属于最低工资对照标准之列，那么外卖骑手通过超时工作获得的收入实际上就很有可能击穿了最低工资标准线。

如若将社保费考虑进去的话，不仅外卖骑手实质性工资更令人担忧，而且劳动风险与生活风险也缺少保护。在正规就业中，仅用人单位需要支付的社保费用可占工资的30%，但这部分并不显示在劳动者的工资单当中。现实当中，鲜有平台为从业人员缴纳全额社保的，故而平台省去了用人单位需承担的部分社保缴费。如果将平台从业人员的劳动报酬收入进行社保扣除，那么相关劳动报酬将更有可能低于最低工资标准。同时，劳动者如果出现失业、疾病和退休的情况便会失去收入来源，导致生活困难。

另外，拖欠工资是传统劳动关系中的一个痼疾。每年都有大量拖欠工资的案例，截至2020年1月1日，2019年各级人民法院处理的追索劳动报酬的案件数量为32223件，居于所有劳动争议案由之首，占比16.4%。拖欠农民工工资问题尤为严重，早在2004年的国家政府工作报告就明确要在三年内基本解决建设领域拖欠工程款和拖欠农民工工资问题，到了2010年，国务院办公厅再次发出《关于切实解决企业拖欠农民工工资问题的紧急通知》，强调着力解决农民工欠薪问题。《国务院办公厅关于全面治理拖欠农民工工资问题的意见》提出全面治理拖欠农民工工资问题，并明确“到2020年，形成制度完备、责任落实、监管有力的治理格局，使拖欠农民工工资问题得到根本遏制，努力实现基本无拖欠”。2019年12月30日，国务院出台了《保障农民工工资支付条例》，进一步将欠薪方面的政策上升为法律，从另一个侧面反映了治理拖欠工资问题的难度，政府治理工资问题的历程。①

对于拖欠工资的问题，除了加大法律治理的力度之外，特殊的救济途径也为劳动者追讨欠薪提供了便利。拖欠工资问题已经成为劳动监察和劳动仲裁的主要职能之一和打击的重点。其中，2018年，全国各级劳动保障监察机构通过加大劳动保障监察执法力度，为168.9万名劳动者追发工资等待遇160.4亿元。② 劳动仲裁也提供了小额申请“一裁终局”、支付令等特殊制度，从而解决劳动报酬的清欠问题。

但是灵活就业者却往往无法享受劳动法关于报酬的保护，从而为拖欠工资问题的大爆发埋下了隐患。再以平台用工为例，平台与外卖骑手的关系存在多种形式，既有构成劳动关系的，也有普通合作关系和服务关系等。对于前者产生的劳动报酬可以享受工资的特殊债权待遇，不仅能够享受优先受偿，也可以通过相对

---

① 李海明．拖欠农民工工资问题中的全面治理［J］．中国工人，2016（06）：15－19.

② 见人力资源与社会保障部：《2018年度人力资源和社会保障事业发展统计公报》，http：//www.mohrss.gov.cn/SYrlzyhshbzb/zwgk/szrs/tjgb/201906/W020190611539807339450.pdf，最后访问时间：2020年3月20日。

便捷的劳动争议处理程序解决。而后者产生的劳动报酬只能作为一般债权，走普通民事争议解决程序寻求救济，这对外卖骑手而言是不利的。蓬勃发展的平台经济，虽然尚未出现大规模欠薪的问题，但隐患依旧存在，而且随时都有爆发的可能。首先，受到经济周期、技术进步、市场竞争的多重影响，平台企业寿命周期普遍缩短，大量新企业诞生的同时，也伴随着大量旧企业的落幕，很容易造成大面积拖欠工资的情形。其次，平台企业的垄断性比较强、规模比较大，一旦出现资金周转的问题，出现重整或破产的情况，给劳动者劳动报酬带来的影响也是十分广泛和深远的，而破产法也无法对灵活就业劳动报酬提供特殊债权保护。

2. 工时基准

生产的弹性化给工作时间基准带来了巨大挑战。为了保障生产线上劳动者的健康权，我国设定了工时制度和加班限制。但社会化小生产模式下，劳动者往往独自控制工作时间，难以整齐划一地设定标准工时。而且，劳动者如果建立了多重劳动关系，更难以准确核算他们在每一份工作上的劳动时间和总的劳动时间，工时制度便有被架空的可能。① 因此，在社会化小生产到来的当今，出现了两种比较典型的挑战。第一，超时加班的现象比较严重；第二，加班费得不到有效支付。

（1）标准工作时间得不到落实

伴随着互联网企业的野蛮生长，新经济领域无论是何种用工形式都成为超时加班的重灾区。2016 年 10 月，互联网公司 58 同

---

① 程浩．我国特殊工时制度存在的问题及完善对策［J］．浙江师范大学学报（社会科学版），2010，35（166）：115－120.

城被曝实行内部的全员“996”工作制度，工作时间从早9点到晚9点，一周上6天班，没有补贴或者加班费，不允许请假。在“996”工作制之下，员工每日工作时间达11小时，每周工作时间达66小时，显然与我国劳动法之规定相违背。2019年1月，杭州有赞科技公司被曝宣布将实行“996”工作制。[①] 同样的现象基本出现在所有的知名高科技公司当中。而且，通过灵活用工形式聘用的劳动者也存在同样严重的加班现象。2016年，滴滴发布了该年度加班公司的排行榜，京东平均下班的时间为23：16，独居榜首，其他的国内比较大的互联网公司也都榜上有名。[②] 另外，加班现象不仅存在于工作日，也出现在休息休假期间。马蜂窝旅行网发布的《中国上班族旅行方式研究报告2017》显示，我国劳动者在旅行休假中处理工作事务的数量比例高达88%。[③]

而且，“996”工作制不仅存在于互联网企业，其他类型的用人单位也无法免俗。智联招聘发布的《2019年白领996工作制专题调研报告》显示，在被调查的各行业的白领当中，从不加班的仅占18.05%，加班10小时以上的超过20%，而且超7成白领加班没有加班补贴。令人意外的是，在所有类型的企业之中，国有企业实行“996/995”工作制的比例最高，达到19.02%，且有

① 见新华网：《“996”工作制逼员工自愿加班？劳动监察部门介入调查》，http：//www.xinhuanet.com/legal/2019－02/01/c_1124072375.htm，最后访问时间：2020年3月20日。

② 见搜狐网：《2016年度加班最“狠”公司排行榜IT篇公布》，https：//www.sohu.com/a/120900474_305497，最后访问时间：2020年3月20日。

③ 见人民网：《中国上班族旅行方式研究报告：超八成人旅行时会工作》，http：//travel.people.com.cn/n1/2017/0911/c41570－29527982.html，最后访问时间：2020年3月20日。

13.83%的机关事业单位也实施此工作制。而且蓝领工人的过度加班的问题也同样严重。[①]

过度加班带来的直接后果就是身体健康受损的“过劳”问题。2010 年广为人知的“富士康员工自杀事件”使得企业过量加班的社会问题受到社会的广泛关注，虽然已经过去十年有余，但问题依旧十分严重。2016 年《中国人健康大数据》显示，在工作群体当中，有将近三成被调查的人有过劳死危险，亚健康比例高达76%，真正意义上的健康人不足 3%。[②] 而且，长时间工作也会增加劳动者的疲劳度，增加了工伤发生的概率。深圳龙岗区总工会于 2016 年发布的工伤住院职工基本情况调查报告显示，在被调查的受伤住院职工中，大部分表示精神不集中、过度疲劳是他们受伤的主因。[③] 超长的加班时间和高强度的劳动，让员工过劳猝死的案例也屡见不鲜。

（2）加班费得不到落实

“996”工作制引发了加班费的争议。据调查，绝大多数实行“996”工作制的公司都没有“加班费”，或没有详细的计酬办法。这就代表着员工每天工作 10 小时乃至 12 小时，如果其工资不变，其时薪就会随着工作时间的延长而减少。根据 BOSS 直聘平台上

---

① 见智联招聘：《2019 年白领 996 工作制专题调研报告》，http://shcci.eastday.com/eastday/shcci/c/20190419/u1ai12435739.html，最后访问时间：2020 年 3 月 20 日。

② 石建忠．过度劳动理论与实践——国外经验、中国现状和研究展望［J］．人口与经济，2019（02）：105－118.

③ 见中工网：《报告显示：超长加班过度疲劳是工伤事故重要原因》，http://right.workercn.cn/896/201608/02/160802071829512.shtml，最后访问时间：2020 年 3 月 21 日。

的数据，北京、上海、深圳、广州、杭州等多个城市的互联网行业员工，其平均薪资都过万元。假如某月薪1.5万元的员工，按照22天工作制上班，日薪为681元，按照8小时工作制，其时薪是85元；然而按照12小时工作制，其时薪为56元。如果每周工作6天，每月工作26天，其日薪就是576元，“996”工作制下，其时薪就是48元，比正点下班的员工的85元的时薪减少了近一半。①

海淀区人民法院曾对互联网企业的劳动争议案件进行研究，发现劳动法的工时方面的规定在适用时至少遇到三个方面的问题。第一，原有“加班”概念仅以工作时长作为加班与否的判断标准，“996工作制”“弹性工作制”等用工模式对“加班”的审查与认定提出挑战。在实践过程中劳动者和用人单位对于工作时间的认定标准存在差异，这在一定程度上给法律裁量者带来了很大的难题。② 第二，网络技术的应用拓展了用人单位“雇主支配权”的时空界限，劳动者对加班事实举证难度增大。通过即时通信、远程视频等技术手段，用人单位几乎可以要求劳动者随时保持提供劳动的状态。这种情况下，法律规定的劳动者对于加班事实所承担的举证责任越发难以完成。第三，新的计酬方式，如“包薪制”约定加班费是否有效，在司法实践中莫衷一是。“包薪

① 见北京青年报：《老板要求“996”，你该怎么办?》，http：//www. xinhuanet. com/2019－04/15/c_ 1124365619. htm，最后访问时间：2020年3月21日。

② 以张某某与淄博某矿业有限公司劳动争议二审民事判决书为例，案件的主要焦点是加班证据的举证责任，证据的真实性和可采信度。依据法律规定，劳动者主张加班工资的，应当就加班事实的存在承担举证责任。在该案件中，张某某虽然举出了不少证据，但仍然无法满足法定的要求而败诉。[山东省淄博市中级人民法院民事判决书（2019）鲁03民终3173号]

制”指用人单位支付的工资中包含所有的劳动报酬，无须额外支付加班工资。该种薪资制度可大幅减轻人力资源管理成本，但这一约定是否有效，审判实践中存在不同观点。①

特殊工时制度中蕴藏的加班费问题更为严重。根据我国法律规定，工时制度除了标准工时制度以外，还有综合计算工时制和不定时工时制，后者属于特殊工时制。特殊工时制往往针对灵活就业的劳动者。特殊工时制度相对于普通工时制度，时间上更为自由，也无须打卡上下班。但实际情况是，特殊工时制度下的劳动者的工作时间更加难以统计，故而也很难厘定加班时间，让劳动者无法申请加班费。劳动者虽然没有考勤和工时上的要求，却要经常加班到深夜，双休日和休息日也不能休息，甚至还拿不到加班工资。②

综上，在社会化小生产到来的当下，工时制度面临的挑战也是巨大的。一方面，用人单位没有按照标准为劳动者安排工作时间，超时加班现象严重；另一方面，劳动者在加班之后存在无法获取加班费的难题。其原因与社会化小生产有着密切的联系，第一，新的生产模式需要灵活化的工作形式，标准工作时间逐渐不能反映社会生产的现实，这一点在服务业体现得最为明显，顾客

① 一种观点认为，用人单位具有主体强势地位，该做法侵害了劳动者的休息权，应支持劳动者要求双休日加班工资的诉求。另一种观点认为，法律法规中并未明确禁止双方约定的工资中包含加班工资，因此基于意思自治原则，不应支持劳动者要求双休日加班工资的诉求。还有观点认为，应有条件地尊重双方的意思自治，即在用人单位已支付的加班工资并未低于法定标准的情况下，不再支持劳动者要求双休日加班工资的诉求。海淀区人民法院课题组，张弓．涉互联网行业劳动争议现状分析及对策建议——基于海淀区涉互联网企业劳动争议情况的调研分析［J］．法律适用，2019（8）：94－107.

② 张淳艺．特殊工时制不能成为侵害劳动者权益的挡箭牌［N］．检察日报，2019－11－20（005）.

主导型的行业往往无法严格按照自己的步调开展劳动。第二，新的工作模式让工作时间和非工作时间的界限逐渐模糊，特别是远程办公、电邮办公等情况，只要有智能设备，随时可以开展工作。第三，新的计酬方式让加班费不仅失去了计算的基数，而且丧失了在工资总额中的区分度，尤其是在计件制和包薪制下这类问题尤为突出。

3. 劳动安全与卫生基准

在灵活用工关系当中，雇佣方对劳动安全保护直接担责存在伦理和法律上的障碍。在社会化小生产下，劳动者不是在雇佣方提供的场地中，也没有在其控制和监督下从事工作。因此，雇佣方难以对劳动者的工作条件进行防控，对劳动者在工作过程中出现的伤害，既没有主观的故意，也无法进行预判和预防。传统的生产方式下，用人单位对生产场所、生产工具和生产过程有着直接的掌控，有能力、有责任加以防护。即便认定灵活就业者与雇佣方之间存在劳动关系，让平台为劳动者承担安全保障之责，也无法解决雇佣方无力确保劳动者工作安全性的客观现实。

从理论上讲，灵活就业者在工作中受到伤害之后，即便是不存在劳动关系而无法按照工伤理赔，也可以向雇佣方或侵权人提出侵权赔偿请求。但灵活就业者要求雇佣方或其他侵权方承担侵权责任，需要符合我国侵权责任相关法律规定的基本归责原则，即“过错责任原则”。[①] 虽然侵权责任有过错责任、过错推定责任

① 见《民法典》第1165条：“行为人因过错侵害他人民事权益造成损害的，应当承担侵权责任。依照法律规定推定行为人有过错，其不能证明自己没有过错的，应当承担侵权责任。”

和无过错责任三种形式，但“个人之间形成劳务关系……提供劳务一方因劳务受到损害的，根据双方各自的过错承担相应的责任”。[①]灵活就业者的人身伤害如果在没有劳动关系存在的前提下，只能按照过错责任来归责。在大多数情况下，劳动者受伤，雇佣方没有过错或是无法证明雇佣方存在过错的，也将难以获得赔偿。

不少平台企业虽为灵活就业者购买商业保险，但也未必能够满足劳动者工伤费用的需要。首先，商业保险是营利性的，费用高昂。以交通意外险举例，我国排名靠前的保险机构每年的收费少则数百元、多则上万元，而根据现行的工伤保险费率标准，运输行业属于第五类工伤风险，费率仅为该行业用人单位职工工资总额的1.1%，缴纳的费用远少于购买商业保险的费用。其次，从保险资金的安全性角度看，有国家作为后盾的工伤保险，比私营性质的商业保险要更有保障。再次，从理赔的角度来说，工伤保险待遇的支付根据伤情的大小在支付费用方面有连续性，能够很好地保障重伤人员的后续生活问题。而商业保险在理赔时就会面临诸多门槛，保险公司会设置一定的免赔额和赔付上限，从而节约成本。实践中确实存在用人单位给劳动者缴纳商业保险，并以此为由免除缴纳工伤保险义务的，但事实上并不能实现风险完全替代和覆盖。

最后，也是最重要的，灵活就业者参与工伤保险至少存在三重障碍。工伤保险能否覆盖没有劳动关系或劳动关系特征不明显的灵活就业呢？严格来讲，平台经济下的灵活就业者很多与平台

---

① 见《民法典》侵权责任编第1192条。

之间不存在传统意义上的劳动关系，所以不符合工伤保险的假定条件，享受不到工伤保险的保障。仍以网约车为例，平台除了专车之外并没有提供主要生产资料——小型客车，劳动报酬是乘客付的车费，平台只是抽取一部分。表面上看，司机和平台并没有什么从属关系，平台也没有给司机发工资，与其说二者是劳动关系，不如说二者更像“中介”关系，平台为司机提供客源，为乘客提供车源，然后从中获利。因此，很多人认为平台算不上是劳动者的用人单位，也无须为劳动者缴纳工伤保险。

灵活就业人员工作形式的变化，让建构工伤保护的要素发生了变化，难以确定责任的归属。传统的界定工伤的客观标准通常采取的是“三工”要件，即我国《工伤保险条例》第14条第1项，要求导致伤害的事故是在工作时间、工作地点和因工作原因发生的方可认定为工伤。考虑到实践中可能出现的种种特殊情形，为了使法律更加具有精确性，法律也作出了许多扩张性的规定，不要求“三工”条件全满足。[①] 但是即便如此，对于灵活就业人员，“三工”的界定都出现了不确定性。以工作地点为例，从事电传工作的劳动者的工作地点往往是在家里或自己选择的地

---

① 例如，根据我国《工伤保险条例》第14条第2项，工作时间前后在工作场所内，从事与工作有关的预备性或者收尾性工作受到事故伤害的，应当认定为工伤。这种情形，就是对工作时间进行了扩张性解释；该条第3项至第6项则是对工作原因作出了扩张性的规定，增加了职业病、上下班途中等情形，最后还设置了学界所谓的“兜底条款”，给予法院以自由裁量的空间。除此之外，法律甚至设置了更大的扩张，例如《工伤保险条例》第15条中规定的三种视同工伤的情形，更是将工伤的认定变得更加人性化，甚至在社会公德角度对传统的工伤认定理念进行了升华，从这一点可以看出，我国法律对劳动者的保护无论是从法理上看还是从道义上看，甚至从社会公益角度来看，都是比较清晰完善的。

方，工作时间也由其自主决定，至于是否是工作原因导致的事故就更难有客观证据证明了。[①] 故而，如果法律一味固守传统的判定原则，会导致认定条件难以成就，会让“雇主”进一步获得免责，也会让劳动者失去保障的支点。如果法律放宽认定条件，也难免出现工伤认定泛化之嫌，从而让“雇主”进一步提高灵活性。

现行工伤保险征缴方式让灵活就业人员和相关用人单位面临一些困难。工伤保险由国家强制向用人单位征收，由用人单位按照本单位职工工资总额，根据社保经办机构确定的费率缴纳。另外，现行《社会保险法》第 58 条规定，“用人单位应当自用工之日起三十日内为其职工向社会保险经办机构申请办理社会保险登记”，经核定后，在规定的期限内缴纳工伤保险费。这一规定极易造成灵活就业者无法主动申报工伤保险的困境，即工伤保险的账户仅以用人单位为主体，而灵活就业者要么没有形式意义上的用人单位，要么在一个月内可能频繁流动，其所享有的自主申报途径在此无法实现。而且工伤保险费的征缴仰赖用人单位的参保登记和保险费数额申报，在灵活就业情形下可能导致无法申报或申报不及时的情况，进而影响工伤待遇的享受。当灵活就业者同时存在多个用人单位时，部分雇主欠缴工伤保险费的情况将很难

① 举几种可能的情况，第一种情况，交通事故发生时，车内只有司机，司机可能是开车去办自己的事，也可能是在去接客的途中，也可能是漫无目的在街上寻觅潜在的客户，这种情况下，即使是对工伤认定进行了扩张的法律，也无法准确判断到底属于何种可能的情境，因此也就无法准确判断其是否为工伤。第二种情况，交通事故发生时，车内有乘客，如果乘客和司机之间是服务关系，司机可能是在工作，但也可能是因私接人，就不属于用工关系。就会出现上文所述的成立条件过于严苛，难以认定工伤，或者成立条件过于宽松，工伤认定泛化的情况。

被察觉，也就存在为没有缴纳工伤保险的雇主工作的时候发生工伤事故无法享受保障的难题。

灵活就业者享受更大的自由性及从属性的弱化，已让资方义务全面减轻，此时再失去工伤保险待遇让灵活就业者更为脆弱。在实践中，我国部分地方已经出台政策进行试点，比如山东省潍坊市和江苏省南通市，鼓励灵活就业人员参加工伤保险，但是同样出现了很多问题。举例而言，我国工伤保险制度中，工伤保险待遇有一次性伤残补助金和按月发放的伤残津贴。灵活就业人员没有用人单位，如果是五到十级伤残，按照法律规定原本应当由用人单位支付的伤残津贴，给付主体出现了部分缺位，如果完全从工伤保险基金中发放，就会出现收支不均的现象；如果不发放这部分津贴，就会出现待遇上的空缺。这些问题在地方试点当中已经出现，但尚未得到有效的解决。

灵活就业人员在劳动安全与工伤制度上遇到的最大挑战，其实就是法律上的空白。我国还没有专门为这一群体打造配套的劳动安全保障和补偿机制。如果墨守成规，一味地使用传统的法律制度来解决劳动安全和工伤保险中存在的问题，在实践中就会出现无法可依的现象。法律也要与时俱进，调整不合时宜的法律，这样才能确保灵活就业者的劳动安全。

（二）劳动关系运行机制的僵化问题

劳动关系运行机制按照本书设定，将重点考察个体劳动合同和集体劳动合同。这两类机制在社会化大生产当中对劳动关系调整起着举足轻重的作用。但个体劳动合同和集体劳动合同机制是紧贴正规就业这一稳定模型而构建，具有高度的正式性，在社会化小生产的灵活用工面前显得十分僵化，难以应对千变万化的工作场景。

1. 个体劳动合同

个体劳动合同机制经过长期的锤炼，已经形成了一套比较完善的体系。就我国《劳动合同法》所规定的主要方面而言，它包括形式上的要求、必备条款的设定、选择条款的限制、解雇保护的规定以及公平就业（反歧视）的思想等，不可谓不全面。但这几个方面的规定在社会化小生产当中遇到了前所未有的挑战，对于灵活就业者的保护要么南辕北辙，要么形同虚设。

（1）劳动合同形式要求面临的挑战

《劳动合同法》对劳动合同进行书面化的要求，出发点是为了保护劳动者的权益，但依托的背景是社会化大生产，与社会化小生产的现实存在比较大的差异。在传统的社会化大生产模式下，就业多以全日制的正规就业为主，劳动关系相对稳定，以此拓印出来的书面劳动合同也能够反映出真实的劳动内容。而在灵活就业当中，劳动关系不稳定、劳动内容多变，上一刻确定的书面劳动合同，在下一秒就未必能够真实地反映劳动内容了。另外，劳动合同的书面化在传统工厂为组织形式的社会化大生产的环境下，往往被理解为劳动合同的纸面化，双方需要将已经达成的合意在纸面上确定下来。

a. 劳动合同的滞后性

从理论上讲，劳动合同与劳动内容之间应当是始终保持一致的。通常而言，劳动合同是劳动关系双方当事人就劳动内容在权利义务分配上作出的约定，并通过一定方式（书面或口头）固定下来的文件。也就是说，劳动合同应是劳动内容的镜子，能够真实反映出劳动权利义务关系。当劳动内容发生变化时，根据《劳动合同法》对劳动合同的变更作出的义务性规定，双方当事人应当进行协商，达成一致后变更劳动合同。

在传统工业化生产模式下，劳动的内容和方式都比较稳定、变化不大，劳动合同一经签订，往往能持续与一成不变的劳动内容保持一致。以福特式的机器大生产为例，工厂生产线的每个岗位都是高度程式化的，从而最大限度地提升劳动者的熟练度和效率。每个岗位的工作职责一旦确定，就会被永久地固定下来，劳动合同能够长期反映工作内容，并得到双方严格遵守。

但随着生产形式的多样化、机动化，尤其是社会化小生产下灵活用工模式的到来，劳动合同与劳动内容很难持续地保持一致了。继续以平台用工为例，平台劳动者在与平台签约的时候，往往无法提前确定劳动合同的具体内容，甚至无法确定劳动报酬等关键条款，即便是笼统地在劳动合同中约定，也未必能够反映劳动合同的实时情况。正如学者指出的那样："劳动合同是通过双方当事人在实践中不断产生的新合意来履行，静态的书面劳动合同只能证明劳动关系的存在，并不能反映劳动关系的动态过程，不宜夸大。"① 法律对劳动合同书面形式的义务性要求，用人单位往往难以做到。事实上，"劳动契约当事人之间的合意不一定须具备特定形式，要约与承诺的表示方式，无论为明示或默示，仅需

---

① 许建宇. "用工"法律问题初探［J］. 北方法学，2009，3（03）：102－110.

在客观上有足以认定其有要约或承诺之意思表示即可”。①

实践当中，劳动合同滞后导致的劳动争议层出不穷。没有签订书面劳动合同问题依然严重。经过对裁判文书网的检索，2019 年全国范围内当事人提出追索未签劳动合同两倍工资的案件多达 19329 件。另外，没有按照要求变更劳动合同也是很多劳动争议的焦点。在劳动合同争议当中，涉及“变更劳动合同”的案件多达 56979 件。

b. 劳动合同的纸面化

目前实践中已经出现了电子劳动合同，或者一些证明书面劳动合同存在的电子证据，但是在法学界以及诉讼中，这类电子合同和电子证据却遭遇了层层阻碍。首先，学界对电子劳动合同是否能够直接作为劳动争议的证据使用还是存在争议的。有学者以《合同法》和《电子签名法》为依据认为电子劳动合同属于书面劳动合同。② 主要理由是《合同法》第 11 条规定：“书面形式是指合同书、信件和数据电文（包括电报、电传、传真、电子数据交换和电子邮件）等可以有形地表现所载内容的形式。”数据电文是明确作为合同内容载体的。另外，《电子签名法》第 14 条规定：“可靠的电子签名与手写签名或者盖章具有同等的法律效

---

① 徐志强．劳动法律关系的“实体化”控制——以“用工”为研究基点［J］．河南财经政法大学学报，2013，28（05）：181－192.

② 参见：侯进令，陈秀．劳动合同“书面形式”的规定探析［J］．长江论坛，2018（153）：64－68；高富平，俞迪飞．电子记录等同于纸面证据的解决方案——兼论《电子签名法》的局限性［J］．法学，2004（11）：87－96；马强．合同法新问题判解研究［M］．北京：人民法院出版社，2005：25；施杨，朱瑞．如何把握《合同法》第 11 条与《劳动合同法》：应当签订书面劳动合同的关系与适用［J］．法律适用，2010（294）：90－93；王景龙，邢晓辰，晓翠．“无纸劳动合同”是否属于“书面劳动合同”［J］．职业，2013（08）：55；夏群佩，江学才．商榷：电子邮件能否视同书面劳动合同［J］．中国劳动，2015（10）：65.

力。”因此，电子劳动合同应属于书面劳动合同，并且法律也赋予电子签名与手写签名或盖章同等的效力。

同时也有不少学者对电子劳动合同持有怀疑态度。① 首先，《合同法》调整的是平等主体之间订立的合同，但是《劳动法》中订立劳动合同的主体并不平等，因此，在《劳动法》没有对书面劳动合同的内涵作出明确规定之前，不能直接适用《合同法》的规定。另外，虽然《电子签名法》赋予可靠的电子签名与手写签名或盖章同等的效力，但是该法第 3 条规定，电子签名以及数据电文形式不适用于涉及婚姻、收养、继承等人身关系的文书。劳动关系具有人身关系的特征，因此应该属于被禁止使用数据电文形式文书的情况。而且，所谓的可靠电子签名的生效门槛比较高，普通的电子劳动合同的邮件确认方式往往达不到可靠电子签名标准，无法确立起法定效力。② 电子劳动合同在审判实务中也遇到很大的挑战。在涉及电子合同的争议当中，一方当事人如果对电子合同提出质疑，法院大多选择回归对纸面合同进行强调，而没有选择从技术——可靠电子签名——角度来考察电子劳动合

---

① 参见：朱忠虎．电子邮件能否视同书面劳动合同［J］．中国劳动，2014（12）：57；冯祥武．论凸显劳动合同人身性特征的法律实益——兼论对劳动者人身权的保护［J］．甘肃政法学院学报，2012（02）：60－67；侯玲玲．劳动合同的特殊性研究［J］．法学，2006（01）：105－112；刘诚．企业转制中的劳动法律问题与法律适用分析［J］．中国劳动，2004（08）：10－13；黄越钦．劳动法新论［M］．北京：中国政法大学出版社，2003：86.

② 《电子签名法》第 13 条规定：电子签名同时符合下列条件的，视为可靠的电子签名：（一）电子签名制作数据用于电子签名时，属于电子签名人专有；（二）签署时电子签名制作数据仅由电子签名人控制；（三）签署后对电子签名的任何改动能够被发现；（四）签署后对数据电文内容和形式的任何改动能够被发现。当事人也可以选择使用符合其约定的可靠条件的电子签名。

同的效力问题。①

（2）劳动合同必备条款面临的挑战

在传统就业和灵活就业的劳动合同当中，都存在必备条款的问题。在传统用工中，因缺失劳动合同必备条款引发争议的案件中，除了用人单位信息、劳动者信息、工作内容和劳动报酬这4个条款之外，其他必备条款的缺失现象都很严重，而且有的劳动合同中缺少的不止一个必备条款。② 例如，河北某冶金建设有限公司与于某某劳动争议一案，经再审法院河北省高级人民法院查明，双方订立的合同存在没有试用期限、不约定工资发放时间、没有劳动者身份证号码、没有工作时间和休息休假条款、没有约定被申请人解除合同的权利、双方权利义务不对等、不按劳动法的规定缴纳相关保险等众多瑕疵。③ 一份合同中竟缺失了将近一

---

① 例如，郭某某与常州某卫生用品有限公司劳动合同纠纷一案［（2018）苏04民终848号］，郭某某请求常州某公司支付未签订书面劳动合同的二倍工资差额，因郭某某的劳动合同失窃已遗失，故一审庭审时，公司向法庭提交了存档的公司与郭某某电子劳动合同及照片光盘，郭某某签订的劳动合同电脑照片打印件1份。但是郭某某不认可该证据的真实性。一审法院因此不认可该证据的真实性。公司在上诉时称一审法院仅以郭某某不认可电子合同打印件及合同的提法，就认为公司没有签订劳动合同，完全视电子合同为不存在。二审法院认为，根据相关规定，当事人向人民法院提供证据，应当提供原件或原物。因郭某某对照片打印件的真实性不予认可，且公司无法提交劳动合同原件以供核对，又无其他证据可以印证，故一审法院对该证据未予采信并无不当，公司应承担举证不能的不利后果。

② 根据一份调查，在65份裁判文书中，劳动合同中用人单位信息条款缺失的案件有3件，劳动者信息条款缺失的案件有6件，劳动合同期限条款缺失的案件有60件，工作内容条款缺失的案件有36件，工作地点条款缺失的案件有57件，工作时间条款缺失的案件有62件，休息休假条款缺失的案件有63件，劳动报酬条款缺失的案件有37件，社会保险条款缺失的案件有63件，劳动保护、劳动条件和职业危害防护条款缺失的案件有63件。见刘圣华．欠缺必备条款劳动合同实证研究［D］．西南政法大学，2018.

③ 见（2013）石民再终字第00208号民事判决书。

半的必备条款。由此可见，实践中劳动合同必备条款缺失的现象十分严重。

某些必备条款的规则内容给灵活用工也带来了挑战。因为所谓的灵活就业就是劳动者的工作内容、工作地点和工作时间都不是固定的，具有灵活性和弹性。比如说家政服务劳务派遣，由派遣公司给劳动者安排工作，工作内容可能是照顾小孩，也可能是做保洁；工作时间可能是上午也可能是下午；工作地点更是多变，可能一天要去好几个家庭工作。面对如此情况，双方在订立劳动合同时，难以就必备条款完全提前达成共识，用人单位也无法履行设定必备条款的法定义务。但如果完全放弃必备条款的要求，或者允许对必备条款作模糊处理，将会让劳动合同制度偏离设计的初衷，无法成为定分止争的关键证据。

因此，现实操作当中，企业会选择通过规章制度的形式或直接给劳动者发通知的方式对必备条款进行具体化。究其本质而言，用人单位的规章制度和书面通知，是其单方面的决定，缺乏形成合意的过程，劳动者的选择只能是被动接受或断然拒绝两个选项，不论哪一种选择都是代价，可能会进一步地降低劳动者地位和劳动条件。

（3）劳动合同选择条款面临的挑战

劳动合同选择性条款，在新经济下适用更为广泛。社会化小生产主要是靠科技带动起来的，其中涉及不少新技术和新方法的应用。在新的业态当中，既有对劳动者强化培训、提升技能投入而涉及的服务期问题，也有为了保守商业秘密而对竞业限制的要求。相比传统行业，新经济的技术更为复杂、敏感，用人单位对劳动合同选择性条款的需求更为强烈。

但劳动合同选择条款制度在社会化小生产当中遇到的挑战也颇为巨大。如第三章所述，为了防止竞业限制条款的滥用，法律对竞业限制的对象、范围、期限和违约金都作出了规定。但是随意扩大范围、过度限制劳动者权利的竞业限制协议案例仍然是屡见不鲜，严重地侵犯了劳动者的权益。[①] 竞业限制协议通常是由用人单位提供的格式条款，对灵活就业人员往往更为不利。不少用人单位披着合法外衣克扣竞业限制经济补偿金，或者将竞业限制条款作为合同中的格式条款来无限放大竞业限制条款的适用范围。灵活就业劳动者在与用人单位签订劳动合同时，由于是短期就业，对用人单位提供的格式条款的把关或审查能力不足而匆匆签就。这会使得很多不属于法定的竞业限制范围的对象也受该条款不合理的限制，一旦离职就不能从事该行业，对其生活造成严重影响。

（4）劳动合同解雇保护面临的挑战

解雇保护制度是劳动合同法规的关键组成部分。《劳动合同法》针对用人单位解雇权，作出了诸多限制，包含用人单位需要提供通知期、凭借正当事由、履行正当程序、支付合理补偿等条

---

① 2012 年江西省的一个劳动仲裁案，曾引起了轩然大波。银行一普通职员于 2012 年 2 月离职，去了另一家金融机构，2012 年 8 月，这家银行向省劳动人事争议仲裁委员会申请仲裁，向该职员索赔 247 万余元竞业限制违约金。工人日报也对此事发表文章指出，该职员明显属于一般工作人员，并不属于银行高级管理人员，单位让其签订银行普适性的竞业限制条款扩大了签订竞业限制条款的人员范围。而且，违约金约定还存在数额畸高的问题，最后劳动仲裁委员会裁定该职员向银行支付违约金 74 万余元。李贤．警惕“竞业限制”被滥用［N］．工人日报，2013-01-22（007）．

件的限制，遇到特定情况还需延缓实施。这些都是从保护劳动者角度出发，给用人单位施加的义务性和禁止性限制，前文已经有所介绍，在此就不再赘述。但需要强调的是，解雇保护的限制机制是基于传统的正规就业而设立的。

但解雇保护制度，近年来即便是在传统就业领域，也引来了比较大的争论和挑战。仅以解雇保护当中的正当理由为例，董保华教授在 2016 年 12 月中国劳动法网举办的“新业态下劳动关系的挑战与应对”研讨会上作了“从大数据角度看‘不能胜任’诉讼与绩效考核之间的冲突与协调”主题发言，其中谈到通过案例检索和数据分析，以不胜任工作为由解雇之诉讼的案例，在北京市用人单位胜诉率只有 0. 55%，在上海市同类案例用人单位胜诉率只有 6%。[①] 从而说明，解雇保护的有关规定已经十分僵化，即便是对正规就业而言也缺乏操作性。

解雇保护制度在灵活就业上遇到的挑战更大，能发挥的作用更为有限，原因有二。首先，法律已将某些形式的灵活就业明确地排除在解雇保护之外。例如，非全日制用工无须签订书面劳动合同，解除无须提前通知，也不需要理由，而且没有经济补偿金。其次，用人单位也存在忽视或无视灵活就业的解雇保护问题的情形。不少用人单位曲解“灵活就业”“非正规就业”，认为灵活就业者是“招之即来，挥之即去”，借机肆意侵害劳动者权益。因此，在裁判文书网上基本找不到灵活就业者解除劳动合同的争议。

---

① 见中伦文德律师事务所：《避开不胜任工作解除之礁》，https：//www. sohu. com/a/162954997_ 672137，最后访问时间：2020 年 4 月 8 日。

（5）就业歧视制度面临的挑战

严格来讲，反歧视制度并非只存在于劳动合同制度当中，而是贯穿就业、工作的始终。在签订劳动合同之前、之后都存在反歧视问题，这也属于《就业促进法》的管辖范围。本书选择以劳动合同制度的运行状况来讨论就业歧视带来的挑战，是希望以点带面地聚焦新经济当中的就业歧视现象，难免有挂一漏万的可能，无法做到面面俱到。

就业歧视就是指在就业时遭受了不平等的待遇，无论是何种形式的用工，都存在各种各样的歧视，根据中国政法大学宪政研究所在国内十大城市进行的问卷调查，有 85.5% 的人认为其当前就业领域存在歧视，其中认为“非常严重”和“比较严重”的占 50.8%。[①] 对歧视的感知有如此高的比率，说明我国各行各业中存在的歧视是相当严重的。

从事灵活就业劳动者中有一部分是弱势群体，受到歧视的现象更为普遍。举例而言，城乡二元结构下形成的农民工，城市里面的下岗失业人员，其年龄主要为男性五十岁以上、女性四十岁以上，即“4050”人员，在就业市场常常处于劣势。而这些人往往从事的是灵活就业，让灵活就业成为歧视的重灾区。[②]

2. 集体合同

工会在集体协商中扮演着关键的角色。无论是集体合同的订立、区域性集体合同的订立，还是对用人单位进行追责、申请仲

---

① 范正伟．“反就业歧视是一种奢侈吗”［N］．《人民日报》，2007－6－14（9）．

② 孙辉．都市里的边缘人：新“4050”人员生活状况的调查——以沈阳北厂为个案［J］．理论观察，2012（02）：51－53．

裁或者提起诉讼，代表劳动者一方的主体都是工会。由此可见，在集体合同中，工会具有极高的地位。所谓的集体协商实质上就是工会和用人单位就劳动报酬等事项进行的商谈活动。

但灵活就业者如何参加工会一直是一个比较大的挑战。原因是灵活就业人员工作形式过于灵活多样，流动性以及分散性极强，想要组织工会难度极高。对此，很多地方工会正在努力克服这一困难。2017 年，上海市总工会出台《关于推进上海非公有制企业工会改革工作的指导意见》，该指导意见提出，针对非正规就业、非标准劳动关系人群，将推行联合工会、工会联合会等建会方式，最大限度地把广大职工组织到工会中来。2019 年 12 月 23 日，上海市政府和上海市总工会召开政府与工会联席会议，计划在 2020 年组织 20 万名灵活就业人员参加工会并享受福利待遇。沈阳和重庆也都陆续制定政策，扩大工会的覆盖面，让更多灵活就业人员加入工会中。从各地近年来竞相采取措施这一点来看，灵活用工参加工会的问题依旧“在解决的路上”。

另外，从实际的角度来看，灵活就业者即便能够加入工会，但因为其分散性、原子化的特征，也难以统一各自利益需求，进行有效的协商。经过搜索资料，尚未发现平台与灵活就业者集体协商的案例或者新闻报道。灵活就业人员仅仅在加入工会这一项上取得了突破，但是在与平台进行有效集体协商方面暂时没有突破的迹象。而关于灵活就业人员的集体协商问题，最关键的就是如何协商。

虽然在线交流逐步融入每个人的生活当中，但在里面达成的“合意”，是否具有合同效力，尚未得到法律的完全认可。随着诸如 QQ、微信等社交媒体软件逐步发展成熟，越来越多的单位建立了工作群，不用面对面，在群里也可以发通知或者交流协商工作。有时候，用人单位的管理层可能会与劳动者就劳动报酬、工作时间、休息休假、劳动安全卫生、保险福利等事项进行交谈，进而在线上达成集体共识。但线上达成的协议是否属于法律中规定的集体合同仍然是个问题。现行的法律对集体合同生效的要求十分严格，需要劳动者与用人单位先平等协商出一个草案，草案要提交职工代表大会或者全体职工讨论后才能变为集体合同，然后这个合同还要报送劳动行政部门，无异议后方能生效。而法律规定的集体合同成立并生效的要件对于“线上协商”要求过高，线上达成的共识也难以具有集体合同的效力。另外，电子协议如果成为合同，还需要具有法律上的确定性。① 在日常生活中，用人单位的管理层可能会在工作群答应劳动者一些条件，比如提高工作报酬或者增加福利待遇等。但是类比前文所述的电子劳动合同的证据效力问题，确立电子集体合同的效力也是任重道远。

---

① 举例而言，在北京某技术有限公司劳动争议案中［（2016）京01民终920号］，该公司通过微信群发布了一个《考勤管理补充规定》，并根据该规定以旷工严重为由，开除员工杨某。但是杨某称自己不在工作群中，也没有人向其送达该规定，因此该规定对其不产生法律效力。法院认为，公司表示该《考勤管理补充规定》系通过公司微信群向员工送达，庭审中，该公司表示公司共有员工89人，而公司向法院公证的CFSW微信群聊人数共计78人，显然该群聊中并未纳入公司每一位员工，且公司提供的微信群公证书中也无法显示在2014年9月3日之时，杨某是否在此微信群聊系统中，故法院无法确认杨某本人是否在该微信群中，是否在该制度公布时可及时知悉上述规章制度。法院还认为，虽然微信为时下流行的人与人沟通的软件系统，也不排除有些用人单位通过此种便捷、快速的方式以群发形式向员工发送通知、制度，但用人单位以微信方式向员工发送涉及员工自身重大利益的规章制度，其前提条件为用人单位应先向员工告知公司将以此种方式进行制度公布。从法院的审判意见来看，用人单位在微信群中发布章程等文件要发生效力需要具备几个前提。首先这种发布章程的方式要经过全体职工同意，其次要确保每一位职工都在工作群中，最后要确保每位职工都阅读同意并明确表示收到，满足这三个条件，才能对全体职工发生效力。

（三）社会保险机制的失衡问题

社会保险制度覆盖面正在逐步扩大，努力让灵活就业者进入社会保险体系当中，使其在遇到职业风险的时候能够享受到相应的保护。但仍旧存在不少问题：首先是灵活就业者在法律身份上的模糊性，让他们在部分社保制度选择上遭遇“玻璃门”，反而游离于制度之外。其次是社保缴费制度之间存在落差，让用人单位缴费有可乘之机，而劳动者却缴费负担更重。再次是部分社保项目无法兼容灵活就业的实际需求。最后是商业保险对灵活就业者无法形成有效辅助和支撑。

1. 身份模糊与障碍

由于历史原因，灵活就业者缺乏稳定的社会保障。大量的灵活就业者游离于现行社会保险制度之外，造成了当前灵活就业人员的社会保险质量不高这样一个社会现实。据统计，我国社保的参保率还是非常高的，截至2019年年底，基本养老、失业、工伤保险参保人数分别达到9.67亿人、2.05亿人、2.55亿人。① 但灵活就业人员参保人数并不是很多，而且还面临着两个方面的障碍。

一方面，以灵活就业人员身份参与社会保险或申请社会保险补贴，需要通过冗长的程序确认其灵活就业身份。灵活就业人员一般是以非全日制、临时性和弹性工作等灵活形式就业的人员。②

---

① 见中国青年网：《我国基本养老保险参保人数达9.67亿人》，http：//www. xinhuanet. com//fortune/2020－01/14/c_ 1125462225. htm，最后访问时间：2020年3月21日。

② 灵活就业人员是指以非全日制、临时性和弹性工作等灵活形式就业的人员，包括在各级档案寄存机构寄存档案的与用人单位解除或终止劳动关系的失业人员、辞职人员、自谋职业人员，档案寄存期间劳动人事部门批准退休人员，已办理就业失业登记的未就业人员，从事个体劳动的人员，没有雇工的个体经济组织及其失业人员。

我国法律规定，灵活就业劳动者可以加入基本养老和基本医疗保险。为此，国家针对灵活就业的特点，为灵活就业者推出了不同的社保优惠政策。但为了防止这类优惠政策被滥用，需要申请者证明自己的灵活就业状态。根据流程，申请社会保险补贴的灵活就业人员本人要持证明灵活就业状态的相关凭证到户籍所在地街道（乡镇）劳动保障服务中心进行灵活就业认定，填写《灵活就业情况登记表》，经街道（乡镇）劳动保障服务中心认定后予以就业登记，并在《就业失业证》中记录从事灵活就业有关情况。灵活就业人员只有在完成上述程序性要件后方能享受相应的社保补贴。然而，要求灵活就业者前往户籍所在地申领相关身份证明，对于农民工和流动性比较大的灵活就业者往往是非常不便的，极大地打消了他们自主缴纳社保的热情。

同时，社保本身的制度设计让灵活就业者在享受相关待遇时面临着难以逾越的门槛。以养老保险制度为例，给劳动者设置了缴费满 15 年才能享受相关待遇的门槛。一部分灵活就业者由于工作缺乏稳定性，而难以核算或者难以达到累计缴费满 15 年的标准。而另一部分灵活就业者，却在年轻的时候积累了一部分收入，待退休前 15 年才开始参保，导致了灵活就业人员参保年龄偏大，增加了赡养系数。①

另一方面，在司法实践中，灵活就业者即便与用人单位之间存在劳动关系，用人单位依旧对劳动关系加以否定，拒绝为灵活就业者缴纳社会保险的例子屡见不鲜。在社会保险的规则设计当

---

① 刘赛特．城镇灵活就业人员养老保险制度研究［J］．劳动保障世界，2017(11)：17－18.

中，用人单位是缴费的主要义务主体，例如养老和医疗保险是用人单位与劳动者共同缴费，而失业、生育和工伤保险完全是由用人单位承担费用。如果存在劳动关系的用人单位拒绝缴纳社会保险，那么劳动者便失去了进入社保体系的可能性。2013 年，河南省曾出现过这样一个案例，南阳某饭店拒绝给一名已工作 9 年左右的维修工办理缴纳社会保险。饭店的理由是该员工是收废品的，没有与之建立劳动关系，也未签订任何劳动合同。① 该案件经历了劳动仲裁和一审、二审法院的处理，虽然司法机关最终支持了劳动者的请求，确认了劳动关系的存在，并裁定用人单位为劳动者补缴社保，但是程序之复杂、时间之漫长都是一般灵活就业者难以承受的。

2. 制度落差与负担

对于正规就业而言，社保缴费费率是高还是低一直存在争论。社保缴费率是指雇员和雇主缴纳各项社会保险总额占个人工

① 2004 年 2 月 19 日，南阳市民刘某某进入南阳某饭店工作，工作中双方未签订劳动合同。后刘被调整到南阳某饭店客房部从事客房维修工作。在南阳某饭店工作 9 年期间，刘某某多次要求单位为他依法缴纳医疗保险、养老保险、失业保险，但某饭店一直未给他缴纳社会保险。2012 年 8 月 4 日，南阳某饭店值班经理突然通知刘某某停止工作回家休息，但未下发任何书面文字。刘某某多次找饭店询问缘由，但饭店经理并未说明理由，只说叫他在家待岗休息。为此双方纠纷不断。2013 年 9 月 1 日，刘某某向南阳市卧龙区劳动人事争议仲裁委员会申诉。刘某某从事用人单位安排的有报酬的劳动。诉讼中刘某某提交的房务部名单、胸牌，各部、室增减人员一览表，健康体健报告单等显示刘某某是在南阳某饭店的规章制度下接受管理。刘某某在南阳某饭店单位从事客房维修等工作，属于南阳某饭店业务运转不可缺少的部分。南阳某饭店称，刘某某是收废品人员，由于其经常出入南阳某饭店房务部，房务部经理与刘某某口头约定刘某某为饭店做一些临时木工维修工作。最终，南阳劳动仲裁委员会和两审法院都没有采信用人单位的说法，认为双方存在劳动关系，用人单位需要为刘某某补缴社会保险。见（2015）南民劳终字第 00016 号判决书。

资的比例，我国目前“五险”的缴费比例，企业为32.3%左右，个人为10%左右，合计超过个人工资的40%，社会上存在不少意见认为，正规就业的社保保险费过高，给企业用工增加了很多成本。但中央财经大学褚福灵教授在比较了147个国家社保缴费费率之后认为：即使从名义缴费费率来说，我国社会保险缴费费率也并不是最高的，处于中等偏上的区间。①

灵活就业的社保缴费相对要低一些。首先，灵活就业者不必全员参加社保。灵活就业者参加的社保是基本养老保险和基本医疗保险，两种保险都是捆绑式参加，不能只参加养老保险或者只参加医疗保险，所以对于灵活就业人员来说社保费就是由养老保险费和医疗保险费构成。其次，灵活就业者的社保费缴费基数不必按照其实际收入确定，而是可以在一定范围内自由选择。例如，在浙江省，根据《浙江省人力资源和社会保障厅等3部门关于降低社会保险费率有关问题的通知》精神，个体工商户和灵活就业人员按照上一年度浙江省全口径城镇单位就业人员平均工资的60%至300%之间选择缴费基数。

灵活就业社保缴费水平低可为用人单位节省不少的成本。当用工模式从传统用工转变为灵活用工，用人单位可以节省至少32.3%的社保缴费支出，因为用人单位对灵活就业者没有缴费义务。而且，从财务管理方面，用人单位也省去了前往社保机构登记、注销，以及缴费汇算等方面的会计成本和管理成本。

不过，对于灵活就业者本人而言，如果想享受社保待遇，必

---

① 见华律网：《中国社保缴费是否过高呢》，https://www.66law.cn/laws/179448.aspx，最后访问时间：2020年3月21日。

须自己负担全部的费用，以浙江省为例，虽然灵活就业者可以选择最低标准缴纳，即按当地社会平均工资的60%进行缴纳，但仍没有减少负担。假如一名劳动者的月薪为8000元，如果该劳动者是正规就业，那么其本人一个月需要承担800元左右的“五险”社保缴费，同时用人单位需要承担2584元“五险”社保缴费，劳动者与用人单位合计缴费3384元。如果该劳动者是灵活就业者，且选择最低标准缴纳基本养老保险和基本医疗保险，2018年浙江省社会平均工资是7855元/月，最低一档社保缴费基数是4713元，然后乘以40%缴费率（不含失业、工伤和生育险费率），劳动者需要每个月缴纳1885.2元，而用人单位（或雇佣方）不必承担任何社保费用。相比之下，在同样的8000元工资收入的情况下，灵活就业者需要比正规就业者多缴1085.2元的社保费，但却只能享受“五险”中的“两险”（基本养老保险和基本医疗保险），而后者却能够享受全部“五险”。另外，在同等情况下，用人单位（或雇佣方）却节省了2584元的社保缴费成本。也就不难理解，用人单位从成本核算角度往往倾向于采取灵活用工模式。

3. 社保覆盖的不足

目前，灵活就业者尚无法完全纳入社会保险体系当中。在“五险”的假定条件当中，只有基本养老保险和基本医疗保险不是以劳动关系存在为前提条件的，而失业、工伤和生育保险只面向存在劳动关系的劳动者。也就是说，普通的灵活就业者是无法参加失业、工伤和生育保险的，在发生失业、工伤和生育情形时，也无法享受到相应的保障。前文已经谈及，灵活就业者遭受职业伤害的案例层出不穷，例如外卖平台骑手交通事故问题、网约车平台司机的过劳问题等。另外，灵活就业者正是因为其工作的不稳定性，所以短暂性失业时有发生。灵活就业者本人或者家属也存在因生儿育女而无法工作的时候。事实表明，灵活就业者出现失业、生育、工伤的可能性与正规就业者一样大，但却无法享受相应的待遇。

不过，在现有的制度设计下，即便是灵活就业者能够参加失业、工伤和生育保险，也未必能够获得他们需要的帮助。以工伤保险为例，对于灵活就业者来说，一方面，在医疗待遇方面和基本医疗保险在诊疗项目上存在一定的重合①；另一方面，在用人单位的责任方面却由于用人单位缺位而呈现空白状态，例如用人单位需要提供的停工留薪待遇、五至十级的伤残津贴等，在灵活就业的工伤保险当中无法解决。

4. 商业保险的不匹配

近年来，灵活就业在劳动力市场已经成为常态，工作风险也层出不穷，一些雇佣方开始通过购买商业险来化解部分用工风险。对于灵活就业人员来讲，商业保险应当是社会保险的有益补充。社会保险一般只提供基本的生活保障，其种类包含工伤、医疗、生育、养老、失业方面，覆盖的范围虽然广，但保障水平不是很高。商业保险针对不同的风险，提供不同的保险服务，保险的种类较多，覆盖的风险更为广泛，既提升财产、人寿的保障水平，也弥补了社会保险中未涉及的范围，满足了社会不同成员对

① 仇雨临，冉晓醒．灵活就业人员医保参保之“困”［J］．中国医疗保险，2020（01）：6－8，12.

不同层次保险保障的需求。①

不过，商业保险不应是社会保险的替代品。原因有三：第一，商业保险有着严苛的承保门槛。商业保险并不像社会保险那样带有强制性和普遍性，而是存在一定的承保门槛进行过滤，以控制对保险人产生的风险。以医疗保险为例，在社会保险体系下，劳动者无论身体好坏，也无须体检，都可以参加基本医疗保险。而商业保险机构往往要求被保险人对自身健康进行承诺方能允许投保，有时会安排体检加以验证，被保险人一旦身患疾病则不能再按照标准承保，还有可能面临“拒保”后果。另外，在商业的人身保险当中，法律要求投保人对被保险人存在保险利益方可为其投保。② 根据我国《保险法》第 31 条第 1 款的规定：“投保人对下列人员具有保险利益：（一）本人；（二）配偶、子女、父母；（三）前项以外与投保人有抚养、赡养或者扶养关系的家庭其他成员、近亲属；（四）与投保人有劳动关系的劳动者。”很显然，灵活用工的情况下，雇佣方可能不属于上述任何情形之一。雇佣方只能通过获得被保险人授权的方式拟制出保险利益，而这一方式运用于规模比较大的平台企业存在一定的困难，难以获得平台上所有灵活就业者的统一授权，而且该授权更新速度也会跟不上职工流动的速度，无法保障商业保险覆盖的全面性。因此，有不少企业以雇主责任险的形式进行投保。

---

① 张菊．论商业保险和社会保障的关系［J］．劳动保障世界，2019（29）：30.

② 我国《保险法》第 12 条第 1 款规定：人身保险的投保人在保险合同订立时，对被保险人应当具有保险利益。第 5 款规定：保险利益是指投保人或者被保险人对保险标的具有的法律上承认的利益。

第二，雇主责任险的问题在于保险公司承保的是雇主的风险，如果雇主的产业风险比较高或有变高趋势，保险公司就会以提高费率的方式加以应对，导致单位出事故也不愿寻求保障。据报道，北京某空调安装公司员工，以灵活就业形式担任安装工，在一次安装的过程中摔伤，寻求赔偿。公司已经为其购买了人身意外伤害险，但工伤事故发生后，因涉及索赔程序及后续保费可能上调，所以公司不愿承认是工伤，导致其无法享受商业保险的待遇。[①] 在该案中，雇佣方不承认存在“工伤”的情形，并非逃避保险责任，因为最终的责任将由保险公司来承担。雇佣方主要的顾虑是可能导致自己的保费提高的问题，因为雇佣方是保费的直接缴费义务人，所以会出现隐瞒事故的情况。而在雇佣方出资、灵活就业者直接参保的情形当中，保费变化与雇佣方的成本之间没有直接关系，所以也不会刻意隐瞒事故。

第三，商业保险未必能够完全覆盖劳动者的损失。再以养老保险为例，养老金替代率是衡量养老保障水平高低的重要数据。养老金替代率是指劳动者退休后领取的养老金水平与退休前工资收入水平之间的比率。国际惯例认为：如果养老金替代率大于70%，则可维持退休前的基本生活水平；如果养老金替代率低于50%，退休后生活水平会较退休前有大幅度的下降。国际劳工组织《社会保障最低标准公约》规定，养老金替代率最低应该在55%以上。[②] 现阶

---

① 李丹青．灵活就业人员如何迈进工伤保险之门？［J］．时代风采，2016（11）：16－17.

② 宫春子．关于养老金替代率计算问题的思考与建议［J］．辽东学院学报（社会科学版），2014，16（03）：88－91.

段，我国基本养老保险金替代率保持在60%以上，属于勉强及格的状态。[①] 这其中既有养老金总体水平不高、结构不合理因素的影响，也有养老金替代率计算问题的影响。如果社会保险中的养老金替代率继续维持在一个较低的水平，灵活就业者就会不得不去购买商业保险来作为补充。但我国商业养老保险的给付方式多以一次性支付为主，假如劳动者在退休之后比较长寿，一次性的支付方式无法解决长期保持生活水平的问题。商业性医疗保险也存在类似的问题，劳动者出现意外伤害事故之后，也是一次性补偿，而不是提供持续性供给，不能像工伤保险那样在伤残鉴定之后，按照伤残等级提供持续性的伤残津贴和医疗保障。

（四）劳动争议处理机制的不畅问题

劳动争议处理机制自建立之初便是围绕劳动争议而设置的，而且此处的劳动争议是在社会化大生产语境下定义的。劳动争议并非指所有与劳动有关的争议，而是在劳动关系中的劳动争议，并且劳动关系也是在社会化大生产模式下构建的体系。因此，我国劳动争议处理机制在很多方面并没有做好接纳社会化小生产的准备，主要表现为适用范围过窄、处理程序冗长和处理机制不灵活等，给灵活就业者通过劳动争议处理机制寻求救济造成了障碍。

1. 适用范围过窄

劳动争议处理制度在很多方面并没有向社会化小生产当中的灵活就业开放。劳动争议处理机制经历了长期的发展，已经有一

---

① 吕欢．城镇职工养老金替代率发展水平探析［J］．北方经贸，2019（04）：41－42.

部分可以接纳灵活就业者了，例如劳动调解机制。但包括劳动仲裁和诉讼在内的司法程序向没有劳动关系的灵活就业者开放仍然存在障碍。以劳动争议仲裁为例，受案范围虽然没有完全排除灵活就业人员，但是鲜有灵活就业人员能够进入劳动仲裁当中。非全日制用工是典型的灵活就业，存在的范围也比较广泛，但很少进入劳动争议当中。我国暂时还未公开劳动仲裁受案和仲裁结果情况，但从我国劳动诉讼情况便可管窥一二。在裁判文书网上查询可知，各级法院自 2014 年至 2019 年间共处理了 2051654 件劳动案件，其中涉及非全日制用工的为 34 件，占比 0.0017%，几乎到了可以忽略不计的程度。

劳务派遣也属于灵活用工之一，劳动争议机制为了将其纳入，作出了特别的安排，但也产生了特定的问题。正常情况下，按照《劳动争议调解仲裁法》第 21 条的规定，劳动者可以向用人单位所在地或劳动合同履行地劳动争议仲裁委员会申请仲裁。第 22 条规定，“劳务派遣单位或者用工单位与劳动者发生劳动争议的，劳务派遣单位和用工单位为共同当事人”。然而，在劳动仲裁阶段，劳动者选择了用工单位所在地的仲裁机关提起申请，而且用工单位所在地与劳动合同履行地也不一致时，虽然符合了“原告就被告”的管辖原则，但是否符合劳动仲裁的有关规定仍然存疑。与仲裁安排相对应，《最高人民法院关于审理劳动争议案件适用法律若干问题的解释（二）》第 10 条对诉讼程序也作出了类似的规定：“劳动者因履行劳动力派遣合同产生劳动争议而起诉，以派遣单位为被告；争议内容涉及接受单位的，以派遣单位和接受单位为共同被告。”但如果用工单位（接受单位）在仲裁阶段没有被列为共同当事人，而在诉讼阶段被追加为诉讼当事人的，也会存在用工单位诉权没有得到完整保障的问题。另外，如果用人单位和用工单位在仲裁阶段被列为共同当事人，但两者之中只有一方向人民法院提起诉讼，是否要追加另一方作为共同原告或是第三人参加诉讼的问题也没有清晰的答案。因此，在诉讼实践当中，将用人单位和用工单位列为共同当事人的情况并不多见。为此，笔者进行了抽样调查，从裁判文书网上随机抽取的100个劳务派遣案例中，只有8%的案件当中将用工单位和用人单位都列为共同被告，其余案件都是以用人单位（派遣单位）作为单独的被告。

而外包、众包和自雇等灵活就业形式都不在劳动仲裁的管辖范围当中。这些灵活就业方式因为形式上的从属性较弱，工作方式比较灵活，所以劳动者与雇佣方之间不存在传统意义上的劳动关系，他们之间的争议即便是涉及劳动报酬、工作时间、劳动安全等劳动基准事项，也难以进入劳动仲裁当中寻求救济。如果考虑按照《劳动和社会保障部关于确立劳动关系有关事项的通知》的标准来认定事实劳动关系①，在灵活就业的模式下，劳动者也

---

① 《劳动和社会保障部关于确立劳动关系有关事项的通知》规定："一、用人单位招用劳动者未订立书面劳动合同，但同时具备下列情形的，劳动关系成立。（一）用人单位和劳动者符合法律、法规规定的主体资格；（二）用人单位依法制定的各项劳动规章制度适用于劳动者，劳动者受用人单位的劳动管理，从事用人单位安排的有报酬的劳动；（三）劳动者提供的劳动是用人单位业务的组成部分。二、用人单位未与劳动者签订劳动合同，认定双方存在劳动关系时可参照下列凭证：（一）工资支付凭证或记录（职工工资发放花名册）、缴纳各项社会保险费的记录；（二）用人单位向劳动者发放的'工作证'、'服务证'等能够证明身份的证件；（三）劳动者填写的用人单位招工招聘'登记表''报名表'等招用记录；（四）考勤记录；（五）其他劳动者的证言等……"

难以证明自己与雇佣方之间满足事实劳动关系的成立要件，主要原因还是劳动的从属性不够明显。

各地劳动仲裁机构处理劳动争议的力量也不足，对传统劳动争议案件已疲于应对，难以抽力量处理灵活就业争议。2008 年之后，劳动争议案件出现了井喷式增长，2008 年北京、上海、广州等地的劳动仲裁员每年人均办理劳动争议案件 400 件，都处于超负荷的状态。[①] 迫于案件数量的压力，很多劳动仲裁机构不得不大量运用独任仲裁的方式处理劳动争议。但《劳动争议调解仲裁法》第 31 条明确规定只有简单的劳动争议案件才可以由一名仲裁员独任仲裁，而不是所有的案件都适用独任仲裁。有研究发现，独任仲裁被广泛应用的主要原因是仲裁人员的严重不足，劳动争议案件基本上都是由一名仲裁员独任仲裁。[②] 劳动仲裁机构在应对传统劳动争议案件的时候就已经是捉襟见肘了，难以承载更多的劳动争议案件。

如果将灵活就业劳动争议纳入，就会给现有的劳动仲裁机制增添难以承受之重，原因有二。第一，当社会化小生产逐渐进入社会经济的中心，灵活就业呈现出快速发展的势头，大有和正规就业平分天下之势。如果劳动仲裁向灵活就业打开大门，那么案件数量必然会出现激增的现象，对劳动仲裁机构的承受力是一项很大的考验。第二，灵活就业的劳动争议在事实审查方面难度更

---

① 谢增毅．如何应对当前劳动案件数量急剧上升的挑战［C］．金融危机与劳动法实施研讨会，江苏昆山，2009 年 7 月．

② 汪鑫．基于劳动争议仲裁案件的劳动争议仲裁现状研究［J］．中国人力资源开发，2014（13）：107－112．

高、工作量更大。法律对劳动合同的书面化要求并不适用于灵活就业，在没有书面劳动合同的情况下，证明双方是否存在劳动关系以及劳动内容都是艰巨而烦琐的工作，也会给劳动仲裁机构增加很大的工作量。

2. 处理程序冗长

劳动争议处理机制采取的是“一调、一裁、两审”的程序安排，为的是给劳动者提供充分的救济渠道，但也客观上造成了程序冗长的结果。仲裁虽是诉讼的必经程序，但仲裁与诉讼之间互不依赖，完全独立。董保华教授认为，当仲裁无法起到息讼的作用时，仲裁程序其实已经成为一道浪费执法成本的多余程序。①曹燕教授认为，裁审衔接的模式和我国民事诉讼“二审终审”的制度将劳动争议合法解决的成本最大化。② 陈彬法官也从审判实务角度出发，分析了“先裁后审”模式具有程序冗长、成本高昂的弊端。实践证明，这样的程序设计妨碍了劳动争议的及时平息，影响了对劳动者合法权益的及时保护。③ 除此以外，“先裁后审”模式低下的效率对于争议解决的公平性也构成减损：一方面，争议处理机构，诸如仲裁庭、法院等工作负荷沉重；另一方面，大量案件积压，许多劳动争议得不到彻底有效的解决。④ 因

---

① 董保华. 论劳动争议处理体制中“裁审关系”[J]. 中国劳动，2004 (03)：4-9.

② 曹燕. 我国劳动争议处理制度的困境与突破 [J]. 河北法学，2012，30 (05)：112-115.

③ 陈彬. 论我国劳动争议处理制度的重构 [J]. 现代法学，2005 (06)：95-101.

④ 王蓓. 以“或审或裁”模式重构个别劳动争议处理机制 [J]. 法学，2013 (04)：120-127.

此，选择放弃或息事宁人的劳动者并不少见，即便是坚持走完所有的程序，依旧是“迟来的正义为非正义”。

对于灵活就业者而言，即便是劳动争议处理机制向他们开放，也无法像正规就业者那样有足够的时间和财力走完所有的程序从而获得最终的正义。打消灵活就业者拿起法律武器保护自己权益的因素很多，但主要有两点。第一，灵活就业劳动争议的标的额往往不大，而通过法律程序寻求救济的成本不小。灵活就业者往往经常更换工作，在单一雇佣方工作时间不长，而且经济往来不多，除工伤补偿外，涉及的财产性标的额不大，而走完冗长的救济程序所花费的成本不低，因此从收益与成本之间的关系来讲得不偿失。第二，灵活就业者当中不少是来自外地的务工人员，在争议解决地没有居所或住房，难以随时待命参加争议处理。劳动者如果是已经离开劳动争议处理地，那么随时往返劳动争议机构参加仲裁或诉讼产生的交通成本和时间成本会更高，从而极大地打击了灵活就业者参加仲裁和诉讼的积极性。

3. 处理机制不灵活

劳动争议处理机制在“一裁、两审”阶段仍然沿用传统的庭审模式，正式性有余而灵活性不足。大部分的劳动争议案件，都是沿用传统方式进行处理，缺乏灵活性表现在三个方面：第一，劳动争议在处理过程中对在线技术运用不够。劳动仲裁和劳动诉讼仍采取当事人亲自前往争议处理机构书面填写立案表的方式立案。然后，由仲裁员或法官进行审查并书面通知当事人，安排开庭时间。在庭审当中，争议处理机构要求当事人及其代理人须到庭进行调解、质证和辩论，证据也要求以书面的证据为主。时下，我国不少互联网法院已经通过在线的方式实现对管辖案件的处理，无须当事人专门到仲裁机构和人民法院，为争议的处理提供了极大的便利。但劳动争议尚不属于互联网法院的受案范围，而且各地劳动仲裁和诉讼开展活动的实践也不多。① 劳动争议当事人从启动劳动仲裁到最终获得仲裁结果，需要至少前往仲裁机构三至四次，这其中还不包括前期的搜集证据和后期的申请执行所面临的奔波之苦。

这些流程对于灵活就业者而言，要花费大量时间和精力参与，在很大程度上打消了他们寻求司法救济的热情。灵活就业者的工作虽有弹性，但整体而言，却是受着多重因素的限制而无法轻易脱身参加仲裁或诉讼活动。灵活就业者的工作任务本身也并不比正规就业者轻，还往往身兼数职，抽出时间处理诉讼事宜会对自己的本职收入带来影响，如果争议数额比较小，选择忍气吞声而放弃的可能性更大。

第二，电子证据在劳动争议处理当中的运用同样遇到一定的障碍。以微信聊天记录为例，它作为电子数据中的一种证据，已在劳动仲裁案件处理中得到广泛运用。对于这一现象，我国 2012 年修订的《民事诉讼法》第 63 条也将电子数据纳入法定证据的序列。《最高人民法院关于适用〈中华人民共和国民事诉讼法〉的解释》第 116 条第 2 款对此作了进一步的明确："电子数据是指通过电子邮件、电子数据交换、网上聊天记录、博客、微博客、手机短信、电子签名、域名等形成或者存储在电子介质中的信息。"微信作为一种新兴的网络传媒工具，它整合了电子邮件、

① 刘哲玮，李晓璇．互联网法院管辖规则评述［J］．经贸法律评论，2019（05）：122－131．

网上聊天、博客、网上购物、网络支付平台等功能。也就是说，微信平台上的信息以电子数据的形式存在，显然属于民事诉讼法规定的证据范围，同样也属于劳动争议处理当中可以采信的证据。然而，微信聊天记录的“三性”（真实性、合法性、关联性）认定，特别是信息真实性的确认、微信使用人的身份确认，以及第三方机构即软件供应商的协助调查等方面，也有待进一步研究和探讨。[①] 以日常布置工作的微信群为例，群里面承载着很多关键的证据，对于还原劳动争议事实具有非常重要的价值。但是，劳动争议双方当事人无论哪一方提供工作群聊天记录，对方都有可能质疑它的真实性，因为微信群的建立与微信中各个好友的昵称，以及微信群的名称等，任何人均可随意设置和修改，微信聊天的内容，任何人可在自己的手机上删除、篡改。[②]

当出现双方对电子证据存在质疑时，灵活就业者如果对电子证据的真实性举证不能也存在着败诉的风险。仲裁和诉讼对存在争议的电子证据的认定规则意见不统一。有部分司法机构认为，应由质疑方提供反证，尤其是当劳动者提供电子证据时，用人单位提出质疑应举出反证。[③] 而部分司法机关沿用普通的民事证据规则，坚持谁举证、谁证明的原则，要求提出电子证据的当事人来证明它的真实性，给举证一方增加了很大成本，对于灵活就业者而

---

① 蔡昌．微信截图在劳动仲裁案件中的证据效力［J］．中国社会保障，2019（08）：53.

② 见吴某某与宁波某税务师事务所有限公司劳动合同纠纷一案［（2019）浙02民终5408号］，双方当事人对微信记录当中生活费的真实性出现了争议。

③ 冀宗儒，钮杨．论民事诉讼中电子数据的运用规则［J］．证据科学，2016，24（04）：448－458.

言，将所有电子证据都进行公证来固定，本身就是费时费力、不现实的，而且经过公证后的证据的真实性也是同样会受到质疑的。[1]

第三，原本能够为灵活就业者提供便利的劳动调解机制，也未必符合社会化小生产的要求。我国劳动调解机制具有便捷性、非正式性和多元性，用于灵活地解决劳动争议。但企业内部的劳动调解机构往往认为灵活就业者的争议不太可能归类为劳动争议而不予处理，主要原因是灵活就业者与企业之间的关系是否属于劳动关系存疑。而其他的基层调解机构并非专司劳动争议的处理，专业性未必能满足灵活就业者的需求。另外，在线调解的方式虽然已经开始使用，但尚未大面积地运用到劳动争议处理上，灵活就业者也享受不到相应的便利，因此很少有灵活就业争议通过劳动调解的方式解决。

（五）劳动行政管理机制的缺位问题

劳动行政管理和服务的范围十分广泛，但主要是由劳动监察和就业促进两个部分组成。劳动行政部门的职责涵盖政策制定和政策实施两个方面。本章主要关注在政策实施方面的问题，为了便于介绍，将继续以就业促进和劳动监察作为样本，分析在社会化小生产当中出现的机遇以及遇到的问题。

1. 就业促进

首先，劳动行政部门在就业促进方面是机遇与挑战并存，而且是机遇大于挑战。就业促进的机遇主要是因为其本身天然的开

---

① 陈浩．即时通讯记录作为证据的司法认定研究［J］．证据科学，2017，25(01)：53－64．

放性。就业促进是针对劳动行政部门的义务性规范，也包括一些针对用人单位的禁止性规范。但与其他劳动法律规范不同的是，它的义务性规范和禁止性规范所服务的客体并非单指劳动者，而是指向了从事各种就业的劳动者和尚未就业的劳动者，同时调整的关系也并非以劳动关系作为前提，而是服务于多种就业形式。因此，劳动行政部门提供的就业促进方面的服务范围非常广。

我国就业促进机制在推动多种形式就业方面的发展是很快的。第一，面向所有劳动者采取了积极的就业政策。我国从2002年开始，就确立了积极就业政策体系的基本框架，2005年对积极就业政策进一步地延续和扩展，自党的十八大以来更加突出创业和就业的紧密结合，支持发展新就业形态、拓展就业新空间，推动了积极就业政策迭代升级。2015年政府工作报告将“大众创业，万众创新”设定为我国经济发展的新引擎，各级政府也出台了一系列政策引领和推动劳动者创新创业，通过构建政府、市场、社会等多方联动的创新创业支持体系，初步实现了创业人数和通过创业带动就业人数的有效增加。

第二，多种就业形式的增长。就业促进将灵活就业作为解决就业问题的一种形式，政府通过提供职业培训、提供信息和安排岗位等多种形式提升劳动者的就业能力。劳动者的就业渠道也并不仅限于传统的就业岗位，大量的劳动者借助就业政策红利，进入了灵活就业领域。同时，在双创的带动下出现了大量的创业项目，多以中小企业为主，吸纳了很多劳动者，而且多以灵活就业为主。在就业服务领域，国家从早期开办劳务市场和人才市场，到劳动力市场、人才市场向人力资源市场整合发展，我国逐步建立起覆盖省、市、县、街道（乡镇）、社区（村）的五级公共就业服务网络，面向所有劳动者免费提供政策咨询、信息发布、职业指导、职业介绍、创业服务等基本公共就业服务。目前，各级公共就业服务机构每年办理劳动者求职登记5000多万人次，提供职业指导2000多万人次，享受政府补贴性培训的劳动者达1750万人次。①

第三，就业日趋平等。就业促进在平等就业方面也在日趋完善，增加了就业歧视的保护对象，提供了救济的渠道等，而且将入职招聘环节也纳入了就业歧视的限制范围当中，为消除就业歧视提供了较好的路径。十九大报告指出，"要坚持就业优先战略和积极就业政策，实现更高质量和更充分就业"。这说明，就业数量增长与就业质量提升同等重要。而在这一过程中，促进公平就业尤为关键。只有切实保障公平性，才能敞开机遇之门，充分发挥劳动力市场的潜力为经济和社会建设服务。

当然，就业促进政策的挑战也是存在的，主要集中在就业援助领域。按照现有标准，享受就业援助的是就业困难人员，就业困难人员是指因身体状况、技能水平、家庭因素、失去土地等原因难以实现就业，以及连续失业一定时间仍未能实现就业的人员。这种以失业为主要标准而设定的援助范围，不利于低收入的灵活就业人员享受相关待遇，而他们在现行标准下也难以享受到城镇最低生活保障待遇。

2. 劳动监察

近年来，为了保障新经济的健康发展，关于劳动行政部门如

① 见搜狐网：《改革开放四十周年：就业工作取得历史性成就》，https://www.sohu.com/a/245636077_120228，最后访问时间：2020年2月20日。

何对灵活就业者的权益保护进行有效监察问题也受到社会的广泛关注和学界的热烈讨论。但就目前状态而言，对于灵活就业者权益保护的监管工作，尚没有形成科学的、成体系的工作指导，还是有很多侵害灵活就业者权益的情况没有获得劳动监管部门的足够重视。具体而言，通常劳动行政部门开展监察的方式有日常巡查、书面检查、专项检查、接受举报、应急预案和诚信档案六种，但这些监察方式在处理灵活用工问题上都存在一些短板。

第一，劳动行政部门的一个重要职责是开展日常巡视监察，但由于力量不足，难以对传统就业，更无法对灵活就业开展全面的巡查。劳动保障行政部门会经常性地开展日常监督检查，对劳动权益保护的情况进行整体监督和抽样跟踪调查，使相关主体时刻保持合规的工作状态。但日常巡视监察面临的最大困难是执法人员短缺并且工作量大，即为数不多的监察人员需要面对庞大的用人单位和劳动者群体，尤其是在社会化小生产中广泛、分散的小微企业和灵活就业者。从人力资源和社会保障部、国家统计局发布的信息可以发现，我国劳动监察人员共将近五万人，社会的不断发展促使各类企业数量逐年增多，全国各类企业数量共计2009.70万户①，难以实现对全部用人单位的全覆盖。

第二，劳动监察机构虽然可以针对用人单位报送的书面材料进行检查，但仅限于有劳动关系的“用人单位”，灵活用工难以从中受惠。劳动保障行政部门的另一种监察方式是定期要求用人单位提交相关的书面材料进行审查，从而节约行政资源。但是，这

① 国家市场监督管理总局信用监督管理司，中国市场监督管理学会.《企业年度报告（2018）》在京发布［J］. 中国市场监管研究，2018（12）：2.

一监督方式并不适合灵活就业，系两点原因所致。首先，灵活就业者往往因为没有用人单位而不能进入劳动监察的书面检查范围。其次，针对用人单位报送的书面材料进行检查存在的问题也比较显著，这项工作易形式主义化，许多用人单位制造虚假文件应对监察，仅仅从书面上很难找到瞬息万变的灵活用工当中的问题。

第三，灵活就业的问题往往不在劳动监察专项检查的范围。劳动保障行政部门设置专项检查，对劳动关系当中的某一问题或主体进行全面的、有针对性的检查。但是，现实中，很少有劳动行政机构开展对灵活就业的监察活动，笔者收集了北京、上海和广州三个地方的劳动行政部门的专项监察报告，2018 年无一公布过对灵活就业开展监察的报告。而且，专项监察存在仅能在短期内施行的弊端，该工作在工作量和规模上要求比较高，缺乏长期有效机制。同时，劳动监察领域有限，往往仅对一方面进行专项监察，会疏漏其他领域的监察。

第四，对灵活就业问题的举报和投诉未必属于劳动监察部门管理的范畴。根据规定，劳动监察部门要提供投诉和举报的渠道，提供举报信箱和投诉电话，然后有关部门依照法律对举报的案件和投诉的案件进行认真查处。对于灵活就业者而言，对“雇佣方”的举报和投诉会让举报者担心身份暴露将对自己工作或业务产生不利影响，从而不敢轻易举报和投诉。另外，即便是下决心举报或投诉，也未必会被劳动监察部门认定为劳动问题，主要原因还是灵活就业的劳动关系难以证明，无法确定是否属于劳动行政监察的受理范围。

第五，灵活用工具有分散性的特点，也很难成为应急预案需要关注的事项。政府针对涉及面广且事发突然的特殊情况往往会制定应急预案，并协同相关部门共同处理案件。而灵活用工多以分散就业为主，即便是为大型平台提供劳动的从业者，也往往是以多种形式各自实现就业。一般情况下，不经常出现大规模的或者是突发性的劳动争议或违法事件。以平台企业为例，涉及平台企业的群体性事件和案例都几乎为零。劳动行政部门因此也没有太大动力为灵活就业人员的劳动问题制订应急预案。

第六，劳动行政部门制定诚信档案也是以用人单位为中心的制度，在用人单位不明晰的灵活就业当中，实际效果不佳。劳动保障行政部门作为对用人单位行为的监督主体之一，可为其专门制定诚信档案，将用人单位的行为实时在档案内登记存档，以备长期考察之用。新业态背景下，雇佣方对灵活就业者的权益进行侵犯的情况时有发生，但劳动保障行政部门只能向社会公布那些有重大违反劳动保障法律、法规或规章的行为的“用人单位”而非“用工单位或个人”，从而弱化了这一制度对灵活就业的边际效应。另外，在社会化小生产快速发展的推动下，大量吸纳灵活就业者的小微企业迅速出现，即便是因为用工问题被列入不诚信名单，也存在改头换面、继续违法用工的可能性。

综合而言，劳动行政管理与服务在社会化小生产当中不仅遇到了挑战，还迎来了机遇。就业促进之所以能够迎来机遇，首先是因为它的开放性和包容性，并不排斥灵活就业；其次是灵活就业反过来能够促进就业工作的开展，起到了相互促进的作用。但在对于灵活就业开展劳动监察方面，却是挑战占主要成分，主要原因是灵活用工并不一定是劳动监察的管辖范围，灵活就业的原子化、灵活化、松散化的特征加大了劳动监察的难度，平台的去中介化让“用人单位”这一主体淡化或消失。劳动监察在社会化大生产下行之有效的措施，在社会化小生产当中都出现了失灵的现象，难以适应劳动关系的发展。

四、劳动法的路径选择思考

社会化小生产模式对劳动法带来的冲击不言而喻，但应对办法却莫衷一是，在劳动法领域引发了比较广泛的争论。归结起来大概有三种观点：第一种观点是认为社会化小生产下的灵活用工，在很多方面已经突破了劳动关系的范畴，也超出了劳动法的适用范围，灵活就业者不是劳动法的适格主体，劳动法不应对其适用。另外，由于平台经济刚刚出现，且已经对经济产生比较积极的影响，直接将传统的劳动法适用于社会化小生产，恐造成不必要的阻碍。第二种观点是新经济中的劳动在本质上与传统的劳动并无二致，完全可以适用劳动法。但更多人持有的是第三种观点，也就是效仿国外经验，在劳动者和承揽人之间设置一个“类劳动者”类别，将新的生产和用工纳入其中，进行单独规制。

（一）裹足不前？

关于劳动法是否直接适用于社会化小生产的争论一直非常激烈。不少研究都是将劳动保护放在劳动者与用人单位存在劳动关系这一传统框架中进行讨论的。也就是说，劳动者与用人单位之间是否建立了劳动关系决定了劳动者能否成为劳动法保护的“适格”对象。具体而言，灵活就业者如欲享受劳动法体系的保护，在“适格性”的要求下需要先满足存在劳动关系这一前提。如果灵活就业者无法证明自己与雇佣方存在劳动关系，那么劳动法将不能对其进行适用。

长期以来，认定劳动关系是否存在较为普遍的做法是通过“从属性”的分析来确认。以平台用工为例，平台劳动者需要证明与平台存在从属性方能让平台承担劳动法规定的用人单位责任。在实践当中，也归纳出了不少判定“从属性”的标准，如《劳动和社会保障部关于确立劳动关系有关事项的通知》规定，“用人单位招用劳动者未订立书面劳动合同，但同时具备下列情形的，劳动关系成立：（一）用人单位和劳动者符合法律、法规规定的主体资格；（二）用人单位依法制定的各项劳动规章制度适用于劳动者，劳动者受用人单位的劳动管理，从事用人单位安排的有报酬的劳动；（三）劳动者提供的劳动是用人单位业务的组成部分”。也就是说，劳动者除了证明自己具备完全民事行为能力之外，还需要证明自己和平台之间关系中存在“管理”“有偿”和“组织”等要素，方能被认定为与平台存在劳动关系。

然而，灵活就业者对平台从属性的表面特征可能会低于传统劳动关系当中的从属性，这给劳动关系的确认带来了困难。劳动法学界和实务界从保护劳动者权益出发，往往通过种种蛛丝马迹的特征，来寻找劳动者与平台之间存在“从属性”的证据，从而让劳动者可以获得更多权益保护。[①] 相关案例常常见诸报道，美国、英国和法国皆有认定平台与劳动者存在劳动关系的判例。[②]

---

① 金超．劳动关系视角下的网约用工纠纷研究［J］．中国劳动关系学院学报，2018，32（2）：31－38.

② 勾占宇．美国共享经济政府管制初探［J］．行政科学论坛，2017（10）：58－62.

举例而言，根据英国法院的相关判决，司法机构基于网约平台与参与网约工作的个人之间工作合同的具体分析，倾向于将平台工作者认定为英国劳动法界定的“工人”（worker）。这是一种不同于雇员（employee）和自雇者（self - employed/independent contract）的英国特有概念。根据1998年英国《国家工资法》和《工作时间条例》之规定，“工人”在最低工资、带薪年假、病假、连续休息等方面与其他类型劳动者享有同等权利。在如何界定网约工为“工人”这一问题上，英国法院主要从以下两个方面进行分析：第一，网约工是否与网约平台构成平等的委托关系。法院在审理伦敦Uber案中认为确定双方关系不能依据合同的字面文义，而应当依据工作内容的实质。法院发现，Uber是一家交通服务公司而非技术公司，其与司机之间的关系是不平等的，因此支持了Uber司机要求带薪休假和最低工资保护的请求。第二，网约工的工作是否由个人亲自履行。在英国独立工人工会诉Deliveroo（某送餐平台）案中法院认为，骑手与平台签订的合同中设有完全没有限制的替代条款，即骑手无须事先征求平台允许，便可找他人代替其完成服务，这一点与“工人”定义项下个人亲自履行要件相悖，因此，法院不认为骑手是“工人”。此外，在Uber案中，正是由于Uber公司在与司机订立合同时强调：“使用Uber应用的权利是不可转让的。司机不能与他人共享账户，也不能与他人共享用来登录Uber应用的信息”，使得该案中对亲自履行要求未产生争议。

再以美国为例，法院对于网约平台与网约工之间的关系界定标准，主要依据的是加州最高法院在Borello案中确立的测试体系

(Borello test)。这一体系的核心要件是雇主“对工作细节具有控制权”，这里的控制权并非雇主已经施加控制的事实，而是其有权施加多少控制。以“控制权”为基础，加州最高法院还引入了数项辅助标准，作为 Borello 测试的组成部分，包括：（1）一方是否基于确定的职业或营业给付劳务；（2）该类业务通常是在雇主指挥下劳动还是由专业人员独立完成；（3）特定职业需要的技能；（4）雇主或工人是否提供劳动工具和场所；（5）完成工作必要的时长；（6）支付报酬的方式（依时间还是工作量）；（7）该工作是否构成雇主营业的常规组成部分；（8）双方当事人是否认为缔结了劳动关系；（9）推定雇员获益或受损的机会与其管理技能相关；（10）推定雇员对设备或原材料有投资，或者雇用了助手；（11）给付劳务需要特殊技能；（12）工作关系的持续性程度；（13）此项工作是否构成该推定雇主营业的必备部分。可以看到，上述要件内容较为复杂，其适用也需要相当高的司法技术来判断。对此，美国各法院在适用中认为，应当评估和权衡各项要素，不应机械地独立适用。[①] 在加州 Uber 案中，法官在适用 Borello 体系时并未就所有要素进行逐一审查，而是针对 Uber 公司作出的抗辩，结合部分要素进行分析，最后认定 Uber 与司机之间构成劳动关系。[②] 目前来看，美国法院灵活适用 Borello 体系，对于网约工与网约平台之间的关系作出了较为合理的界定。

---

① 虞琦楠．共享经济背景下网约车用工模式劳动关系分析——以法院判决为切入点［J］．上海市经济管理干部学院学报，2018，16（03）：56－64.

② 何雪颖．专车司机身份之争——从美国加州 Uber 司机诉 Uber 公司案谈起［J］．广西政法管理干部学院学报，2016，31（05）：116－120.

也有不少专家反对这样的认定，认为此举会扼杀平台经济的发展。[①] 在讨论网约车司机是否需要签订劳动合同的过程中，很多企业持有反对意见。网约车是移动互联技术和大数据技术发展的产物，利用移动互联技术和大数据，网约车实现了动态调控的计价系统、客运服务的全程实时监控系统和透明服务；并且，在运营过程中，该计价系统可以计算网约车和乘车需求的比例关系，通过价格杠杆调节市场达到供求平衡，这样既降低了双方交易成本，也避免了主要通过购买去满足暂时性分散需求的传统经济模式的浪费问题；更重要的是网约车还满足了临时性的分散雇佣与就业问题。例如网约车司机完全可以根据自己的意愿决定自己是否接受用车邀约，乘客也可以不用长期雇用一个司机和购置一辆汽车满足自己分散的用车需求。如果平台一旦被要求和司机建立劳动关系，上述的优势将损失殆尽，不利于技术与经济的进步。

现实当中，平台也开始通过加强应用技术手段来尽可能地抹去劳动关系的特征指标，让其在形式上更加不同于正规就业的模式，从而使劳动法更加无从置喙。比如上文中所提到的英国和美国 Uber 司机与 Uber 公司之间的劳动纠纷，其判决结果将直接影响 Uber 司机是否可以向公司索要雇佣关系期间在油气价格、车辆保养、意外损失等方面的补贴和社会保险、工伤保险、失业保险等方面的权益，以及是否有权享受全国最低工资和带薪休假等员工待遇。因此，在相关判决出台之后，Uber 公司也作出了有针对性的反应，改变计价、接单、补贴以及社保缴纳的方式从而——

① 涂永前．应对灵活用工的劳动法制度重构［J］．中国法学，2018（5）：216－234.

抹去与司机之间劳动关系的特征。

但是，平台用工没有了劳动关系存在这一前提，平台劳动者丧失了享受劳动法保护的适格性，相关劳动保障机制便对其失去了抓手。我国劳动法和很多国家的做法一样，采取的是全有或全无的适用方式，一旦认定为存在劳动关系这一要素，劳动者便可进入劳动法的全面保护当中，但如果无法跨过劳动关系认定这一门槛，将只能望洋兴叹。劳动者与平台的关系囿于从属性的减弱、灵活性的提高，渐渐丧失了劳动关系的特征，司法机关虽然竭尽努力想为劳动者找到劳动关系存在的蛛丝马迹，但也无法全面保护，反而增加了法律的不确定性，导致了相关平台的反制，进一步从形式上疏离劳动关系。

如果立法裹足不前，那么司法机关的努力恐收效甚微。对于这一点，很多学者提出劳动法不应裹足不前，应降低或取消劳动法将劳动关系设为门槛的做法，阔步向前拥抱新经济。前文所提到灵活就业劳动者遇到的劳动保护问题，无一例外地说明了劳动法停滞不前不可取，需要扩张适用，将社会化小生产中的劳动者纳入其中。

（二）削足适履？

那么如果不计劳动关系是否存在，而直接认定灵活就业劳动者有权享受劳动法的全面保护是否可行？全面放开劳动保护存在一定的合理性。首先，灵活就业者所从事的劳动与普通劳动者从事的劳动并没有本质上的差别。灵活就业者也是以出卖劳动获取对价，并以此供给自己的生活。不仅如此，灵活就业者所从事的工作大多能够在传统就业中找到类似的职业。以快递员为例，其所从事的工作与邮政企业的投递员高度相似。相同的工作内容，也预示着存在相近的工作风险，如交通事故、劳动报酬拖欠等。劳动法对类似职业的劳动保护不应因为用工形式发生变化而止步不前。

其次，灵活就业者权益受到侵犯之处，也是劳动法法益所保护之处。劳动法的出现正是为了保护劳动者从事劳动无风险之扰、工作无后顾之忧、生活无断炊之忧，因此，设计出了工时、最低工资、社会保险、劳动合同等制度来作为支柱。我们在社会化小生产当中所见到的劳动问题，无一不是劳动法当年在社会化大生产中所要解决的问题。劳动法工具箱中的工具完全有能力、有措施来应对上述挑战。

但将灵活用工纳入劳动法的保护范围是否能够一劳永逸地解决问题呢？不可否认，劳动法经过长期的积累，对劳动者有着一套全面的保护体系，灵活就业者在工作过程中遇到的问题都能在其中找到对应解药。不过，相关的解药是否会有副作用，会不会在解决问题的同时制造了新的问题呢？现在看来，劳动法对灵活就业的适用，至少面临两个方面的挑战。第一，如果让雇佣方全面承担责任会导致灵活用工僵化，雇佣方负担过重。例如，如果让雇佣方为灵活就业者对不受自己掌控的工作环境承担安全保障责任，从法理上缺乏合理性根据，从实践上无法有效执行。但如果将用人单位从劳动法责任主体中剔除，劳动法的实施就缺少了抓手。第二，灵活就业者获得劳动法保护的一揽子权益当中，未必都是适合自己的，有一部分对灵活就业者来说不仅是“鸡肋”，而且会徒增负担。以失业保险为例，缴纳该保险是为了在自己失业的时候能够获得救济，但灵活就业者如能参加失业保险，一旦频繁地更换工作而经常性地在失业和就业之间切换，失业保险制度难以应对，劳动者徒缴失业保险费反而成为一种负担而非福利。

为了让劳动者能够得到劳动法的保护，是不是需要对劳动法进行针对性的改造呢？答案是肯定的。如果劳动法允许灵活就业者加入，劳动法需要针对灵活就业作出一些调整，尤其是需要将社会化小生产的特点考虑进去。其中，难免会给劳动法这一带有不少公法成分的体系，平添很多灵活化的元素。

但这样的做法会不会对传统正规就业，以及社会化大生产模式中的劳动者产生不利影响，会不会是劳动法的一次削足适履的行为呢？劳动法的灵活性也是很多学界与实务界人士担忧的问题，劳动法当中充斥着大量的底线性的规定，如最高工时、最低工资等，如果因为灵活就业工作时间的灵活性、收入的不稳定性而作出调整的话，原本适用这些规定的正规就业者将如何处理？如果一并适用，对灵活就业形式将产生致命打击；如果一并不适用，将对正规就业者带来权利减损的效果；如果部分适用、部分不适用，将会产生制度的落差，导致大量的正规就业转型为灵活就业，扭曲了劳动力市场，徒增了劳动者的风险。

（三）蹑足其间？

灵活用工在全世界范围内广泛出现，很多国家在法律上设置了“类雇员”这一分类，加以专门调整。“类雇员”源起于德国，其法律对劳动者的分类采取三分法，分为自雇者、类雇员和雇员三类。根据德国《集体合同法》（TVG）第12a条第1款，“类雇员”是指那些具有经济从属性而且像雇员一样需要倾斜保护的人。除德国法中规定了类雇员外，对于“雇佣”和“自雇佣”两分之间的中间地带所存在的第三类劳动关系（劳动者），意大利规定了“准从属性劳动”，西班牙规定了“经济依赖性自雇佣劳动者”，日本和美国等国家也存在相关讨论。

国外“类雇员”概念的提出，为我国劳动法提供了一个新的思路，让灵活用工能够在劳动关系和服务关系中蹑足其间。我国学界也对此展开了深入的讨论。有学者基于对我国灵活就业的现状、问题以及对德、意、日劳动法进行的比较，认为应将对劳动者的保护体系重构为三分结构。[①] 究其原因，保护体系重构利于优化法律格局，其保护措施的分层可以有效应对多样而复杂的需求，较之二分结构下非有即无的保护，三分结构中对各层次施以不同保护力度的方式更加合理。

具体而言，在“三分”结构下，对类雇员可以进行一些有针对性的保护。有学者认为应当在我国劳动法中专门开辟一章，对类雇员设计专门的保护措施。[②] 对类雇员进行保护的具体方式，其认为一方面要明确一些通用性保护措施，包括保障其职业安全、强制社会保险并引入必要的商业保险、对用人单位进行监督等；另一方面，试点一些可突破性保护措施，包括适用劳动争议纠

① 粟瑜，王全兴．我国灵活就业中自治性劳动的法律保护［J］．东南学术，2016（03）：104－113.

② 白永亮．共享经济下灵活就业法律制度重构［J］．江西社会科学，2017，37（10）：209－217.

纷解决的方式来处理争议，参考劳动者订立集体合同等。[①]

也有学者持有不同的观点，对我国为处于灰色地带的劳动者创设新类型的保护路径，抱持更加谨慎的态度。一方面是因为概念界定与规则构建具有较大的模糊性。类雇员的制度设计和实践需要以雇佣与自雇的二分法为基础，但我国对此并没有成熟的理论与实践基础。此外，我国的立法和学界对“劳动者”“雇员”“劳动关系”等概念并无统一明确的界定，我国目前的概念与立法比较混乱，这也为我国借鉴其他国家的三分体系增加了困难。基于对各国第三类劳动者的制度搭建现状进行分析，有学者认为该种路径并非主流，现有不多的立法经验已显露出类雇员设立标准和实践判断的复杂和困难。另一方面，权利和规则设计也具有较高的复杂性，若设立第三类劳动者制度，类雇员享有权利的范围难以把握，进而会导致企业将雇员变为类雇员或适用类雇员的人员数量非常有限的风险；加之我国标准劳动关系法律调整的刚性化，采取类雇员制度会面临如何为其配置相应权利和决定劳动保护水平的艰难选择，而我国目前还缺少作出权益配置和选择的成熟理论基础。除此之外，第三类劳动者制度的实际效用也存疑，可能会导致以类雇员名义大量使用的隐蔽雇佣，使得劳动者的保护更加艰难曲折。[②]

增设类别让本已争论不息的劳动者、承揽人概念划分，徒增了更多的形态，加大了改革的难度。而且在劳动者与承揽人之间

---

① 盖建华. 共享经济下“类劳动者”法律主体的制度设计 [J]. 改革，2018 (04)：102－109.

② 肖竹. 第三类劳动者的理论反思与替代路径 [J]. 环球法律评论，2018，40 (06)：79－100.

的制度成本落差没有解决的前提下，这样做是治标不治本的办法，反而会加速让劳动类型流向承揽人。最后，社会化小生产形式众多、不断推陈出新，类雇员的形态自然也会千变万化，如果都进行针对性的调整似乎存在不妥之处，恐难如愿让劳动法在社会化小生产中踯足其间。

五、小结

社会化小生产呈现出“小”的特点，给劳动带来了原子化特征，给用工也带来了灵活性的特点。劳动者不再是集中起来协调一致、共同从事劳动，而是在平台的指挥下，各自做好自己的工作，完成自己的任务，无须考虑与同事的分工，也无须考虑社会的协调，劳动者的劳动是自我的、自发的，但在实际效果上却是合作的、自觉的，在大数据和平台的协调下完成自己的工作。由于能够原子化地从事工作，所以劳动的整个过程中也呈现出了灵活化的特点，包括工作时间的灵活化、工作地点的灵活化、工作内容的灵活化。

社会化小生产的模式也遭遇到了劳动权益保护的挑战。社会化小生产和社会化大生产一样，居于其中的劳动者同样面对着曾经在正规就业当中遇到的问题，如拖欠工资、超时加班、工伤事故等。但社会化小生产中，劳动的原子化和灵活化却让劳动法的介入失去了抓手，平台企业既无法掌控劳动报酬的支付，也无法严格限制工作时间，更无法对劳动安全与卫生进行规范。由于从属性的特点在社会化小生产中已经出现了淡化的趋势，灵活就业劳动者难以达到劳动法保护的适格性门槛，无法享受其提供的劳动保护。

劳动法应如何对社会化小生产适用存在比较大的争议。关于灵活就业人员是否享受劳动法保护的问题，学界和实务界都有一定争论。既有为了发展社会化小生产而暂时不适用劳动法的主张，也有直接将劳动法适用于灵活就业者的提议，更有主张单设类雇员进行特别保护。现实是，不适用劳动法会对灵活就业者的权益造成伤害，直接适用劳动法也多有不适之处，单设类雇员保护也可能会带来更多的混乱，甚至将制度的两级落差演变为三级落差，加剧用工模式的混乱甚至扭曲。

劳动法如何突围或全面保护劳动者，既需要考虑到社会化小生产的特点，也需要不降低对社会化小生产中劳动者的保护。从这个角度来讲，着重分析社会化小生产和大生产之间异同之处方是因应之道，需从劳动法的法益出发，在劳动保护领域求同存异，结合各自特点进行调整。对社会化小生产劳动关系进行调整的过程中，还需要注意三个方面的兼容性：第一，与传统劳动法的兼容性问题，改动不宜过大，避免肢解劳动法；第二，与社会化大生产兼容的问题，调整不应以破坏对大生产中劳动者的保护为代价；第三，与其他法律之间的兼容问题，如与社会保险法、侵权责任法甚至合同法等相互协调配合，让劳动者无论在劳动关系还是劳务关系中，无论是在工作过程内还是工作过程外，都将享受水准相对一致的待遇。

第五章　新时代劳动法的革故鼎新

社会化小生产模式的降临，让劳动法赖以存在的“从属性”“劳动关系”和“用人单位”等概念受到了广泛的挑战，从而带来了对劳动法作用的大讨论，甚至对劳动法的存废都摆上了桌面。劳动法已经显得与新时代的社会化小生产模式不相兼容，需要重新思考以从属性作为劳动法进路的做法，还应考虑如何运用劳动法的本质价值结合新经济的特点来重新梳理劳动法的外在形式。

在笔者看来，从属性曾是劳动关系的一个主要特征，更是雇主责任的关键导因。当这一特性模糊的时候，劳动法逐渐失去了自己的阵地，更失去了责任的承担主体——雇主（用人单位）。从传统意义上讲，劳动者在用人单位提供的场地（工厂）上利用用人单位提供的资源（生产资料和生产工具）在用人单位的指挥（管理）下开展以获取劳动报酬（取酬）为目的的劳动，劳动者与用人单位之间就存在了劳动法上所称的“从属性”。虽然“从属性”概念经过时间的打磨有所增补和调整，但本质上却离不开上述几个因素作为注脚。同时，正是由于劳动者对于用人单位有着从属性，用人单位对劳动者存在法律上和道义上的保护责任，从而为劳动法的介入提供了抓手。

然而，社会化小生产的出现让从属性的特征逐渐模糊，也让灵活就业者因无法满足劳动关系从属性的条件而达不到劳动法适格性的门槛，从而无法享受到劳动法的保障。相关争论前文已经有所论述，在此不再赘述。因此，继续以从属性作为劳动法对灵活就业者提供保护的适格性标准，已经渐渐成为一个理论上与实践上的巨大障碍。但放弃以从属性作为进路的做法又会带来为灵活就业者提供劳动保护合理性基础不够的问题，一旦放开便会出现劳动保护泛化的争论。

多数在新经济中从事灵活就业的人员与传统就业人员在本质上并无二致，但却要独自承担劳动风险，既没有相应经济支持，也没有相关物质帮助，还没有法律进行底线性的兜底。灵活就业者从属性虽然比较弱，但劳动所涉及的人身与财产风险并未减弱，与正规就业的劳动者存在同样的需求。因此，是时候跳出从属性的枷锁，从劳动者本身的权利以及劳动法价值取向来构建劳动法的外在表现形式。这次调整注定是一次大的变革，可能让劳动法伤筋动骨、面目全非。

但此次重构并非劳动法消亡的一个过程，而是劳动法调整、扩面的一个过程，改变的只是它的形式，而不变的是对劳动者保护的核心价值。例如，需要对八小时工作制进行反思，该制度创设之初便是在机器大生产的背景下，是工人经过流血牺牲而争取来的，表面上看反思这一制度貌似不妥，但从实质来讲，其背后蕴藏的价值是对人身健康权的保障。人们的身体健康状况因人而异、因事而异、因时而异，这种工业化的整齐划一的模式，在新经济模式下自然难以行之有效。

而且，劳动法的济世价值在新的形式下不仅不应成为产业转型的羁绊，而且应当成为各类企业公平竞争、劳资两利的抓手。就其工作本身和内容而言，社会化小生产当中劳动者所从事的劳动与正规劳动者从事的劳动并无二致，灵活就业者的劳动也是人身性和财产性的合体，其同样需要获得赖以生存的收入，同样有休养生息的需求，同样会遇到失业、养老、疾病的风险。也就是说，劳动法的权益保障属性，对于灵活就业者的劳动权益而言也是缺一不可的，其实现路径也离不开特别救济机制的保护。另外，灵活就业者享受权益保护也完全符合劳动保障机制建立的初衷，且本就是劳动法保护劳动者法益之所在，没有理由将灵活就业者排除在保护之外。

面对新经济，劳动法的法益不变，但形式需要更为灵活化，这一灵活化不应以牺牲劳动者利益为代价。灵活性和劳动保护本不是一对矛盾，但传统劳动法是基于社会化大生产这一缺乏灵活性的模型构建的，故而僵化了劳动保护的方式，也让劳动法与新经济的矛盾日渐加深。因此，研究社会化小生产当中的劳动保护问题，需要跳出以劳动关系存在为前提的“适格性”分析路径，选取本质主义进路，从劳动的内涵出发来辨别灵活就业的理论属性，再从灵活就业者的保障需求来探讨适用劳动权益保护制度的“正当性”，最后结合平台用工的特点来调试相关制度。

从上述思路出发，本章节从三个方面论述劳动法与社会化小生产的关系和互动。首先，从劳动法所保护的法益出发，结合灵活就业者的核心权益，探讨通过劳动法扩面将灵活就业者纳入劳动法保护的必要性问题。其次，根据灵活就业的特点，考察进行适度调整的可能性和具体举措。最后，结合社会化小生产与社会化大生产共存的社会现实，探讨调整后的机制对两种生产模式的兼容性，确保新机制既不顾此失彼，也不厚此薄彼。为了便于分析，本章仍选取劳动法的五大支柱，即劳动条件基准、劳动关系运行机制、社会保险机制、劳动争议处理机制和劳动行政管理机制作为对象和主线，分别分析其扩面的必要性、可能性和兼容性。

一、劳动条件基准的扩面与调整

劳动条件基准在劳动法当中占据着举足轻重的地位，也是劳动者的核心权益，受到劳动法的保护。本章继续以狭义的劳动条件基准，即工资、工时（含休息休假）、劳动安全卫生保护以及特殊群体的保护展开讨论。长期以来，劳动条件基准的适用对象是存在劳动关系的劳动者，而灵活就业人员的劳动者属性存在争议，未必都能享受到相关的保护。就灵活就业人员的劳动本质而言，面临着和正规就业劳动者一样的职业风险，需要获得和正规就业劳动者一样的保障，劳动条件基准的扩面实属必然，但在具体的保障方式上，可以有所区别。

（一）劳动报酬

社会化小生产模式下开展的劳动也是人身性和财产性的合体，劳动者同样需要获得赖以生存的收入，同样有休养生息的需求，同样会遇到失业、养老、疾病的风险。① 也就是说，劳动法中工资的水平保障和社会保障属性，对于新经济的劳动报酬而言也是缺一不可，其实现路径也离不开特别救济机制的保护。

1. 最低工资制度

(1) 扩面适用的必要性

最低工资制度在劳动法中所保护的生存权同样也存在于新经济用工。就本质而言，新经济用工中灵活就业者所从事的劳动与正规劳动关系下劳动者开展的劳动并无二致，都是通过劳动获取对价的行为。灵活用工和正规就业的不同之处主要体现在是否具有“从属性”这一形式要件上。然而，正规就业中的从属性要求也主要是为了构建雇主责任。从理论上讲，无法证明从属性存在于灵活用工，虽会影响从业者基本权利的实现，但不会否定从业者的基本权利的存在。② 也就是说，灵活就业者的生存权毋庸置疑，其付出的劳动，也应在最低工资水平之上获得对价。

新经济灵活就业者所获对价，一方面需要尊重《民法典》关于合同的基本原则，允许充分的合意、尊重意思自治；另一方面需要将劳动法对生存权的保障规范——最低工资制度——引入对新经济灵活就业者的保护当中，保证其收入不低于最低工资水平。以外卖平台为例，支付最低工资的责任不仅应面向平台直接招募的骑手，而且对于那些没有与平台直接建立“劳动关系”的灵活就业者，通过第三方派遣或外包为平台提供递送服务的骑

① 崔学东，曹樱凡．“共享经济”还是“零工经济”？——后工业与金融资本主义下的积累与雇佣劳动关系［J］．政治经济学评论，2019，10（1）：22－36.

② 陈伟光．最低工资制度与劳动立法［J］．中国工人，2013（12）：38－40.

手，其劳动报酬也应在最低工资之上。虽然对于后者，平台并无直接支付劳动报酬之责，但可以通过劳务派遣协议或外包协议的形式要求服务提供商向其劳动者支付不低于最低工资标准的劳动报酬。而且，劳动报酬与最低工资比照时适用最低工资规定一致的匡算标准，也就是说需要预先扣除加班费和社保费等之后，再认定是否满足最低工资标准的要求。

（2）调整适用的可能性

然则，在社会化小生产模式下适用最低工资也存在着不少的障碍。其中的关键问题是，当劳动者处于自雇状态或是个体工商户的时候，用人单位这一主体完全消失，取而代之的是雇佣方或者服务接受者，双方建立的是民事合同关系，将最低工资标准适用于此似乎已经远远超出了劳动法的张力范围。而且，还有可能产生一系列的后续影响，例如，劳动条件基准的其他制度，像工时、劳动安全卫生等义务是否也要传导到民事合同关系当中，让顾客或者服务接受者承担相应的责任。

虽然，民法与劳动法存在着广泛的联系和重叠，但在民事合同中适用劳动法的强制性规范，还是需要慎重为之。劳动法对民法，尤其是合同法还是多有借鉴的，如《劳动合同法》中对包括诚实信用在内的基本原则都加以明确适用，当然在合同成立、履行和解除方面也有不少的突破，但都集中在劳动关系领域，鲜有反作用于民法的先例。虽然民法在理念上也开始融合一些社会性的理念，从更为宏观的视角来看待民事法律关系①，但也止步于

① 易军．民法基本原则的意义脉络［J］．法学研究，2018，40（06）：53－71.

此，并未见到直接引入劳动法强制性规范的先例。

但是，民法与劳动法之间的樊篱不应影响两者之间继续互动，尤其是局部的调整和借鉴。在一些基本原则方面，民法与劳动法存在着高度的一致性，都重视合同公平性，可以运用可撤销合同中的“显失公平”作为切入点，进行互动。《民法典》第151条规定：“一方利用对方处于危困状态、缺乏判断能力等情形，致使民事法律行为成立时显失公平的，受损害方有权请求人民法院或者仲裁机构予以撤销。”因此，在合同关系当中，显失公平的合同属于可撤销合同，是为了防止一方当事人利用优势或者利用对方没有经验而损害对方的利益，从而保证交易的公正性和保护弱势一方的利益。

具体而言，显失公平是指一方利用对方处于危困状态、缺乏判断能力等情形，致使双方在从事民事法律行为时权利义务明显有违公平的情形。一般情况下，显失公平有四个构成要件：第一，利用对方当事人处于困境或者缺乏经验等情形；第二，对方当事人因困境或者缺乏经验而订立民事法律行为；第三，行为人所获得的利益超出了法律所准许的限度；第四，显失公平的发生时间在订立民事法律行为之时。①

对于灵活就业者而言，即便签署的是普通的民事合同，双方仍然应尊重合同法的公平原则，让支付的对价立于最低工资水平之上。如普通的劳务合同的对价低于最低工资标准，一般情况下是符合显失公平的四要件标准的：第一，劳务关系双方类似于劳

① 王磊．论显失公平规则的内在体系——以《民法总则》第151条的解释论为中心［J］．法律科学（西北政法大学学报），2018，36（02）：91－99.

动关系，也存在天然的不平等现象，尤其是对于那些议价能力相对比较弱的劳动者；第二，双方在最低工资标准之下订立劳务合同，很有可能是劳动者缺乏经验或有困境；第三，对于雇佣方在最低工资之下获取劳动成果，明显超出了法律（劳动法）所准许的程度；第四，显失公平的情况在合同订立之时发生。当然，新经济当中也存在例外的情况，例如志愿工作、实习工作中的劳动者并非以获取对价为目的，从雇佣方所得报酬低于最低工资标准属于劳动者自愿让渡的，并非显失公平的情况。

另外，即便是在灵活就业当中，如果劳动者进行了超时劳动，加班费也不应缺席，更不能计入最低工资标准当中。考虑到新经济从业者工作的灵活性这一特点，加班费难以像正规就业那样有一个比较稳定的正常工资作为计算基数，需要为其设置一个相对客观、公允的标准，作为发放的依据。以加班费为例，可以取同行业或同岗位的平均工资作为计算加班费的被乘数，且不得低于最低工资标准。就计量单位而言，需要打破以月收入为单位和周期的发放和缴费的计算方法，改为以预设的小时工资作为单位的发放和缴费基数，但社保费用仍可以以自然月为周期缴纳。如此一来，解决了新经济从业者缺少相关保护之困，也减轻了企业反复记账和频繁操作的管理成本，更重要的是降低了用工成本的不确定性。

（3）调整后的兼容性

将最低工资标准适用于灵活就业领域，不会改变正规就业的最低工资制度的适用。最低工资制度是基于传统的社会化大生产设计的，对正规就业是经历时间和实践的检验而证明行之有效的制度。本书建议的制度调整是以最低工资制度扩面为主线，让这一保护机制能够对灵活就业者产生类似的效果，因而不会改变正规就业工资水平的保障机制，能够兼顾社会化大生产和社会化小生产两种模式的需要。

将最低工资制度进行扩面适用，不仅不会削弱对社会化大生产下正规就业的保护，反而会强化相关的保护。现有的最低工资机制仅适用于正规就业和部分非正规就业，用人单位需提供不低于最低工资标准的劳动报酬。而其他类型的灵活就业却无须遵从最低工资规定，也就是说雇佣方可以低于最低工资标准支付劳动报酬，此现象将会刺激用人单位通过转换用工模式来逃避最低工资责任。将最低工资制度适用到所有灵活就业形式当中，将会从根本上解决制度成本落差带来的“逆向流动”和“用工扭曲”的情形，稳固正规就业的原有阵地。

2. 工资支付保障机制

（1）扩面适用的必要性

劳动报酬请求权是劳动者付出了职业劳动之后，有权请求用人单位按时足额支付劳动报酬的权利。[①] 以平台用工为例，劳动法上对用人单位扣减工资进行了严格的限制，而平台用工由于不受劳动法的反克扣规定的约束，导致平台在管理从业者时往往采取经济手段，对任务未达标的从业者以减少收入作为处罚。从本质上来讲，灵活就业者和普通劳动者一样需要足额获取劳动报酬，从而安身立命、养家糊口。杜绝平台随意克扣劳动报酬不是

① 李海明．从工资构成到工资定义：观念转换与定义重构［J］．法律科学（西北政法大学学报），2013，31（5）：108－119．

为了干涉平台的用工自主权，而是为了维护新经济从业者作为劳动者的基本权利。平台其实可以通过更为科学的方式来管理从业者，例如培养企业文化和员工荣誉感等模式，正向激励劳动者来积极付出劳动，方法得当将会取得事半功倍的效果，也有利于和谐劳动关系的建设。

劳动报酬请求权在性质上属于优先权，即优先受偿权，也就是说劳动者在用人单位的全部财产或特定财产上享有优先受偿的权利。这是根据劳动报酬具有的生存保障价值而获得的优先于债权受偿的权利，也是人权优先的体现。我国破产法和劳动法都有破产清算企业所欠劳动者工资报酬优于一般债权获得偿还的规定。随着互联网创业大潮的跌宕起伏，平台企业周期寿命逐渐出现变短的趋势。一旦平台企业资金或经营出现问题，受到波及的不仅是企业本身，其从业者受到的影响更为严重，可能因此而失去收入来源。对于新经济中的灵活就业者而言，对于劳动报酬安全性的要求较正规就业劳动者更为迫切，也应得到足够的重视和保障。然而，关于灵活就业者劳动报酬优先权的问题，鲜有法律予以保障。相反，现实中出现了不少平台遭遇诉讼，支付给相关个体承包方的劳动报酬无法发放的情况。

（2）调整适用的可能性

灵活就业者也应享受到工资支付保障机制的保护。首先，灵活就业者的劳动报酬不得受到无故的克扣和拖延。近来，有关外卖骑手面临日益严格的补贴管理政策而被大量克扣劳动报酬的报道频频出现，反克扣已成为灵活就业者的重要诉求。正是基于此，灵活就业者的工资可比照《工资支付暂行规定》的规定，设定法定扣除项，但考虑到平台用工的多样性，完全取消酌定扣除项并不现实，可以考虑通过有限列举加原则性限制的模式加以规定。

其次，劳动争议处理机制为工资之债的履行提供了便捷、快速和经济的救济途径，这些机制应面向灵活就业者开放。现实情况是，灵活就业者追讨劳动报酬不得不走相对耗时耗力的民事诉讼途径。正如前文所述，灵活就业者的劳动报酬同样是劳动者生活的主要来源，也同样需要有一条便捷的途径获得救济。也就是说，灵活就业者想通过劳动仲裁和监察机构寻求劳动报酬救济的时候，不应以存在劳动关系为前提，而是应直接纳入受案范围当中，尽量快捷地解决争议。

（3）调整后的兼容性

需要注意的是，并非所有劳务报酬都可以享受劳动争议处理机制的直接保护，而是需要作一定的区分，因类施策。劳务合同和民事合同在债权债务属性上存在很高的契合性。如果法律基于合同种类区别化地保护劳动者利益，会产生厚此薄彼的制度差异，产生一轮新的博弈，让雇佣方全力将劳动报酬债务打扮成普通债务，而劳动者将竭力争取将其债权定性为劳动报酬为中心的特殊债权。这种人为扭曲债权债务的做法，会造成更为不良的后果，也会在无形中加重司法机关的工作量和难度。法律本身要起到定分止争的作用，而不是加重制度性撕裂。

因此，在相关的制度设计方面，应保持一定的底线思维，尽量在不改变一般债权性质的基础上，通过微调的方式保障灵活就业者的工资支付。对于涉及劳动报酬的债权，在普通劳务合同当中应保持其普通的合同债权的性质，但为了保障灵活就业者的基本生存权，其中应以最低工资为限让灵活就业者享受特殊救济的待遇。

（二）工时制度

工时制度的出发点是保护劳动者的休息权，从而维护劳动者的健康和可持续发展。作为劳务提供者的劳动者存在获得充足休息来恢复劳动能力和效率的需求，而且也有参与学习提升劳动技能的需求。现在通行的八小时工作制，曾受机械生产为主的社会化大生产的影响，是社会各方博弈而做出的制度性选择，其核心的指标是劳动者的身体健康状况，以及恢复和提升劳动力所需的时间。

整齐划一的八小时工作制是产业工人通过努力争取而获得的，既是当时职工劳动强度的有效分界线，也符合当时的工业化大生产的特点。需要说明的是，劳动者争取的八小时工作制，并非产业工人劳动能力的极限，故而不是以极度疲劳为标准的，事实上，在此之前工人们的平均工作时间都在十小时以上，达到了体力劳动的极限，基本上没有足够的休息时间。而八小时工作制在当时的工业生产环境下，是劳动者恢复劳动力和进行能力提升的重要支柱，同时也是双方都能够达到的平衡。

但在社会化小生产当中，八小时工作制却显得有几分不适，究其原因是现有制度是立足于机器大生产这一模型之上的，适用的时候过于注重形式，而忽略了其背后价值的实现。八小时工作制在生产方式齐整的工厂里适用效果比较理想，当出现工厂强行安排超时工作情况，劳动者和劳动行政管理部门开展纠偏和管理活动也相对直接和有效。但在社会化小生产中常见的灵活工作模式，让八小时工作制的落实遇到了各种困难，如上下班时间不固定，工作时间和休息时间的界限不明晰等，都导致了无法切实计算八小时的状况。然而，八小时工作制在社会化小生产中出现了失效的现象并不意味着工时制度只能选择回避，从而放任灵活就业者超时工作的状况，或者硬性执行，强行恢复朝九晚五的工作模式。

1. 扩面适用的必要性

如若还原工时制度的初衷，不难发现灵活就业者也是需要保护的。灵活就业者为了获取生活所必需的收入，同样需要从事劳动，为了保障收入的持续性，工作之余也需要一定的时间恢复体力和提升劳动技能，工时保障仍然必不可少。在新经济当中，很多所谓的灵活工作在传统经济当中都能够找到类似的岗位。再以平台用工中外卖骑手为例，外卖骑手的劳动究其本质而言，与传统的邮政递送人员的工作高度相似。按照国家职业技能中心给出的职业分类，外卖骑手属于网约配送员这一新职业类别，该职业是通过移动互联网平台等，从事接收、验视客户订单，根据订单需求、按照平台智能规划路线，在一定时间内将订单物品递送至指定地点的服务人员。邮政企业中“城乡投递员”和“特快专递人员”（以下统称邮政投递员）的工作内容也是为运送物品提供投递服务，与外卖骑手递送物品或菜品的工作十分相似。在工作时间方面，外卖骑手和邮政投递员的工作都存在着些许的灵活性，都是以一定量的物品送达作为工作完成的标志，而非朝九晚五的固定工作制。但两者的不同之处在于，外卖骑手与平台之间未必建立了劳动关系，而是以劳务关系作为基础，且计酬方式往往是按照工作量（即接单数）来定，工作量和工作时间更为零碎、自主性更强；而邮政投递员往往与邮政企业建立了较为正式的劳动关系，有相对固定的底薪或月薪作为支撑，辅之以件数而计的补贴，工作量和工作时间相对完整，从属性更强一些。除此之外，邮政投递员和外卖骑手之间在劳动本质方面并无根本性的差异。

劳动法并未因为邮政投递员工作时间的灵活性，而放松对其进行工时方面的保护。相反，传统的邮政企业也是严格执行工时制度的，作为邮政企业主管部门的原邮电部于 1995 年发布《关于职工工作时间的实施办法》，要求“各单位应加强对职工工作时间的管理，建立工时台账，严格执行考勤、考核制度，结合本单位的实际情况制订具体的工作、休息制度和其他各项配套制度”。[①] 也就是说，劳动法规在工时方面对邮政投递员也是一样适用的。与此同时，邮电通信企业职工因生产特点和通信需要，需连续作业的，如“城乡投递员”和“特快专递人员”，可实行综合计算工时工作制。实行综合计算工时工作制的职工，企业应当按照《劳动法》的规定，给职工安排补休或支付加班报酬。

外卖骑手和邮政投递员在工作内容上存在相似性，没有理由将两者在工时保护上进行差异化的对待。工时制度的法益追求是让劳动者能够有一个相对平衡的工作与休息结构，让劳动者从劳

① 见《关于职工工作时间的实施办法》第 16 条。

动消耗中恢复过来，并能够有时间做好其社会角色，实现人与工作、人与社会、人与家庭的和谐稳步发展。劳动法对邮政投递员进行工时方面的保障，就是从上述法益出发，针对其工作特性而作出的坚持原则而又不失灵活的规定。工时制度对外卖骑手进行类似的保护也符合工时制度的法益追求。

外卖骑手就其本身而言，对工时制度的保护有着和邮政投递员一样的需求。随着平台经济的广泛兴起，外卖骑手在送餐工作过程中过劳猝死的事件并非没有，由于过于疲劳而发生交通事故的情形屡见不鲜。缺乏工时制度的规制，外卖骑手由于长期超时工作，身体得不到恢复，也无暇从事技能提升、社会服务、家庭陪伴和娱乐放松等方面的活动，让劳动失去了其本身的意义。而且，将外卖骑手排除在工时制度之外，也损害了其涉及加班费方面的财产性权益，有些外卖平台通过“计件计酬”的方式逃避加班费的支付，还会造成外卖骑手的单位劳动力成本低于国家最低工资标准的可能性。

事实上，新经济当中典型的“平台工作”大部分都能在正规就业中找到对应的工种，两者神似而形不同，但需求却高度一致。另如蓬勃兴起的网约车平台，网约车司机与传统的出租车司机在工作性质上存在很多相似之处，都是以接送乘客到达指定地点并收取费用为主要工作方式。不同之处往往表现在外在关系上，出租车司机与出租车公司之间存在相对固定的劳动关系，而网约车平台与司机之间的关系呈现多样化，既有签订劳动合同的正规就业形态，也有兼职、外包、劳务派遣等灵活就业的安排。

当然，社会与经济的发展也催生了不少新的职业，也会出现找不到对应工种的情况，但并不妨碍这些工种享受工作时间的保护。2020 年 1 月 4 日，中国就业培训技术指导中心发布《关于拟发布新职业信息公示的通告》，公布了 16 个全新的职业，其中不仅包括网约配送员，而且还有人工智能训练师、全媒体运营师等。在实践当中，一些新职业是在劳动者与用人单位建立了劳动关系的前提下开展的，也有一些是在自雇或其他形式的灵活用工条件下开展的，但无论外在表现形式为何，都存在工时保护的正当性和必要性。

2. 调整适用的可能性

以八小时工作制为代表的工时制度虽然留有综合工时制和不定时工时制这两种变通方式，但在社会化小生产下却有些力不从心。工时制度的立法目的是保护劳动者身体健康，新经济当中加班时间过长，劳动者“过劳死”的情况时有发生，工时制度需要有效地遏制此类现象的发生。当工作弹性化在新经济当中被广泛应用的时候，八小时工作制却显得力不从心，症结在于过度地强调工作时间不得超过八小时这一形式，不仅忽视了社会化小生产的特点，而且忽视了其背后对人身健康的追求。大量立法、司法和执法精力都放到了工作时间的界定和八小时的计算上面，而且加班费制度的设计又侧面鼓励了劳动者超时加班的做法，让工时制度无从置喙，而对健康的实质性保护，却难以切实实现。

事实上，要解决工时制度被弱化的问题，既不可通过硬推的模式加以落实，也不能通过虚化的方式加以搁置，而要从以下两个方面着手加以解决。第一，要把社会化小生产考虑到工时制度的运用场景当中。工时制度是工厂林立的社会化大生产的产物，与之形成了高度匹配的关系，放到蓬勃兴起的社会化小生产当中，似乎就失去了抓手。解决这一问题的关键在于将焦点放在社会化小生产的“小”字之上，整齐划一的工时制度在个性化很强的“小”生产当中就显得过于僵化，执行起来要么费时费力、要么如刻舟求剑。具体而言，“小”生产工作方式的灵活性让工作的起始时间、结束时间、有效时间和休息时间都失去了明显的标志，也无法比照八小时工作制进行规制和奖惩。“小”生产有其本身的特点，工时制度需要进行个性化的调整方能突出重围。

第二，要回归工时制度的内在法益来考察工时保护问题，而非仅看工作时长这一外在表现。保护健康权才是工时制度的缘起，而八小时工作制是产业工人通过斗争争取而来的成果，也是适应当时生产方式的产物。因此，笔者认为，新的生产方式下，应继续以保护劳动者的健康权为核心，而不是继续坚守“八小时”这一形式。应通过设定一些工作适应性的指标体系，以劳动者的实际工作状态和体能状况作为衡量标准，个性化地、动态地决定是否允许继续工作或加班等。

在社会化大生产与社会化小生产并存的当下，为了避免出现厚此薄彼的情形，应将工时到限的健康标准应用到传统用工当中，以职工达到八小时标准的状况为准。社会化（机器化）大生产的环境下，劳动者工作八个小时存在一定的体力消耗，体力消耗尽管因岗位的不同而各不相同，但不难核算出一个均值。不过，如果以体力消耗作为参数来进行核算，脑力和体力劳动存在很大不同，现实当中也无法彻底区分脑力和体力劳动。故而，单纯以体力消耗来作为工作时间的衡量标准尚不够全面和准确。可以考虑适用“工作疲劳度”这一标准，结合体力消耗值，来制定相应标准。

以“工作疲劳度”为标准有两个方面的好处，一是框定工时，二是保障安全。“工作疲劳度”不仅反映了劳动者的工作状态，也反映其是否能够继续承受更多的工作量。针对八小时工作制，“工作疲劳度”并非以劳动者身体承受力达到极限为标准，而是应以劳动者八小时后的状态为准，是一个“适量性”而非“极限性”标准，也是工时制度背后所反映的价值标准。对于某些涉及公共安全以及个人安全的领域，例如驾驶员，这类工作的要求就更为严格，需要定期休息，以保障充足时间来恢复体力，从而确保交通安全。“工作疲劳度”是反映工作状态和工作量的客观标准，但不应是唯一标准，未来随着科技的发展，会有更多、更先进的评估方式和指标出台，从而更为全面地确定劳动者的工作状态，为其提供更有针对性的保护。

考察“工作疲劳度”可以通过人体生理参数检测来实现。人体生理参数检测作为生物医学工程学的重要分支，机理是应用电子信息科学元器件来采集各种生理医学信号中所携带的健康信息，并对携带的医学健康信号进行除噪、放大、存储等处理，通过现代通信技术实现心电、呼吸、脉率、血氧饱和度、体温、血压等信号的实时测量，再对纯净的生理信息进行编码，并将生理、模式识别、统计检测与估计等学科融合在一起，得出实时的评估结果，以便开展对健康情况的医学上的判断。①

---

① 王忠，孙玮，胡芳凝，张豪，王腾腾．基于“去中心化”的人体生理参数检测仪设计［J］．物联网技术，2019，9（04）：91－92，95.

“工作疲劳度”的标准制定、参数收集和判断以及最终的反馈等都是专业性很强的领域，需要具有公信力的专业机构和人士参与，除了劳动法专家之外，还应有医疗专家、劳动关系专家、远程通信专家的综合参与。“工作疲劳度”的标准需结合传统八小时工作制的劳动消耗量和疲劳程度来确定，离不开劳动关系专家的建议；参数和判断是从健康医疗角度来开展的，离不开医学专家的建言。故而，工时制度的制定需走出纯劳动关系领域，来到一个更为广阔的合作空间。

可穿戴电子设备的普及，让实时健康监测成为可能。当下，不少公司都推出了可穿戴电子设备，功能主要涵盖了社交生活、娱乐、健身、导航等方面的内容。其中，以人体生理参数检测为基础的健康管理设备是最为常见和常用的一种，可监测呼吸、脉搏、心电图等关键的健康信息。近年来，与可穿戴设备配套的监测方法及应用仪器研究方面取得了突飞猛进的进展，包括：AMON 腕式健康与预警网络监测仪器、My Heart 心血管疾病监测智能穿戴系统，以及 Life Shirt 生命衫等。此外，集成心电、加速度计和血氧传感器的胸带式和腕表式穿戴测量方法，以及由智能手机和穿戴心电传感器组成的心脏病自我监测和评价平台也相继出现。[①]

当然，可穿戴健康监测设备尚处于相对初级阶段，可监控的生理指标有限，还有很大提升空间，距离完全实现本书所设想的监测精度尚有很大距离。例如，监测精度不够，数据只能进行较

① 祝宇虹，刘海平，查富生，李满天，郭伟，王鹏飞．基于呼吸信号的驾驶员疲劳状态实时监测系统［J］．江南大学学报（自然科学版），2014，13（01）：55－59.

为简单的分析，集成的传感器数量有限等。尽管如此，现有可穿戴设备已经初步具备了实时监测健康状态的功能。可穿戴技术、生物传感器技术和无线通信技术正在以前所未有的速度发展，可以预见的是通过可穿戴设备构建起来的实时健康监控装置将会更加成熟和准确。越来越多的人体生理参数信号，包括心电、血压、呼吸、脉率、血氧、心率、体温、睡眠、血管张力、体脂、血糖等已经可以通过可携带式装置进行采集，并通过远程通信和云计算进行分析和反馈。

在新经济当中，劳动者是新科技的最早使用者，也是最早的受益者。以平台从业者为例，所有人员都配备了智能化的远程通信工具，他们的工作时间和行动路线基本都在平台的掌握当中，如果再辅以相应生理信息传感器，就可以准确了解其相关疲劳程度，从而有效地决定工时的长短。在某些交通运输行业中，为了保证交通安全和公共安全，一些国家对驾驶员的身体状况和疲劳程度进行严密的监控。① 未来随着可穿戴设备的逐步成熟和普及，以此为据来管理工作时间是有可能的。

当然，在建立以健康为中心的工时制度时，存在健康数据这一高度个人隐私的安全问题。首要的问题是：哪些主体可以获取和掌握这些信息？最为普遍的担心将会是，平台一旦掌握这些信息，是否会滥用，或用作歧视某一类员工的工具，使原本就已经难以遏制的健康歧视雪上加霜。这一担心是有现实基础的，也是本方案必须要解决的问题之一。故而，本研究认为，平台的确不

---

① 祝宇虹，刘海平，查富生，李满天，郭伟，王鹏飞. 基于呼吸信号的驾驶员疲劳状态实时监测系统［J］. 江南大学学报（自然科学版），2014，13（01）：55－59.

宜全面掌握劳动者的健康数据，也没有必要完全持有这些信息。在工作制度的理念下，对于平台而言，只需了解到哪个时点需要给劳动者安排休息，才能使其免遭过度疲劳之苦即可。

因此，在该制度推行之前，需解决好信息保护的问题。个人信息保护问题牵涉面极其广泛，囿于本书篇幅与主线，在此不再赘述，仅仅提供一些尚未成熟的想法。首先，劳动者健康数据应尽量隔离用人单位，最好由国家成立相应的数据平台，统一管理和使用这些健康数据，并及时向聘用劳动者的平台进行反馈。国家成立公共机构专司健康数据的管理工作，这样既确立了相应的公信力，避免了私营机构窃取信息之忧，同时也为相关数据提供大数据计算的可能性，让结果更为准确和及时。

其次，实时健康监控将产生大量数据，而且采集、传输不受时间、地点控制，管理起来十分艰巨。因此，针对可穿戴设备收集的健康数据内容、数据流动环节和涉及角色主体的责任义务，需要从法律、管理、技术和伦理层面加强数据安全与隐私保护。例如在法律层面强化个人数据保护的规范体系，将私营机构和公共机构都纳入监督之内，完善追责体系；在管理层面建立权威的数据监督管控部门，保障健康医疗可穿戴设备数据安全与隐私保护法规的执行；在技术层面上应根据健康医疗可穿戴设备的数据内容和数据流动环节设计分级分类的管控模式，并要应用多重加密技术和用户身份认证机制保障数据的安全性；伦理层面应加强隐私数据保护，对相关从业人员和用户进行隐私保护培训，并要以合适的途径在健康医疗可穿戴设备系统中向用户传递数据共享最小化原则和未知环境慎重使用的信息。

3. 调整后的兼容性

在传统用工依旧占据较大份额，而且可穿戴健康监测设备尚不成熟的情况下，也不宜将现行劳动法中的工时制度彻底转化为以健康指标为准据的工时制度。要求所有劳动者佩戴可穿戴设备并不现实，尤其是这些设备价格不菲、功能单一，远未达到像智能手机那样普及的地步。因此，立法可以为新经济用工的双方提供选项，而不是强制转型，要做好社会化大生产与社会化小生产并存前提下的兼容性设置。

具体而言，传统用工和平台用工可以选择继续执行八小时工作制，正如前文所述，社会化小生产的出现并没有完全取代社会化大生产这一模式，而是与之共存，虽然社会化小生产为代表的新经济仍然保持着高速增长的势头，但能否最终取代社会化大生产这一形式也不得而知。允许传统用工继续适用八小时工作制既是当然也是应然之举，这有利于维护传统企业的稳定。对于灵活用工雇佣方，例如平台，也可以根据自身情况选择适用传统工时制度，也就是说不禁止平台选择传统八小时工作制，但平台有义务提供合理的配套方案来落实相应制度，否则将面临违规处罚。当用人单位选择了传统的工时制度方案，包括标准工时制、不定时工时制、综合工时制，需要承担合规制度设计、执行和举证的成本。同理，平台一旦选择适用以健康为标准的工时体系，可以免除制度成本，但需承担劳动者配备可佩戴式设备的成本。平台在选择新技术带来的管理便利的同时，需付出一定成本，而这些设备可以依托现有的便携设备，从而降低一部分成本。

（三）劳动安全卫生

对于劳动安全卫生保障，传统劳动法以从属性为出发点，确定了雇主的主体责任。在社会化大生产的环境下，用人单位不仅是生产工具和生产场地的提供者，而且劳动者是在用人单位的监督和指挥下开展工作，从理论上讲，就自然构成了用人单位承担主责的权利义务分担形式，这也是劳动法能够脱胎于民法侵权责任的过错原则的一个重要体现。

然而，在社会化小生产当中，虽然用人单位对劳动者仍然存在一定的指挥关系，但生产工具和生产场地未必都是由雇主提供。以远程工作为例，劳动者可以在家或者任何地方接受工作任务指令，完成工作，并通过电子化或物流的方式将成果返回给用人单位。在这种情况下，劳动者出现意外伤害并非发生在用人单位所能够控制的生产空间内，生产工具也有可能是劳动者自主购买和使用的，用人单位也无法保障其质量和使用安全性。如果劳动者在用人单位无法管理和控制的空间里或工具上遭受损害，用人单位为此承担工伤赔偿责任在法理上存在解释障碍。

1. 扩面适用的必要性

劳动安全卫生保障的是劳动者的人身权。纵观历史，从劳动安全权的产生、发展历程来看，保护的形式不断变化，唯一不变的是对劳动者的专门保护。社会化大生产当中，各行各业的劳动都存在一定程度的人身伤害风险，只不过风险的大小有所差别。从事矿山、井下、粉尘、有毒有害物质作业的劳动者所面对的职场危险因素要远多于在办公室中从事脑力工作的劳动者。但这并不表示脑力劳动者没有劳动安全方面的需求，例如，工作场所的基本安全是劳动者的共同需要，工作场所的温度过高、过低或者空气湿度过高、过低，都会对劳动者的身体健康造成危害。因此，工作场所应当保证正常的温度和湿度，对于高于一定温度的，应当适当降温；低于一定温度的，应当进行供暖。湿度过高的，应当采取防潮措施；过于干燥的，应当设置加湿设备。劳动安全权对所有劳动者的保护都是一视同仁的，不应因身份地位的不同而有所区别。随着生活节奏的加快和社会竞争的日益激烈，脑力劳动者所承受的精神压力日益增加，因精神压力所带来的职业安全问题越来越凸显，对精神法益的涵摄成为劳动安全权发展的新思路和新趋势。[①] 不管职业安全权的内涵和外延发生何种变化，其所保护和围绕的中心永远是劳动安全。

正是由于社会化大生产当中的劳动存在从属性，劳动安全卫生主要是用人单位对劳动者的责任，具体表现形式上分为直接责任和间接责任。在正规就业当中，劳动者是在用人单位的指挥下开展工作，用人单位承担劳动者在工作场所遭受的产业事故的损害赔偿存在法律上的合理性。在劳动法出现的初期，用人单位往往要直接承担提供安全卫生条件的职责，承担工伤赔偿责任。对于前者，用人单位在生产环节需要提供岗前培训、劳动保护措施和安全劳动环境。对于后者，用人单位在出现工伤时应对劳动者给予医疗、生活和物质上的帮助，但由于用人单位工伤的担责能力有限，因此产生了工伤保险机制，以社会化的方式来化解生产

---

① 刘燕斌．国外劳动者精神健康保护措施［J］．中国劳动，2010（12）：32－34.

风险，这也符合社会化大生产业态的做法。用人单位通过为正规就业劳动者缴费的方式加入社会化的工伤保险当中，在一定程度上加强了对劳动者的保障。

在社会化小生产模式下，用人单位对劳动者的工作场所、生产工具和生产过程的把控和管理程度有限，对工作环境的安全性难以承担直接责任。灵活用工是社会化小生产的一个重要特点，灵活不仅包括工作时间的灵活，而且包括工作地点的灵活和工作方式的灵活，脱离了在工厂里集中劳动的传统方式。用人单位对劳动者劳动的管理和指挥也渐渐放弃了对过程的管控，转而着重于对工作结果的考量。工作场所和工作过程中的安全性往往只有劳动者本人才能予以把控，因此让用人单位为自己无法把控的劳动安全卫生条件承担责任在法理上存在解释不能的困境。

同理，工伤保险机制在纳入灵活用工劳动者之时也存在不少的问题。虽然时下不少专家呼吁，工伤保险应突破劳动关系，充分吸纳个体工商户和自由职业者加入。① 我国社会保险法也做出了类似的努力，允许个体工商户和自由职业者通过自己缴费来参加工伤保险。另外，不少共享平台为了保障其从业者的安全纷纷为其购买商业性的意外伤害险。工伤风险从雇主责任逐渐转化为社会保险责任和商业保险责任，似乎解决了灵活用工的职业伤害救济的问题。

---

① 参见：李海明，罗浔阳．平台经济下灵活就业者的权益保障［J］．创新，2019，13（05）：108－118；翁仁木．平台从业人员职业伤害保障制度研究［J］．中国劳动，2019（10）：78－90.

但在现有的制度条件下，无论是社会化的工伤保险方式还是商业化的意外伤害险模式，在社会化小生产下的灵活用工当中都存在一定的问题。还以平台用工为例，首先，按照现有法律的规定，如果灵活就业者要参与工伤保险，需自己负担所有保费，而法律并没有要求平台在支付劳动报酬的时候将保费考虑进去，在劳动报酬之外支付一笔额外的保费。即便是平台提供相应的保费，灵活就业者拒绝缴纳保费，又该如何处理？其次，在商业保险模式下，由平台为每一位劳动者购买商业保险，可能因为劳动者的年龄、健康情况和文化水平不同而需要支付不同的费用，这让平台在聘用劳动者时会就上述因素进行考量，无形之中加重了就业歧视的现象。最后，无论采取哪一种模式，都存在雇主责任溢出的情况。平台虽然在灵活用工模式下对劳动者的影响力偏弱，但相较于保险经营机构（无论是社会化还是商业化的），还是存在一定的影响力的，如果模式转变为由劳动者自觉购买保险或平台代为购买保险，出现灾害事故的时候，由社保机构或商业保险公司承担责任，那么在预防风险方面就出现了空白。劳动者虽有保险利益但无能力来预防风险，平台虽有能力但无保险利益去预防风险，而工伤事故出现之后酿成的苦果由劳动者和保险机构来承担，保险机构反过来还需通过提高保费来应对，这让劳动者进一步成为受害者。

而且，即便是从工伤保险和意外伤害险的制度设计来看，没有用人单位这一补充角色，仍然无法让劳动者得到较为全面的保障。根据我国《工伤保险条例》的规定，劳动者出现工伤之后，如果劳动能力鉴定为一至四级伤残的，劳动者退出工作岗位，仍然由用人单位支付经济补偿。但对于个体工商户和自由职业者，这一点显然是无法适用的。对于商业性的意外伤害险，劳动者受到意外伤害后能够获得较为全面的赔偿，但能否维持持续的收入存疑，如果劳动者因工致残而部分或全部失去工作能力的话，保险提供的补偿就难以涵盖劳动者后半生的所有支出了。

不管劳动者的工作模式如何，只要从事劳动都会面临劳动安全的风险，就会存在遭受人身性伤害的可能性，对劳动安全卫生保护的需求仍然存在。再以外卖平台为例，外卖骑手在配送过程中可能遇到交通工具故障、交通事故伤害等，也可能遭受第三人造成的人身伤害，在受到伤害之后也会有就医、照料和工休的需求。外卖骑手在工作过程中也需要劳动保护的保驾护航。而且，从事灵活就业的劳动者群体庞大，如长期游离于劳动安全保障机制之外，不仅对劳动者本人不公平，对整个社会而言也存在巨大的挑战。

对劳动者提供劳动安全卫生方面的保护是劳动法的应有之义，其中不应排除灵活就业者。劳动安全卫生制度虽然诞生于社会化大生产模式下，但其核心法益是保障劳动者的职业健康。劳动安全卫生制度设计也是从劳动者的身体健康权出发，而非以劳动者的身份为界进行保护，如工作场所的安全性保障，面向的是所有在该场所出入人士，不仅包括劳动者，也包括管理人员与其他访客。但工伤保险却将范围限缩到劳动关系当中，不利于广大灵活就业者得到相应的保障。

2. 调整适用的可能性

现实当中，不少新经济平台采取的措施是为从业者购买工伤保险和人身意外伤害险，但单纯对工伤保险覆盖范围进行扩面并不能一劳永逸解决劳动争议问题。灵活就业人员购买工伤保险只是解决了劳动安全卫生的后端问题，也就是当出现工伤事故之后，受伤人员能够得到救治、生活、收入方面的保障。但对于同等重要的劳动安全事故预防工作，加入工伤保险并不能起到促进作用，甚至在某些情况下起到消极作用。当新经济中的雇佣方购买了工伤保险之后，工伤赔付责任就从雇佣方转移到了社会上，雇佣方进一步加强劳动安全卫生保护的紧迫感就相应降低了。

继续以平台经济为例，事实上，在平台经济模式当中，劳动者从属性的下降和平台管控力的削弱，只是适当减轻了平台的管理责任，对于那些完全不在其管控范围内出现的事故提供一些抗辩，例如，劳动者在家工作时烧开水被烫伤、食物中毒等，可以不计入平台的责任。但劳动者使用平台提供的生产工具而受到伤害或在平台的工作场所受到伤害仍应由平台承担相应的责任。

根据上述逻辑，在现实实际责任划分当中，平台在工伤方面的责任形式有两种。其一，平台在提供生产工具和生产场地的时候，和传统意义上的用人单位的责任是一致的，应确保生产工具和生产场地安全性，采取一些可能措施防范事故的发生，对相关事故承担无过错责任。其二，对于那些生产资料和生产场地都不属于平台的，平台有义务督促劳动者使用较安全的设备和场所，并指导劳动安全工作规范，对于劳动者购买或租用安全的生产工具和场所而产生的额外费用，应由平台来承担。根据工伤责任的一般性原则，用人单位需承担无过错责任，但不排除根据侵权责任的原则，平台存在可以减轻或免除责任的情形。笔者认为如果平台做到上述两点，可作为减轻和免除责任的事由。

同时，当工伤保险或人身意外伤害险介入新经济工伤情形之中，需要继续从雇主责任角度入手，并结合新经济的特点，来完善相应的制度。简言之，传统的工伤保险制度继续发挥效力，除调整正规就业的工伤问题外，还可以进一步地适用于平台提供生产工具和场地的情形。对于那些平台没有提供生产资料的情形，平台承担管理上的督促责任和经济上的补偿责任，应推动劳动者使用安全的生产工具和在安全的场所里工作，从而起到预防工伤事故发生的效果。而且，法律可以规定，平台积极履行上述义务，不仅能够免于处罚，而且能够作为无过错责任的减轻和豁免事由。

与此同时，工伤保险制度也应作适当调整，让平台用工、个体工商户和自雇人员能够获得与正规就业人员同等的保障。我国现行的工伤保险制度，是基于用人单位的存在而设计的。因此，在劳动者出现五至六级伤残的时候，除社保机构赔付医疗费和一次性伤残津贴外，还由用人单位按月支付伤残津贴，直至劳动者依法享受退休待遇为止。对于那些用人单位不清晰或没有用人单位的劳动者，这层待遇虽然对其至关重要但无法获得实现。法律无法轻易为灵活就业的劳动者拟制出用人单位，也无法让社保机构额外承担支付伤残津贴的责任，否则会加重制度的利益落差，造成新的不公平现象。但工伤保险机制可以在现有的基础上进行微调，增加一项额外保险，由灵活就业者缴费，在其出现因工致残的情形时，可以享受到由社保机构提供的伤残津贴，从而解决制度不均衡的现象。

对于灵活就业者而言，在获取相关劳动报酬的时候，应有权利要求雇佣方额外提供该费用。在正规就业当中，用人单位为劳动者缴费参加工伤保险已经是法定化和制度化的要求。而在灵活就业当中，劳动者需要从自己的收入中拿出一部分缴纳工伤保险，这一部分风险虽然是劳动者自己来承担，但成本也由劳动者来承担不甚公平，也不符合工伤保险制度的立法目的。因此，劳动者在核算自己劳动报酬总值的时候应将这部分价值也考虑其中。如果雇佣方，例如平台愿意购买，除应为劳动者购买基础工伤保险之外，还应购买额外保险，从而覆盖伤残津贴和一次性就业补助金等原本需要由用人单位承担的责任。

对于商业保险而言，原则上应适用类似的机制，即当灵活就业的劳动者发生伤残的，除医疗费和一次性补偿之外，应有权利获得持续性的类似于伤残津贴性质的经济补偿，从而维持其基本的生存权。而且，商业保险不应为灵活就业人员的加入设置障碍或给予歧视性待遇，如提高保费、健康检查和理赔限制等。

3. 调整后的兼容性

劳动安全卫生保护涉及所有劳动者的基本权益，在社会化大生产与社会化小生产并存的当下应尽量做到兼顾兼容。在传统的正规就业当中，需要继续坚持用人单位的主体责任和实体责任，沿用劳动安全卫生机制要求的用人单位为劳动者提供生产工具和生产场地时的安全保障责任，工作过程中的安全操作责任，以及工伤事故发生时的救治和补偿责任等。劳动安全卫生法规无须针对传统的正规就业作出调整，应继续针对劳动保护发挥作用。

而对于灵活就业人员，在坚持雇佣方主体责任的同时，可以根据具体情况将雇佣方的实体责任转换为经济责任和监督责任。雇佣方不直接提供生产工具、生产场地，不对劳动者的劳动过程全程指挥的情况下，在保障生产工具、生产场地和生产流程安全方面的实体责任可以减轻。但雇佣方的主体责任不能减少，在操作上需要从实体责任转换为经济责任和监督责任，也就是说灵活用工雇佣方对劳动者的劳动安全卫生不是毫无责任，而是要对劳动者自行采购的生产工具、生产环境和生产过程的安全性进行监督，并提供必要和适当的补偿。

这就意味着劳动安全卫生法律将会存在两个体系并存的情况，用人单位和劳动者如何在这两个体系中进行切换或者选择呢？在劳动安全卫生保障机制适用选择方面，首先，要严格按照正规就业和灵活用工的典型形态进行分类适用。其次，对于界限不清、区分不易的工作形态，可以考虑给予双方当事人适当的自主选择权，允许双方通过约定形式选择适用传统劳动安全卫生的一般法规或针对灵活用工的特殊规范。

那么两个系统之间的选择是否会带来制度溢出效应或者是虹吸效应，导致劳动关系扭曲、劳动者权益受损的结果？防止制度负担不平衡带来的责任规避问题，关键在于让传统劳动安全卫生制度与针对灵活用工的劳动安全卫生制度在责任成本上保持平衡。正如本书所建议的，劳动安全卫生责任是用人单位的主体责任，变化的是承担的形式，不变的应是责任的本质。在灵活用工方面，劳动者安全保障的成本不应完全由其自己承担，而是需要雇佣方介入加以保障，而且经济成本应与正规就业一致。雇佣方需肩负监督劳动者采取劳动保障措施之责，且需要负担购买相应的工伤保险或商业保险的成本。

对工伤保险和商业保险作出的调整是针对所有劳动者的，是为了让劳动者在出现工伤风险的时候能够全面享受到国家提供的保障。将伤残津贴的支付主体由用人单位改为社保机构能够提升工伤保险的普适性，惠及更多的劳动者，不会在社会化大生产与小生产之间造成责任不均衡的情况。

（四）特殊群体保护

劳动法还有针对特殊群体进行保护的制度，包括对女职工、未成年工、残疾人等的保护。劳动法对特殊群体进行保护的着力点有两个：第一，从反歧视角度进行平等保护。第二，从身体健康权角度进行保护。囿于篇幅限制，无法对所有特殊群体进行逐一论述，特以女职工为例进行分析。

1. 扩面适用的必要性

劳动法对女职工的保护存在两个层面的法益。第一个方面，劳动法的特殊规定是为了保护女职工的身体健康。劳动法为保障女职工的身体健康，禁止用人单位安排其从事特定的劳动，如三级以上的体力劳动和矿山井下作业等。因为女职工的身体条件存在一定程度的特殊性，劳动法在人身权保护方面作出一些特殊安排也符合劳动安全卫生保护的要求。

在社会化小生产模式下，与社会化大生产相比，变化的是雇佣方（或顾客）对劳动者工作过程的指挥，不变的是劳动者的工作内容。对于女职工而言，再以外卖骑手和邮政投递员的比较为例，都会面对搬运大件物品过程中的重体力劳动场景，也会遇到恶劣天气带来的高温、低温或涉水的情况。如果劳动法对女职工人身方面的保护仅覆盖正规就业的女职工，而抛下灵活就业的女性劳动者于不顾，就会架空劳动法对女职工保护的初衷，人为地造成新一轮的不平等。

第二个方面，女职工在就业的过程中享受免受歧视的待遇。劳动法较早地引入了反歧视的保护，在劳动合同的订立、履行和解除方面都贯穿着反歧视的要求。反歧视本身就是宪法性要求，贯彻到劳动法当中不仅顺理成章，而且实属必然。从另外一个侧面而言，反歧视的保护不应止于劳动关系，而是应让更多劳动者享受到反歧视的保护。

灵活就业女性劳动者虽然未必与雇佣方建立了正规的劳动关系，但在工作的过程中存在被歧视的可能性。继续以外卖平台为例，平台在招用外卖骑手的过程中是否会因为女职工需要特殊保护而给企业增加成本就人为减少招用呢？在派单的过程中，是否会有意倾向于一些男性骑手呢？在劳动报酬支付的过程中，是否会出现同工不同酬的情况呢？平台在重组或裁员的时候，女性劳动者是否会成为最早的牺牲品呢？

作为女性劳动者，即便从事的是灵活就业，也有尊严不受侵犯的权利、享受公平待遇的权利。免受歧视是宪法性的权利，女性劳动者在灵活就业的过程中对平等待遇的追求也是受到法律保护的。劳动法作为《宪法》辖下的部门法，不仅应保护正规就业的女职工，也应当保护灵活就业当中的女性劳动者。同理，法律的反歧视保护可以推而广之到所有法定的弱势群体，如残疾人、有色人种、少数民族等群体。

但是，现实当中劳动法对灵活就业女职工的保护也存在一定的制度障碍。首先，让平台为女职工提供劳动保护存在理论上和制度上的障碍。例如，根据劳动法的有关规定，当女职工处于孕期、产期、哺乳期期间，有权享受一定时间的假期。但对于灵活就业女性劳动者而言，可能会因为要求相应待遇而失去获得订单或职位的可能性。其次，平台提供反歧视保护也存在一定障碍。例如，外卖骑手的工作需要入户递送物品，行动不便的残疾人可能无法胜任，平台即便能够提供无障碍设施也难以满足工作的需要。

2. 调整适用的可能性

不过，平台用工存在一定程度上的先天优势来落实对女职工的特殊保护。首先，在人身权保障方面，平台可以通过设置一些参数限制，让女职工免受恶劣工作环境的影响。例如，平台可以根据室外温度的变化，判断是否适合让女职工接单工作，尤其是对于那些处于“三期”的女职工，一旦将情况知会平台，平台可通过一定算法来调整和分派适合的工作给女职工，避免其从事繁重的体力劳动。事实上，科技的发展可以为每一位劳动者提供定制化的保护，尤其是特殊群体。这些保护随着数据的积累和算法成熟，能够实时调整工作量，形成一个比传统劳动法保护更为到位和精准的保障。

单靠平台的自觉来实现算法的相对优化还是不够的，还需要加强外部的督促力度，其中劳动监察就应发挥更为重要的作用。作为特殊弱势群体的女职工，本身往往不具备相关能力和经验来监督平台落实相关的特殊保障机制。因此，特殊保障主要还得依靠行政监察力量来实现，与反歧视类似，应重点关注是否为特殊群体提供了保护，是否根据法律的规定设置了特殊的控制，“有则改之、无则加勉”。

对于处于孕期、产期、哺乳期的女职工的假期安排，涉及生育保险的问题，主要将在社会保险的部分进行论述。孕期、产期、哺乳期当中，孕期和哺乳期虽然会对女职工的工作时间产生影响，但不会使其完全丧失工作能力。在新经济的按件付费模式下，平台本身不会有额外的负担，但对于女职工而言，有效工作时间减少，也意味着收入的减少。平台从业者通常也是以劳动报酬作为主要收入来源，收入的减少直接影响着劳动者的生存权。不过，在平台用工模式下，让平台承担相应补偿责任缺乏法理支持。因此，生育保险就需要起到一定的作用。尤其对于那些处于产假期间而无法工作的女职工而言，生育津贴可能就是其唯一的收入来源，需要进一步针对灵活就业女职工的情况完善生育津贴制度。对于生育保险将如何覆盖新经济中的女职工，而且在女职工怀孕期间，应该如何保障其收入达到一定水平，需要对我国社保制度进行一个全面的梳理。笔者认为，如果继续沿用现有社保机制可能会走入更为严重的危机，不少西方国家已经进入社会福利陷阱当中，面对巨大社保财务压力而无法抽身，我国应尽量避免此类情况的发生。

3. 调整后的兼容性

将灵活就业的特殊群体纳入劳动法的相关保护当中，属于制度的扩展适用，对原制度并没有产生替代效果。原来适用于社会化大生产的特殊群体保护措施维持不变，继续对正规就业劳动者发挥作用。同时，将这些措施或标准，进行适当的转化，在平台经济中加以运用，让平台在指派工作的时候能够考虑到特殊群体的情况，有针对性地分配任务。因此，不会出现顾此失彼的情况。另外，由于用人单位的责任并未因为责任的形式发生变化而出现厚此薄彼的情况，故而不会出现制度上的不均衡。

但劳动安全保障制度对于新经济之外的灵活就业弱势群体的适用还是有限的，这一点只能通过社保兼容性来进行解决。对于一些并非平台模式的灵活用工形态，如传统的家政、小时工等，劳动法对特殊群体的保障可能仍然无法加以适用，只能依靠劳动者的自主决定来避免从事与自己身体条件不相称的工作，并在劳动者出现身体状况或者不适时，由社保体系加以补偿和支持。

二、劳动关系运行机制的扩面与调整

在我国的个体劳动关系运行机制当中，涉及的强制性规范主要集中在劳动合同部分。我国《劳动合同法》中对劳动合同的强制性规范并不少，如劳动合同的形式要求、必备条款、选择条款、解雇保护和反歧视等。本书将结合劳动合同规定的主要方面展开讨论，研究相关机制在社会化小生产模式下如何继续发挥作用。

在我国的集体劳动关系运行机制当中，涉及的强制性规范主要集中在集体协商的组织形式和过程，以及集体合同的效力和执行，但并不限于上述内容，还包括工会、谈判代表的职业保护，以及集体合同的法律效力等。同样囿于篇幅限制，本书无法面面俱到，仅针对集体协商和集体合同的形式进行探讨。

（一）个体劳动合同

1. 劳动合同书面化要求

2008年出台的《劳动合同法》提出了劳动合同书面化的要求。虽然劳动合同书面化的要求也存在着不少争议，但我国要求书面劳动合同的初衷还是值得肯定的。就劳动者权益保护而言，书面劳动合同的施行具有如下优点。首先，权利义务通过书面劳动合同得到明确，可避免纠纷、便于履行。《劳动法》和《劳动合同法》都对劳动合同的必备条款作出了详细的规定，基本涵盖了劳动者及用人单位各自所应履行的义务及享有的权利，劳动者及用人单位各自履行义务因“有言在先”“有章可循”而变得明确，避免了权利义务划分模糊不利履行的局面。其次，留存书面劳动合同便于有关部门进行监督检查。劳动法对劳动行政机关的监察职责作出了严格的要求，但是“徒法不足以自行”，需要有权机构对劳动法的执行情况实行全面的监督检查，以增强各种劳动法主体的法律意识，尤其是用人单位的依法用工意识，避免和减少违法行为的发生。[①] 现实生活中劳动关系数不胜数，进行普遍性的一般监督检查，其工作量之巨、难度之大可想而知。如果劳动关系主体双方签订了书面的劳动合同，可使劳动者意识到侵害自身权益的违法行为的发生，从而主动向劳动监察主管部门申请监督检查，加大劳动监察的针对性，使劳动监察有的放矢，有效保障劳动关系主体的权益，真正使劳动法得以顺利实施。最

---

① 唐镄，谭泓．加强劳动监察工作的逻辑思考与路径选择［J］．中国劳动关系学院学报，2015，29（03）：10－14.

后，签订书面劳动合同便于快速、妥善地处理劳动争议。劳动争议是劳动法律关系当事人之间关于法定和约定的劳动权利和义务产生的纠纷。劳动争议是否能得到及时、正确的解决是非常重要的。劳动关系主体双方如果签订了书面的劳动合同，发生劳动争议时有据可查，可便于劳动行政和司法部门妥善地处理纠纷。

（1）扩面适用的必要性

虽然书面合同具有上述诸多优点，但同口头劳动合同相比，也具有一些明显的不足，尤其是在社会化小生产的灵活用工当中问题层现。首先，书面形式不够灵活。订立书面劳动合同时，劳动者和用人单位都需遵循一定的步骤或环节，这样既能保障合同订立的进行，也是合同内容合法化、规范化的重要措施。但也正是这些步骤和环节，决定了书面劳动合同订立程序上的繁杂。在快节奏的劳动中，劳动关系主体双方都希望高效、快捷地建立或运行劳动关系，这与书面劳动合同的订立程序本身就构成了矛盾。其次，书面形式的要求无法适应劳动合同频繁变更的情形。在社会化小生产当中，劳动者的工作内容和事项常频繁变化。如果按照现行法律的要求，劳动合同变更都需要走冗长的协商程序并采取书面的形式，灵活就业的特点和优势就荡然无存，也不利于劳动力市场的活力。

不过，能否为了鼓励新经济灵活就业就放弃劳动合同书面化的要求呢？答案也是否定的。前文提到的书面劳动合同的三大优点也正是灵活就业者所需要的，他们的劳动（或劳务）关系、劳动权利与义务事项需要以某种形式加以明确，在出现争议的时候也需要提供合同作为自己维权的基础。尤其是在工作变动频繁的灵活就业领域，劳动争议呈现出数量大、标的小、时间短等特点，给劳动争议处理部门带来了巨大的压力，而劳动合同的存在为快速辨明是非、定分止争提供了不少助力。

另外，放弃书面化的要求也会对正规就业劳动合同产生不利影响。如果全面搁置劳动合同书面化的要求，会让正规就业人员失去已有的基本保护，让劳动力市场的保护机制失去抓手，重回双方赤膊上阵博弈的蛮荒之境。这与《劳动法》的立法宗旨不符，也有违《劳动合同法》制定的初衷。如若仅仅针对灵活用工豁免雇佣方与劳动者之间签订书面劳动合同的要求，那么波及的并非只有灵活就业人员。劳动合同书面化的要求如果在正规就业和灵活就业当中进行区别化的适用，也将会产生制度上的落差，从而加速企业用工方式的转型，进一步将正规就业的比例缩小。同时，大量的灵活就业者的权利会因失去书面劳动合同带来的确定性而无法及时、全面地得到劳动法的保障，为劳动行政和司法机关处理劳动争议徒增障碍。

（2）调整适用的可能性

劳动合同书面化虽是保护包括灵活就业者在内的劳动者所必须，但按照传统方式执行带来削足适履之困，完全或部分放弃却存在因噎废食之嫌。劳动合同形式方面的要求既需要起到切实保护劳动者的作用，还需要适应灵活就业的实际情况，不应成为阻碍商业模式合法、合理创新的壁垒。因此，劳动合同的形式要求需要作出一些调整，从而适应更为广泛的劳动用工场景，实现对社会化大生产和社会化小生产的兼容。

在灵活就业领域，尤其是新经济当中，劳动合同的书面化要求完全可以通过劳动合同电子化的方式进行替代。以外卖平台为例，外卖骑手加入平台和从事劳动大多是通过远程、电子化的方式开展的。在平台留存的数据当中，既有建立劳动（或服务）关系的证据——加入平台的确认信息，也有劳动合同履行的信息——平台派单与劳动者接单的信息，还有体现劳动合同变更协商的信息——平台与劳动者之间沟通的信息等。平台积累的这些电子数据，在形式上与传统的劳动合同书面化的概念有所区别，虽然在实践当中正在逐步地被法律所认可，但司法和执法机构对此仍旧保持一定的谨慎态度。事实上，平台的用工管理活动大多以数据的形式存储在服务器上，既可以提取，也可以追溯，在劳动争议当中可作为证据使用，在劳动监察中可作为依据进行参照，在协商中可作为基础进行沟通，在一定程度上实现了劳动合同书面化的目的。

但需要注意的是，法律界对电子证据的效力依旧保持着谨慎开放的态度，这跟电子证据的属性存在关联。平台用工方面的数据一般而言都是保存在平台所掌握的服务器之上的，平台出于商业管理需要以及保密的要求，会严格限制数据的接入和更新，也就是说，平台对数据有着绝对的掌控权，其中不乏擅自修改数据的可能。在这一点上，传统的纸质书面合同具有一定优势：第一，合同落款的当事人亲笔签名，难以进行伪造；第二，合同双方各执一份，无法进行单方面更改；第三，合同的材质和版式，让合同生效的日期比较确定。这些都是在合同纠纷当中涉及的实质性内容，也是司法机构在审查过程中着重考察的环节。而电子数据的单方性、变动性，大大减损了电子数据（合同）在法庭上的证据效力，从而也阻碍了电子证据的广泛应用。以微信截图作为证据为例，严格意义上具有证明力的证据需是经过公证加以固定的证据，其间不仅要把截屏图片留存，还要证明微信通信账号的所有人，每一步都是一个高成本、难验真、难周延的烦琐过程，不利于争议的快速解决。

不过，电子数据的上述问题正在被一步一步地解决，劳动合同电子化的可能性正在不断地提高。时下，互联网三个方面的进步让电子数据的可信度得到了提升：首先，当下科技发展水平虽然仍然能够实现数据的任意修改，但要做到全程无痕就比较困难了。为了保障数据安全，很多企业都有比较严格的数据管理程序，而且不少数据存储机构都设置了数据自动备份和日志系统。每个人都使用个人账号登录服务器，不允许使用 root 登录，执行的所有命令都会被记录到系统日志中。也就是说，在主机上曾经执行过的所有命令，都可以找到是谁在什么时间做的。[①] 而且，随着云存储、云计算的广泛应用，让数据的维护和修改都有迹可循，在一定程度上减少了企业篡改用工数据的可能性，提升了数据的可信度，让其能够更放心地被应用到劳动合同中。其次，互联网上的第三方公证机构和机制正在逐步建立。以在法律服务方面比较有名的时间戳（Time Stamp）技术为例，通常是在一份数据上楔入一个字符序列，唯一地标识某一刻的时间，从而能表示

① 赵屹．机遇与风险：云计算环境下的电子文件管理［J］．档案与建设，2013（10）：4－6＋41．

该份数据在某个特定时间之前已经存在的、完整的、可验证的数据。[①] 虽然它在形式上是为数据打上了一个可信的时间标签，但它是使用数字签名技术产生的数据，签名的对象包括了原始文件信息、签名参数、签名时间等信息，本质上是完整地固定了数据在某一时刻的状态，可以被司法机关作为回溯性证据使用。时间戳也被广泛地运用在知识产权保护、合同签字、金融账务、电子报价投标、股票交易等方面。[②] 最后，区块链（Blockchain）技术的广泛应用，让任何一方对数据进行篡改都几乎是不可能的，它在用工管理中进行运用能够有效防止篡改。区块链是一个分布式数据存储、点对点传输、共识机制、加密算法等计算机技术的新型应用模式，本质上是一个去中心化的数据库，是一串使用密码学方法产生的数据块，每一个数据块中包含了一部分的信息，用于验证其信息的有效性（防伪），具有不可篡改、全程留痕、可以追溯、集体维护、公开透明等特点。[③] 这些特点保证了区块链应用下数据的"诚实"与"透明"，为数据信任奠定了基础，从而解决了电子证据的真实性问题。

上述技术还在不断发展和完善当中，虽然终将能够彻底解决劳动合同电子化的问题，但时不我待，仍需对现有制度进行一些微调，为时下灵活就业者提供保障。首先，要保障电子化劳动合

① 余亚荣，张照余．基于可信时间戳服务的电子档案证据取证和验证方案设计[J]．档案管理，2020（01）：66－68．

② 熊志海，李嘉斌．论电子数据保全之司法应用［J］．重庆社会科学，2020（01）：106－122．

③ 赵磊，石佳．依法治链：区块链的技术应用与法律监管［J］．法律适用，2020（03）：33－49．

同的公信力，国家可以考虑加强对电子劳动合同的管理，有条件的话可以要求将劳动合同电子版备份至第三方服务器或机构，确保电子合同的真实性。其次，司法机关应加大打击恶意篡改电子劳动合同方面的行为的力度，将该行为纳入劳动监察的范围，提升电子合同的公信力。最后，法律应允许通过电子通信的方式协商一致变更劳动合同的某些条款的做法，从而提升劳动合同的运行效率。

（3）调整适用的兼容性

将电子化劳动合同作为劳动合同书面形式之一既是时代发展的需求，也是劳动合同形式要求的题中之义，对原制度是形式上的扩充而不是改变，不影响原制度继续对社会化大生产的适用。传统的正规就业完全可以继续以书面劳动合同作为基本要求，变更也采取书面的形式。而对于平台用工为代表的新经济，数字化的劳动合同与变更更为适应，也不影响原先书面形式的存在。数据化与纸面化共存本就是当下的一个重要现象，两套制度现在还看不到任何不兼容和顾此失彼的可能。

2. 必备条款

《劳动合同法》从保护劳动者权益角度出发，设置了比较多的必备条款。《劳动合同法》第 17 条规定，劳动合同除了列出当事人信息外，还应包含劳动合同期限、工作内容和工作地点、工作时间和休息休假、劳动报酬、社会保险和劳动保护等。劳动合同的必备条款基本上涵盖了劳动者权益的主要方面，相较于普通合同的必备条款多出了不少内容，明显是为了保护劳动者的利益而作出的此类规定。

（1）扩面适用的必要性

从具体事项上来讲，上述必备条款中不少对于灵活就业者也是不可或缺的。通常而言，工作时间、休息休假、劳动报酬和劳动保护是每一位劳动者的核心利益，在合同中加以明确是必然之举，其中也包括灵活就业者。必备条款的存在可以让不稳定的灵活就业关系增加几分确定性。灵活就业存在着期限灵活、形式灵活的特点，劳动权益的确定性和保障性必然成为薄弱之处，只有明确了劳动合同的核心内容，劳动关系双方方能更好地遵守，减少不必要的认识误区和操作误区。

另外，必备条款的存在进一步夯实了劳动合同书面化的立法目的，让可能出现的劳动争议能够得到及时有据的处理。根据我国劳动争议事由分布来看，劳动合同必备条款所涉及的内容经常是劳动争议比较集中的地方，也是灵活就业过程中的关键问题所在，在劳动合同中对这些事项进行明确约定有利于劳动争议的快速、客观处理。

（2）调整适用的可能性

实事求是地讲，必备条款虽然对于灵活就业者的保护具有重要价值，但并非所有的条款都是“必备”。以《劳动合同法》所列的必备条款为例，其中劳动报酬和劳动保护乃是灵活就业者所关注的核心利益，也是比较容易出现劳动争议的地方，因此纳入劳动合同必备条款无可厚非。但劳动合同期限往往存在于传统的劳动合同当中，对于非全日制工或者其他灵活用工，强制要求双方在劳动合同中明确约定合同期限，可能既不符合现实，又有些强人所难。

此外，法定的必备条款中的某些条款虽然也是保护灵活就业者所必须，但直接适用恐有张冠李戴之嫌。以必备条款中的工作地点、工作时间和休息休假为例，在传统的工业生产场景中这三项要素比较容易提前确定，以书面的方式在劳动合同中预先固定下来并非难事。但以灵活就业为主要表现形式的社会化小生产当中就存在比较大的障碍，比如外卖送餐工作，就很难事前确定具体的工作地点和时间，而是根据客户的具体情况和需求而定，由于具体的工作时间难以确定，所以休息休假就无法事先进行规划和安排。因此，在签订灵活用工劳动合同的时候，要求将工作地点、工作时间和休息休假提前进行约定脱离了社会化小生产的现实，也难以得到有效的施行。

针对灵活用工的特点适当调整劳动合同的必备条款是有必要的。首先，对灵活用工应豁免提前约定工作期限的要求。在这一点上，《劳动合同法》在非全日制用工上已经迈出了第一步，不要求双方提前确定合同的期限，合同可以随时以通知的方式解除，从而保留其灵活性。当然，不设定期限将是对劳动法解雇保护制度的一种突破甚至是损害，对于这一点本书将在“解雇保护”章节里加以论述和建议。

其次，对于诸如工作地点、工作时间和休息休假等在订立劳动合同之时无法准确预知的必备条款，可以允许双方进行适时、实时约定和变更，而非在订立劳动合同时提前加以固定。本书认为，如果能够在法律上和实践中认可劳动合同的电子化形式，那么适时、实时协商确定工作地点、工作时间和休息休假也就成为可能，并可以以合同形式固定下来以彰遵照。当然，在订立劳动合同时对上述三项内容完全留白也非万全之策，会对合同的确定性带来不小的影响，同时也会给相对强势的用人单位可乘之机，从而产生不利于劳动者的后果。因此，虽然可以不要求灵活用工的合同明确包括工作地点、工作时间和休息休假等具体细节，但仍可以规定双方应对上述三项作出原则性规定。例如，可以确定“工作地点以所在市为范围，工作时间一天不超过八个小时，每周需保证一天的休假时间”等，具体的安排可以留待履行劳动合同时加以明确。原则性的规定应以法律法规以及集体劳动合同为底线。虽然必备条款可以作原则性约定，但仍辅之以相应的执行机制，当用人单位违反这些原则性规定时应当给予劳动者以救济渠道。

（3）调整后的兼容性

按照本书的设想，灵活用工劳动合同的必备条款可以与正规就业有所区别，包括形式和内容两个方面。在形式方面，必备条款以电子化形式存在，不属于对《劳动合同法》第 17 条的实质性调整，是对现有劳动合同形式的补充和完善，不影响原规定在社会化大生产当中继续使用，而且电子化的方式也会为传统的劳动合同形式提供助力。

在内容方面，对灵活用工的劳动合同豁免一些必备条款会对原有的法律制度产生一定影响，需要从严掌握。以工作期限为例，如果为了照顾灵活就业的需要就放宽对合同期限的限制，是对劳动合同制度一次比较大的调整，会不会出现大量正规就业为了享受相应的豁免而转型为灵活就业呢？这在一定程度上是有可能的，现实中也出现了不少正规就业转型为灵活就业的情形。这就需要在两个方面做工作：第一，对灵活就业进行严格界定，防止原属于正规就业的企业调整为灵活就业模式。在适用合同期限的豁免时，采取审慎的态度，适当从严、从窄界定灵活就业。第二，调整关于劳动合同解除和终止的规定，让雇佣方即便没有约定劳动合同期限，用工成本也没有相应的减少。用人单位使用不定期劳动合同，虽然增加了灵活性，但仍需承担合同到期或解除的补偿责任，从而填补正规就业与灵活就业之间的鸿沟。

3. 选择条款保护

《劳动合同法》除了规定必备条款之外，也规定了双方可以选择增列的条款，也称“选择条款”，从而保护劳动者的权益。具体而言，《劳动合同法》规定的选择条款有“服务期条款”和“竞业限制条款”两种，但并不表示用人单位与劳动者之间只能有两种选择条款，而是为了保护劳动者的利益，这两项内容虽然是用人单位可选项，但并非其自留地，可以进行随意约定。从相关规定不难看出，法定的选择条款一直在追求自治与管制之间的平衡。以服务期条款为例，《劳动合同法》允许用人单位与劳动者约定服务期，但前提必须是提供了专项培训，处罚必须不能超过专项培训费用的“残值”，从而约束用人单位滥用服务期的规定、过度加重劳动者的责任。

（1）扩面适用的必要性

灵活用工的过程中也存在双方约定选择条款的可能性。社会化小生产已经扩展到了各个行业和领域，其中既有劳动密集型行业，如外卖和快递，也有技术密集型行业，如程序开发、翻译服务、安装设计等。对于劳动密集型的工作会涉及专项培训的安排和服务期的要求；对于技术密集型的工作可能会涉及保密乃至竞业限制的条款。即便是在灵活用工模式下，用人单位与劳动者约定服务期和竞业限制条款也是存在一定的合理性和可能性的。

灵活就业者同样可能面临选择条款被滥用而伤及自身权益的情况。在用人单位与劳动者签订服务期条款时，如果允许违约责任超过用人单位已经支付的专项培训费用，那么将会给无法履约的劳动者带来过多经济负担，也会间接鼓励用人单位滥用服务期条款，从而获取不当的利益。再以竞业限制为例，在灵活就业当中，如果不对竞业限制条款的签订对象、范围和时限加以约束，将会极大地限制劳动者的自由流动；如果不对竞业限制条款的经济补偿金加以明确，劳动者在竞业限制期内的生存权堪忧。

放任选择条款的限制不仅会侵害劳动者的权益，还会对新经济发展产生负面影响。服务期和竞业限制条款对劳动期限和后劳动义务期限作出了规范，从而在某种程度上是属于限制劳动力流动的措施。如果不加以约束，在整体上会造成劳动力市场资源配置的扭曲，大量经过专业培训的技术工和掌握一定技术的人才无法相对自由地流动，从而降低了市场的活力，也不利于社会化小生产本身的健康发展。

（2）调整适用的可能性

虽然选择条款在灵活用工中的运用并非新鲜事，但对它加以约束却是需要谨慎处之的。首先，对于服务期条款而言，就存在如何界定专项培训的问题。开展灵活用工的企业往往没有传统意义上的正常在岗培训，也没有计提职工教育经费作为一般培训费用，当失去一般培训作为参照，专项培训的概念从何而来就出现逻辑困境，也就无法启动服务期条款的签订了，更无法用专项培训费来核算违约金。其次，竞业限制的约束在灵活用工方面还存在与传统就业类似的问题。竞业限制条款在现实当中就遇到了后合同义务难以落实的困境，同时灵活就业者在与雇佣方确定竞业限制条款的时候也处于更为弱势的地位，难以在经济补偿金方面获得合理的补偿。

故而，劳动合同的选择条款需要针对灵活用工的形式作出一些针对性地调整。既然是选择性条款，就应充分尊重双方的意思自治，原则上允许用人单位和灵活就业者之间签订服务期和竞业限制类的协议或条款，双方自主确定条款的内容。以服务期条款为例，法律可以允许灵活用工模式下将岗位培训费用都算入服务期违约金总数当中，而不再区分一般培训和专项培训，或者将一般培训按照劳动报酬总额的2%从培训总成本中扣除。这样做虽然从表面上看是对劳动者增加了限制，降低了签订服务期合同的门槛，抬升了服务期违约的标准，但实际上是对用人单位在灵活就业投入更多培训费的一种激励。用人单位可以通过投入更多培训费用来换取劳动者的忠诚度，劳动者也可以借此获得更多技能和工作稳定性。同时，法律还应对雇佣方作出一定的限制，从而保障服务期协议不被滥用。首先，培训费用必须以载明实际支出的文件作为依据，不能随意框定培训费用作为服务期的标的。其次，在服务期当中，灵活就业者享有正常的工资及职务调整的待遇。

（3）调整后的兼容性

在选择条款方面，一般而言，不存在与现有制度存在冲突的地方，正规就业依旧可以按照原有制度执行。由于服务期和竞业限制条款没有发生变化，正规就业用人单位仍然可以继续选择相关条款，并接受相关规定的限制。灵活就业也主要按照现有法律执行，不设单独机制进行调整，也不存在并轨和兼容的问题。

涉及灵活用工的调整，仅限于服务期的违约金限定这一方面。无论是不单独扣除一般培训费用，还是将一般培训费用直接按照工资总额的2%从总培训费用中扣除，基本逻辑和原来的规定是一样的，对于用人单位而言，责任成本（培训费用）计算方式一致，完全能够杜绝规避的意愿。

4. 解雇保护

对于新经济下的灵活就业，解雇保护问题似乎是一个相关性不强的问题，人们通常会认为灵活就业本身是不适用解雇保护的。《劳动合同法》也规定，用人单位可以随时与非全日制工解除劳动关系，且无须理由和支付经济补偿金。对于自由职业者（自雇者）而言，更不存在解雇保护的问题。

（1）扩面适用的必要性

然则，灵活就业者由于工作性质的原因，难以享受到解雇保护的程序性和事由性保障。现有的制度采取的是全有和全无的模式，如若是正规就业，劳动者享受从解雇程序到解雇事由限制，再到经济补偿金等全方位的保护，而灵活就业者却难以享受到任何保障。就其特性而言，在灵活就业当中，劳动者不享受解雇程序和解雇事由限制的保护是当然之义。灵活就业如果也适用解雇程序性保护，那么就不能称之为灵活就业了。

灵活就业者不享受解雇保护的程序保障，并不表示其不能享受解雇保护的经济性保障——经济补偿金。根据《劳动合同法》第46条第5项之规定，劳动合同到期后，用人单位未续约而终止劳动合同的，需支付经济补偿金。从本质上讲，灵活用工属于合同期限较短的劳动（或劳务）合同关系，而且与雇佣方每完成一次劳动关系相当于一个劳动合同的终止。正规就业人员能够享受劳动合同到期终止的经济补偿金，而灵活就业人员却无法获得相应的待遇，从价值判断上来讲，不符合法律的公平性和一致性，也带来了巨大之利益落差。制度的利益落差也直接为灵活就业的广泛应用提供了动因，让很多原本属于正规就业的人员“被灵活就业”了。[①] 而且，经济补偿金在我国劳动法的语境下与失业救济金存在高度的相似性，而灵活就业人员因为职业不稳定性更强，更需要相关救济机制的存在。

因此，灵活就业人员需要有相关的经济补偿金的帮助，但不必是结束聘用关系的时候才发放。灵活就业人员的劳动存在高度的不稳定性，每每等到聘用关系终止之时再进行经济补偿金的核算和支付，往往无形中增加了手续和管理的烦琐程度，也不符合新经济用工的特点。

（2）调整适用的可能性

解雇保护当中应将经济补偿金进行折算，融入灵活就业人员的小时工资当中。具体的折算标准可以参照我国《劳动合同法》中关于经济补偿金的标准，工作满一年支付一个月的经济补偿金，也就是说经济补偿金应该占到工资（无论是小时工资、日工资、周工资还是月工资）的1/12。在发放相应劳动报酬的时候，将此部分劳动报酬单列。

---

① 孔德威，张坤，刘瑛．灵活化时代劳动就业的安全性分析［J］．经济论坛，2009（20）：29－31.

另外，根据我国税法的规定，经济补偿金是享受免税待遇的，同样的待遇也适用于灵活就业人员。根据《财政部、国家税务总局关于个人所得税法修改后有关优惠政策衔接问题的通知》，法定范围内的经济补偿金是享受免税待遇的。如果灵活就业者在劳动报酬中享受经济补偿金，也应该获得同等待遇，但前提是将此部分金额进行标注并单列。

（3）调整后的兼容性

在解雇保护领域，针对灵活用工的变化是比较大的，从原来的只适用于正规劳动关系扩展到灵活用工领域。首先，需要指出的是，针对正规就业的解雇保护并没有改变，完全可以继续对劳动关系解除进行规制。其次，针对灵活就业人员的调整，增加了用人单位的经济性负担，从而减轻了劳动者的待业失业风险。

这样的制度设计在不加重灵活就业“雇主”的程序性负担的前提下，将正规就业和灵活就业在解雇保护方面的经济性负担尽量设置在同一水平线上，防止因为制度落差而产生溢出效应，同时也为灵活就业者提供一定程度的保护。另外，对新经济豁免程序性负担，又能继续保持其灵活便捷的特点。

5. 反歧视制度

（1）扩面适用的必要性

从表面上看，在线经营的环境下，歧视会大幅减少。以平台经济为例，平台用工歧视的相关报道极少，原因在于其计酬模式从按时间计酬转变为按工作量计酬。从外卖平台的运作来看，平台给骑手是按照外送订单的数量计算劳动报酬的。而且，骑手的性别、身体状况、种族等个人因素往往不会对平台的经营造成任何影响，因为平台不承担休假、产假等负担，故而歧视（尤其是针对女职工的歧视）往往会减少。在某些情况下，还出现了一些“积极歧视”的迹象，如2018年出现了“顺风车司机强奸杀害空姐的事件”[①]，顺风车在整改的过程中，开始积极招聘女驾驶员，面向女乘客优先派单给女司机等。

但与此同时，歧视现象可能会更加隐蔽，影响范围更广、更深。以外卖平台为例，大部分用工环节都是在线上在大数据运算的支持下自动实现的。倘若用人单位对某一类劳动者群体不友好，无须大张旗鼓地宣扬或操作，只需在算法和评级系统里面稍作手脚，便会对不同类别的劳动者造成很大影响。这种做法虽然在类型上属于很多国家界定的直接歧视，但相对而言隐蔽性更强，涉及面更广，造成的社会危害也更大。另外，用人单位可以通过更为间接的方式实现不平等待遇。例如，男性和女性在体力和身体上的差别，让男女骑手每日的接单量出现一定差别，如果将接单量计入对骑手的评级系统里，并以此作为今后优先派单的关键指标，这样看似公允的算法，可能会导致男女在收入上差距的扩大。这样的做法类似于国外劳动法里规定的间接歧视。因此，平台有责任在算法中剔除涉及歧视影响的因子，例如，同等条件下优先给男性骑手分派任务，或以年龄大小作为派单的考量因素，或者在评级方面加入积极性因素等。这些歧视现象虽然隐

① 2018年5月6日凌晨，郑州航空港区发生一起命案，受害人李某珠（女）在搭乘网约车途中被害，网约车司机刘某华（男）有重大作案嫌疑，作案后弃车跳河。相关新闻见：https：//baijiahao. baidu. com/s? id = 1600139015701020461&wfr = spider&for = pc，最后访问时间：2020年3月24日。

蔽，但负面影响会十分巨大，而且能够形成一个恶性循环，随着数据的不断积累，差距不断拉大，算法歧视将会逐渐显性化和广泛化。①

在社会化小生产当中，灵活就业者对反歧视的需求一点也不比正规就业劳动者弱。不少数据表明，女性因为家庭因素更倾向于较为灵活的就业方式，如果纵容性别歧视在社会化小生产中不断蔓延，必然会带来更广、更深的歧视。新经济中的灵活就业虽然不排斥各类社会群体的加入，但随着数据的不断积累，看似公平和平等的绩效标准会逐渐拉开不同类型的人群的收入差距，从而形成一轮数字歧视下的劳动者。这个问题如果不能及早解决，整个劳动力市场都会被这些数据裹挟而难以剔除。

（2）调整适用的可能性

因此，让灵活就业者能够享受就业平等的保护实属必然，但原有的反歧视制度也需要作出针对性的调整方能适应社会化小生产的保护需要。首先，在就业准入环节，反歧视的规定是对灵活就业者一层重要的保护。应禁止在招录劳动者的时候排除女性、残疾人和少数民族的行为，同时要为弱势群体开通救济渠道以提供特殊保护。我国劳动法律对反歧视的救济还有些不尽如人意，虽然《劳动法》和《就业促进法》都对用人单位出现的歧视行为，给予诉讼救济的渠道。但对灵活就业者能否也通过诉讼来寻求救济仍然存疑。最高人民法院《民事案件案由规定》先前的案由列表中，没有平等就业权的案由，也没有就业歧视的案由，所

① 郑智航，徐昭曦. 大数据时代算法歧视的法律规制与司法审查——以美国法律实践为例［J］. 比较法研究，2019（04）：111－122.

以歧视案件往往作为普通的侵权案件来处理。2019 年 1 月 1 日起，最高人民法院在第三级案由“一般人格权纠纷”项下增加一类第四级案由“平等就业权纠纷”，从而让就业歧视案件能够成为独立之诉。案由是当事人提出相应事实和法律依据的出发点，不同的案由决定着法律关系的不同，不同的法律关系，在当事人的举证责任、赔偿项目等方面均有所区别。但是，在目前的司法实践中，就业歧视诉讼的案由反映出它的性质属于民事法律关系而非劳动法律关系。很多国家的就业歧视是放在劳动争议处理程序当中，案由也是劳动争议项下的，并引入了特殊的举证责任安排和罚则与之配套，被侵权人无须穷尽全力去逐一证明侵权四要素的存在，也无须证明自己的损失来获得相应额度的赔偿，方便了就业歧视快速有效的解决。我国反歧视的救济渠道应尽快建立并使用到灵活就业的劳动者身上。从这个角度而言，传统反歧视机构和机制在新经济当中仍然可以发挥非常重要的作用。

针对在新经济当中有可能出现数字歧视的问题，传统劳动法的反歧视机制还需作出一些调整来应对。首先，歧视的隐蔽化的问题并非依靠劳动者自救能够解决，看似公正的标准和参数、复杂的运算让劳动者甚至司法人员都难以识得庐山真面目，更不必说主动寻求救济了。因此，反歧视执法机构与专业人员应主动介入，对互联网平台涉及用工、派单的底层算法进行梳理和核查。通常情况下，平台作为经营性机构，难以自觉做到全面严格地执行反歧视的规定，尤其是对于前面提到的间接歧视问题，计算机工程师通常是具备相应专业知识来发现上述问题的，但未必有就业平等合规的专业认识和经验。同时作为算法问题的受害者——劳动者，更不具备相应的信息和专业知识来发现其中不公平的问题。这时，专业机构进行检查和督导就显得十分必要了，专业机构需要与计算机工程师开展深度合作，逐项推敲其算法逻辑，推演其带来的结果，必要的时候采取“沙漏”测试预判，来确保系统的公平性。对于随着数据的增多而出现的数据歧视问题，也应加强事后监督来动态地管理可能出现的歧视性结果。

（3）调整后的兼容性

将原有的反歧视制度延伸至灵活用工当中，既是劳动法中就业平等保护所必须，也是宪法中平等权的落脚点。对数字化的平台经济，国家根据其行业特点，采用数字化的反歧视机制，而对于传统用工领域，依然采取原有的机制。需要强调的是并非所有的社会化小生产用工都要采取数字化的反歧视机制，而只是其中数字化程度比较高的经营业态需要采取与之相匹配的平等就业保护方式。其他社会化小生产模式，可以与社会化大生产模式一起继续按照传统的反歧视规则执行。

反歧视方面需推进面向所有劳动者的救济途径的改革，无论劳动者从事的是社会化大生产还是社会化小生产，都应获得相应的保障。反歧视制度并没有为社会化大生产和社会化小生产分别设立两套机制来调整，故而不会出现对原有制度的冲击，也不会造成制度上的落差。唯一需要注意的是，在司法和执法的过程中应将数据化的歧视考虑到歧视的表现形式当中，用反歧视的工具加以规制。

（二）集体劳动合同

集体劳动合同是在集体谈判的助推下诞生的，其背后是以工会和企业组织力量势均力敌为前提，从而有效地填补了法律在纷繁复杂的产业现实面前的空白，有效地保护了劳动者的权益，同时也能够很好地顾及企业的利益。在西方国家，集体合同是劳动法的一个重要渊源。集体合同在我国也是调整劳动关系的一个很重要的支柱。尤其是对正规就业劳动者而言，能够在工会的代表下参与到集体协商当中，订立集体合同，从而规范权益的保障。

1. 扩面适用的必要性

灵活就业者在工作模式上更为分散和灵活，难以有效地组织起来参与集体协商，也难以获得集体合同的保障。长期以来，工会在吸纳灵活就业者方面一直存在两方面的挑战。第一，灵活就业者的职工身份存在争议。灵活就业者和正规就业的职工相比，身份上对用人单位工会的归属感较弱，这一点从劳务派遣工的工会化进程缓慢上就可以看出。[①] 第二，灵活就业者加入或组建工会的热情不高，也难以切实享受到集体合同带来的福利。由于灵活就业人员流动性比较强，加入或组建工会对其来说都是一定的程序性负担，而且集体合同受益群体往往是流动性比较低的正规就业人员而非灵活就业者，所以灵活就业者参与集体协商的热情不高，从现在劳务派遣集体合同和集体协商的现状便可管窥一二。

---

① 潘艳. 关于劳务派遣工加入工会的探索与思考［J］. 中国劳动关系学院学报，2014，28（06）：33－36.

然而，灵活就业者参与工会和集体协商的意愿不高、障碍重重，但不代表他们不愿或不应享受到集体合同带来的保护。虽然灵活工作的状态让劳动者参与传统的集体协商机制、享受集体合同保护的道路困难重重，但正是因为其不稳定的就业状态，让其比其他劳动者都更需要集体合同的保护。以劳动报酬集体协商为例，灵活就业者工作流动性比较大且比较分散，难以形成强有力的议价组织，只能被动地接受用人单位单方面开出的价码。虽然灵活就业者可以采取“用脚投票”的方式来寻求更高的待遇，但现实是大数据的广泛应用让劳动力市场的价格渐渐被“统一地”“透明地”沉淀和固定下来。新经济平台通过大数据、算法，不断寻找“价值洼地”，劳动者寻找“报酬高地”的可能性越来越低。实践证明，劳动者的流动性和灵活性虽然在短期内形成了“优胜劣汰”的劳动力市场价格体系，但长期而言，随着新经济经营者的集中和流动带来的“拉平效益”，劳动力价格的正常增长机制从长远来讲将逐渐减弱。因此，灵活就业者比正规劳动者更需要有组织代表参与集体协商、签订集体合同、享受相关的保障。

2. 调整适用的可能性

但自 20 世纪 60 年代起，世界发达国家的工会入会率逐步呈现下降的趋势。这一现象的出现和国际上在集体劳动关系领域加强立法进行限制存在一定关系。第二次世界大战之后，各国普遍强化了对工会组织资质认定的要求，并对工会开展集体行动进行了严格的程序性要求，限制了“次级罢工”“同情性罢工”和

“封闭工会”的情形。[①] 另外，经济生产模式的转型催生了很多新兴的行业，它们规模小、机制灵活、原子化劳动程度高，参加传统工会开展集体协商效果有限，且成本不低，也让劳动者降低了参加工会的意愿。而且，劳动者利益多元化，集体协商难以统一各方利益达成一致。

传统的集体协商逐渐式微，并非代表着集体劳动关系的消亡。其实，传统集体协商的模式正在被很多新的模式所替代。集体组织和集体谈判创设的初衷就是代表工人阶级，以团体的形式争取更多的利益，维护劳动者权利。在社会化大生产模式下，工厂工人利益高度一致，相互关系紧密，组织成本和代理成本不高，产业行动也具有很强的协同性。而随着经济模式的转变，上述特点有所消退，劳动者需求逐渐呈现出多样性的特点，传统略显僵化的集体劳动关系机制难以满足劳动者的多样化、灵活化的需求。因此，很多国家和地区都在摸索更有弹性的方式来进行调整，美国就成立了很多职工之家（中心）以更为灵活和非正式的形式表达和争取利益诉求。另外，法律也开始更多地介入个体权益的提升方面，而不是完全交由集体协商来实现。在企业内部，管理层也开始重视与劳动者的直接沟通，建立工人委员会，将职工代表纳入管理层或者建立内部纠纷处理机制来解决劳资矛盾。

在新经济模式下，集体劳动关系的构建不仅将继续受到上述因素的影响，而且会受到新的用工模式的影响。在社会化小生产的平台经济当中，灵活就业者工作的原子化程度更高，在平台的

---

① 田思路．外国劳动法［M］，北京：北京大学出版社，2019.

指挥下从事个性化、个体化的劳动，因此劳动者的组织性不高，利益需求也比较分散。而且，灵活就业者的流动性也比较强，参与集体协商的意愿不强烈，客观条件往往也不允许其深入参与到相关的活动中。传统的集体协商和集体组织往往无法满足灵活就业者的需求，需要有所调整。

但新经济的特殊性并不意味着其从业者无须集体协商机制的助力。灵活就业者同样需要提升自己的工资水平、表达自己的利益需求、提升权利保护的实效，而集体协商正是实现这一目的的最佳途径。从应然层面而言，灵活就业者仍可以通过集体的方式，与平台开展协商，合理争取自己的权益，并为企业的发展建言献策。

事实上，新经济具备“新型集体协商”的天然优势，完全可以采取新模式和更为便捷的方式——线上方式——开展集体协商。在新经济模式下，尤其是平台经济运营中，工作沟通是通过电子化途径开展，平台收集需求后垂直发布工作指令。从业者内部也存在不少工作群，方便进行横向沟通。随着社交软件的普及，从业者可以随时构建交流群，相关利益诉求可以在群中进行探讨，甚至可以将平台代表拉入群中开展“协商”。因此，平台经济完全可以开展线上集体协商，来提升从业者的收入水平，并且可以采取新的模式来强化谈判效率，也消解了集体协商带来的某些负面效果。

这种在线模式相较于传统集体协商存在以下几个特点。第一，灵活性更高，从业者可以就某个特定事项组成线上社群，进行讨论和协调，将最终意见通过代表向平台转达和协商，争取达成一致。第二，高度的针对性，线上社群是对某项利益的一致表达，并不代表成员的所有利益都重合，也并非像传统工会或职工代表组织那样，盖然性地获得所有利益的谈判授权。第三，较为平和的协商方式，在出现意见不一致的情况时，无论是劳动者内部还是劳动者与平台之间，都需按照线上沟通的正常方式进行充分表达，如果仍不能达成一致可以采取退群操作，但一般不会升级为线下的抵制行为。因此，线上集体协商模式不失为一个维护新经济劳动者权益的有效途径。

相较于传统的集体协商模式，新的线上协商虽然带有很强的自治性，但不应是法外之地，也需要对其进行适当的监管，让其能够有序、平稳地开展并确保能够达到效果。首先，在线上讨论组群当中，要遵守国家对线上发言的管理规定，除了不得有侮辱、诽谤、低俗的言语之外，应紧紧围绕具体的利益诉求进行讨论和协商，不得涉及宗教、政治等无关的话题。

其次，在线下也应遵守相应的行为规范，协商不成可以通过其他途径解决，不得未经许可采取停工、停业或破坏生产工具等活动，也不得对平台管理人员进行人身攻击。线上协商转入线下需要慎重对待，各个国家对线下的集体协商都进行了法律规范，从而维护协商的有序性和社会秩序。线上的集体协商除了在组织形式和协商方式上可以有所创新外，仍需在我国集体协商规定的框架下开展，尤其是不得违反国家有关禁止性规定，不得采取暴力破坏等行为。

再次，当劳动者选出线上利益代表与平台进行谈判时，应切实保证这些代表的权益。这些协商代表在帮劳动者争取利益的时候不应受到不公正的待遇，也有权免受打击报复。在线上进行集体协商的优点之一是可以匿名化处理，这样有利于保护协商的代表免受平台的打击报复，保障意见自由表达的渠道。劳动者也可以选出代表，以公开的身份与平台进行集体协商，或者当平台有能力甄别出匿名协商代表的身份时，就需要通过法律来保护这些代表的劳动权益。我国有关集体协商的法律在这一方面的规定应统一适用。

最后，法律应从各个方面承认电子化协商的效力，尤其是最终达成一致所形成的“电子契约”的效力。由于线上集体协商基本是在线上完成，而且最终的协商结果也是以线上文字书就，承认线上协商的效力，首先需要承认线上文字及语音数据的效力。我国民事诉讼法经过修订已经承认电子证据的效力，真正将电子证据运用到诉讼实务当中，却是异常繁杂和任重道远的过程。以微信记录为例，需要通过烦琐的公证程序来强化证据的真实性，确保数据信息未被篡改，而且还需要认证账户的持有人的真实性，确保账号未被盗用，且意思表示真实。这些都在无形之中给落实线上协商的成果造成了额外的负担。而且，在很多情况下，协商的成果可能仅仅是一句承诺，并未形成严格意义上的合同文本，在这些情况下如何厘清双方的权利和义务，以及如何认定承诺的效力都是法律需要进一步明确的。不能让线上协商仅仅保持一个软性约束的效力，而应让其成为法律上承认和保护的对象。

3. 调整后的兼容性

将在线的集体合同和集体协商作为集体劳动关系的一部分进行对待，视为传统集体劳动关系调整的延伸，并不会对原有的社会化大生产模式的调整造成负面影响，相反能够有助于传统模式和现代技术的有效结合。一方面，常规的集体合同机制仍然在工会与用人单位之间线下实施，充分保护劳动者的权益。另一方面，劳动者也可以在线向工会表达诉求，工会也可以在线与用人单位开展协商，并订立集体合同。在很多地方，相应的实践已经开展，工会通过网上问卷的形式向职工征询意见和诉求，也通过电子化的方式向用人单位提出协商，达成的集体合同也往往公布在线上以便遵照执行。在2020年3月的新冠肺炎疫情期间，为了应对疫情和保障复工复产，全国很多省份都加快了线上协商的落地工作。广东省出台了《关于在疫情防控和复工复产中充分发挥集体协商作用的意见》，“鼓励创新和完善行之有效的协商方式，鼓励劳资双方非接触式要约和协商”。[①] 3月初，福建、浙江和江苏等省已经完成了多项集体合同的线上协商和签订工作。[②] 这在一定程度上说明，传统的集体劳动关系调整机制是完全和现代化的模式兼容的，承认电子化集体合同的效力也是集体劳动关系法规所必须。

三、社会保险机制的扩面与调整

在社会化小生产到来之际，社会保险体系就被寄予了更高的

---

① 见广东省总工会：《关于在疫情防控和复工复产中充分发挥集体协商作用的意见》，http://www.gdftu.org.cn/gzrk/wjxz/content/post_232732.html，最后访问时间：2020年3月24日。

② 例如，福建的实践见福建新闻：《福建泉州鲤城区首份“云协商”集体合同签订》，http://fj.workercn.cn/33244/202003/08/200308103425649.shtml，最后访问时间：2020年3月24日。

期待。时下，我国社会保险体系有五大支柱，即养老保险、医疗保险、工伤保险、失业保险和生育保险。从灵活就业者的角度来讲，他们在养老、疾病、工伤、失业和生育方面都存在和正规就业劳动者类似的风险和需求，灵活就业的不稳定性让劳动者对上述五项保障的需求甚至更为强烈。举例而言，灵活就业者在达到法定退休年龄的时候，可能会退出劳动力市场，或者继续从事兼职工作，两者都会伴随着收入的失去或下降，从而影响生活的继续，需要国家提供养老金来进行保障。而灵活就业者由于工作流动性大，养老保险费缴费有可能出现间断性、零碎化的现象，劳动者即便是达到了退休年龄且已缴纳养老保险费，也还会因为核算困难或缴费不足情况，而遇到无法享受养老金待遇的问题。

（一）扩面适用的必要性

雇佣方在灵活用工模式下渐渐放弃对生产过程的控制，从属性的消失也让职业风险缺少了提供保障的一个关键主体（用人单位），而只剩社会保障一条路可以走了。由于社会化小生产存在用工地点灵活、工作形式灵活的特点，雇佣方对劳动者工作过程的把控比较弱，让雇佣方对劳动者的疾病、伤害、生育、失业和养老承担责任在法理上难以立论、在实践中难以操作。劳动者的职业风险如果得不到有效的补偿和控制，就很有可能转化为社会风险，诸如大范围的贫困和疾病，以及群体性事件。社会化小生产虽然在生产形式上发生了变化，但究其本质而言仍是社会化的生产：生产是社会分工的一部分，工作是社会合作的一环，既为社会发展做贡献，也享受社会发展的成果。因此，即便是生产形式发生了变化，社会化的职业风险化解方式应当是不变的，社会保险既保证了社会化分工的有效开展，又填补了用人单位责任缺位带来的空白。

灵活就业者参与社会保险机制是既享受权利又承担义务的。根据社会保险制度的基本原理，劳动者的权利和义务是共存的，只有完成了缴费的义务，方能具有享受待遇的权利。因此，将灵活就业者纳入社会保险不是单纯地让其享受权利，而是为其预设了义务作为前提。从实践上来讲，将灵活就业者纳入社会保险体系首先需解决的是缴费机制的安排，但这一安排不仅是打通缴费通道这么简单。以养老保险为例，《社会保险法》第 10 条规定，“无雇工的个体工商户、未在用人单位参加基本养老保险的非全日制从业人员以及其他灵活就业人员可以参加基本养老保险”，从而开通了灵活就业者参加养老保险的渠道。不过，参加基本养老保险是选择性而非强制性义务，也就是说，灵活就业者没有必须参加的义务。再者，养老金费率是否适合灵活就业者的情况，与正规就业之间是否存在制度落差，都是需要关注的问题。而对于养老保险费的缴纳，《社会保险法》仅仅规定了由“个人缴纳基本养老保险费”，具体是按照各省社会平均工资标准的一定比例缴纳，但这一比例设置是否合理、具体的缴费方式都没有规定加以明确。

（二）调整适用的可能性

社会保险从历史上来讲是在传统用工模型下构建的，社保覆盖范围是以工资收入为主的产业工人作为对象。国际经验表明，社保费用的缴纳多是由用人单位和劳动者共同负担。用人单位应缴纳费用，按照社保经办机构的要求进行扣缴。劳动者应缴纳保险费，由用人单位从工资中代扣代缴。再以基本养老保险费为例，基本养老保险费由用人单位和职工共同缴纳，无雇主的个体工商户，未在用人单位参加基本养老保险的非全日制从业人员以及其他灵活就业人员的基本养老保险费由个人缴纳。灵活就业人员养老保险以当地职工平均工资的 80%—300% 为基数计算缴费，缴费比例为 20%，其中 8% 的部分入个人账户，12% 的部分入社会统筹基金。基本医疗保险也是采取了类似的缴费方案，以工资的一定比例作为缴费基数。灵活就业人员缴费基数虽然各地采取的核算方式不一样，但大多也是和基本养老保险一致，以当地职工平均工资的 80%—300% 为基数计算缴费。

需要注意的是，缴费的多少和最终能够享受到的社保待遇往往没有完全的正相关关系。仅以关联性较强的基本养老保险为例，退休人员依法领取的基本养老金，是根据个人累计缴费年限、缴费工资、当地职工平均工资、个人账户余额、城镇人口平均预期寿命等因素确定。从中不难看出，除了缴费的金额，还存在其他多种因素决定养老金的水平。而对于基本医疗保险、工伤保险、失业保险和生育保险，在劳动者享受相关待遇的时候，与前期缴费多少相关度更低，甚至完全不相关。其中以基本医疗保险最为典型，劳动者在遇到疾病时，进入医院诊治享受的报销比例和数额与之前的工资收入无关，也与基于工资收入缴纳的医疗保险费没有任何关系。

社保制度如此设计虽有其合理的历史缘由，但却无形之中为社会化小生产的劳动者们造成了一道制度鸿沟。对于正规就业者，由于工资大多已经电子化、实名制，只能严格按照实际工资进行缴纳。虽然法律为正规就业人员的社保缴费基数设置了平均工资的300%作为上限，部分维护了高工资人士的权益，但对实际收入在平均工资水平线左右的劳动者，只能据实缴纳。也存在不少用人单位和劳动者串通，通过签订阴阳合同的方式来减少缴纳社会保险费的数额的情形。[①] 而对于灵活就业者而言，缴费安排似乎就有很大空子可钻，首先，他们可以选择缴费或不缴费，因为法律对灵活就业人员缴纳社保没有作出强制性要求。其次，他们可以只参加部分险种，如基本养老和基本医疗保险，而不参加工伤保险、失业保险和生育保险。最后，灵活就业者可以选择按照最低标准缴纳。由于灵活就业的收入往往无法最终确定，所以只能由劳动者在限定范围内自愿选择档位缴费。

这样的制度传统不仅让灵活就业者能够免缴或少缴社保费用，也导致了正规就业人员和用人单位通过变换用工形式，从而达到少缴社保的目的。这样的例子国内外比比皆是，在美国，越来越多的劳动者通过自主选择成为独立承包人（自雇）的方式，来减少社保费用的缴纳。很多灵活就业者，或者不参与社保，或者选择比较低的基数缴纳最低限度的社保费用。

大量正规就业者以灵活就业身份参与社保，缴费种类和缴费量双减少，与此同时老龄化带来就业人员比例下降，会让社保费用逐渐枯竭。由于我国采取的是现收现付为主、个人账户为辅的

---

① 栗燕杰．社会保险费欠缴的治理研究［J］．中国工人，2015（10）：14－20.

养老金管理模式，这让养老金是否会很快枯竭成为公众讨论的话题。[①] 在现收现付模式下，由于我国劳动力供给仍比较充足，老龄化尚未完全形成，所以养老金储备还是比较充足的。但随着老龄化社会的逐步逼近，养老金是否能继续保持充盈就很难说了。对于基本养老金国家正在竭力防范相应风险的出现，采取了不少措施，如养老金入市提升收益率，将部分国有资产划拨给养老金基金从而实现开源等。但相关政策只能缓解一时之困，随着新经济模式的逐渐扩大，从业人员逐渐增多，可能会有更多人选择合法地不缴或少缴养老金，这样就会对社保基金池造成更大的压力。

因此，需要将灵活就业者通过法律强制的形式纳入社保体系当中，也就是说需要对《社会保险法》第 12 条进行调整，将“无雇工的个体工商户、未在用人单位参加基本养老保险的非全日制从业人员以及其他灵活就业人员参加基本养老保险的，应当按照国家规定缴纳基本养老保险费，分别记入基本养老保险统筹基金和个人账户”调整为“无雇工的个体工商户、未在用人单位参加基本养老保险的非全日制从业人员以及其他灵活就业人员应当参加基本养老保险，应当按照国家规定缴纳基本养老保险费，并享受相对应的社保待遇”。这样社会保险的强制性便得到充分的体现。

但对于灵活就业者来讲，如果将其实际收入作为缴费基数，缺乏确定性和稳定性。灵活就业者的收入往往随着完成的业务量

① 陈国娟，刘芳．我国养老金缺口问题分析及对策研究［J］．劳动保障世界，2018（20）：14.

而发生变化，而且劳动报酬获得周期未必都是以月为单位，所以收入的确定性和稳定性都比不上正规就业的情形，难以作为社保缴费基数。如果通过自我申报或定额方式计算，则又会导致漏报或瞒报的普遍现象，社保征缴机构需要花费高昂的成本进行追缴。同样的现象也出现在正规就业领域，社保缴费直接与工资挂钩，让一些高收入者起念瞒报工资收入，尤其是那些存在多个收入来源的劳动者，更容易钻相应的空子，导致社保基金的源泉枯竭。这类现象在待遇均等化的基本医疗保险上表现更为明显。

因此，需要认真反思一下社保缴费方式，在基本养老保险上可以考虑借鉴一下商业养老保险的经验。商业养老保险缴费基于自愿原则，缴费的多少和工资并不直接挂钩，由保险人自己选择商业养老保险的份数和金额，多缴多得、少缴少得。但为了运营和销售需要，商业养老保险往往设置基础份额，保险人通常需要至少买一份，然后在这个基础上可以根据收入累加。虽然上述设计是基于商业运营的逻辑设置的，但是基本养老保险完全可以加以改造后运用。

继续以基本养老保险为例，社保机构可以为全体就业人员设置一个基础份额，通过法律强制的形式要求有收入的公民都购买至少一份基本养老保险，经济条件好的公民可以多缴，在退休之后享受多缴多得的待遇。缴费基数与工资所得脱钩，可以省去烦琐的核算程序，也避免了为了少缴而瞒报工资，或为了免缴而转换工作类型的情况，大大降低了基本养老保险的征缴成本。另外，基本养老保险在这一设计理念下，基本上可以覆盖所有的劳动者，因为它不是以工资收入作为门槛，而是面向所有有收入的人，必将包括灵活就业者，将来在条件允许的情况下，还可面向所有公民开放和征收。这样可以完全解决社保缴费面不足的问题，实现基本养老保险的开源。最后，基本养老保险待遇应和缴费水平进行直接挂钩，实现真正意义上的多缴多得，鼓励有经济实力的劳动者继续补充养老保险基金。

在这一制度设计下，基本养老保险适用面将广泛扩张，但仍需要解决两个政策性问题。首先，如何决定基础份额的缴费水平？由于我国区域差距很大，是设置一个全国范围内的基础份额，还是继续以行政区划为单位分别确定基础份额？前者能够很好地解决劳动者跨区域流动的问题，但基础份额比较难以确定，为了适应一些经济欠发达地区，不得不人为地降低标准。后者很好地解决了针对性的问题，但也给劳动者跨区域流动带来难题。上述两种方案都不属于最佳方案。笔者认为，国家可以根据全国的情况，尤其是欠发达地区的情况，制定一个基础份额的最低标准，各省可以根据本省情况规定本区域内加购一定单位基础份额。在出现劳动者流动的时候，可以借鉴欧盟经验，进行分段计算，综合给出退休的最终待遇。

对于无力支付基本份额的劳动者，可以向国家申请少缴或免缴基本养老保险，由国家在审核确认后补足差额或直接为其购买。社会保险应当具有广泛性，那些生活确实有困难的劳动者享受国家的补贴是社保应有之义，最终的目的是对所有公民做到全覆盖。同时，只有所有公民都强制参加才使社保带有了强制性。最后，社会保险还应当具有保障性，在测算基本养老金份额时应通过精算的方法确定其缴费水平。

对于基本医疗保险，也可以采取类似的方式进行。在制度构建方面，将基本医疗保险缴费与工资或收入脱钩。国家设定一个基本医疗保险基础份额，由所有劳动者或是公民（不区分就业形式）按照统一价格一起购买，同样可以避免出现逃避缴费的情形。但考虑到国内地域的差别，各行政区域可以根据自己的具体经济水平和医疗费用的价格，在这个基础上以整数为单位进行累加，从而防止出现基金不足的情况。但对于跨区域医疗的情形，仍可以沿用现在施行的机制，对转诊进行一定程度的管理，最大限度地实现一般疾病的本地化治疗。

有所不同的是，医疗保险的待遇最终是统一的，所以无法采取多缴多得的模式。各个行政区域可以自主决定是否提升缴费水平，但这是与当地经济水平有关的，与劳动者最终享受到的待遇关系不大。也就是说，多缴并不会多得。强制劳动者以工资为准缴纳医疗保险显然不符合制度公平性的要求。基于这种情况，经济实力有一定保障的劳动者，可以通过补充医疗保险的形式提升医疗保险的报销率，或寻求更高质量的医疗保障。

对于社会保险缴费与工资收入脱钩的制度安排，是对社保制度一次重大的改革，会出现关于社保公平性的讨论。由于个人所得税和社会保险费都是以工资收入作为共同的“税（费）基”，将社保费交由税务机关征收也是顺理成章的，但无形中造成了重复征税的问题。在社保筹资方面，我国必须重视回归社会保险的本质属性，不能盲目选择“福利型”的保障机制，同时解决个人所得税与社会保险费重复征缴的问题。社会保险的公平性体现为大家等量享有社保待遇，而不是一个劫富济贫的机制。事实上，个人所得税的累进递增税率已经体现了收入调节作用和再分配作用。老有所养目标要靠建立健全整个社会的多支柱体系实现，基本养老保险制度作为支柱之一，不宜过多承担收入再分配功能。基本养老保险筹资模式是收入关联型制度，其基本作用是保障参保人在退休后能过上体面的生活，而不是收入再分配。因此，应将社会保险费的费基和个人所得税的税基进行划分，前者主要起到社会公民的保障作用，要能够得到有效的实施，必须在制度的出口和进口环节都强调公平。而后者是进行再分配的主要机制，随着收入的提高增加税收无可厚非，国家可以将收取的所得税反哺社会保险体系中的弱势群体，完全可以解决收入分配不公的情况。

对于新经济从业者，工伤保险、生育保险和失业保险除了继续落实定额缴纳之外，还需要进行针对性的调整。以工伤保险为例，因为灵活就业者用人单位不明或缺失，现有的工伤保险制度应增设一项附加保险，以涵盖劳动者在出现五至十级伤残的时候，本应由用人单位承担的责任。在生育保险方面，应仍然坚持所有有收入的劳动者都缴纳，而且也是按照相对统一的价格缴纳。不过，在发放生育津贴时，应改变原来的依据所在单位的平均工资发放的标准，改为按照当地的社会平均工资标准发放，这样使生育保险机制回归到社会保障的本质上来，使包括灵活就业在内的女职工在生育期间能够获得稳定持续的收入，且不会额外增加用人单位的负担。

失业保险适用于灵活就业人员存在一定的难度，因为其就业状态往往是不稳定的，很难判断是否属于失业或待业期间。但这并不意味着，灵活就业人员无法或无须参加失业保险或享受失业保险的待遇。相反，失业保险更应该适用于灵活就业者，正是由于灵活就业者工作稳定性弱的特点，其持续性收入面临很大的风险，需要保险机制加以防范和保护。在前文解雇保护部分，已经对灵活就业者的短期性收入，通过增加经济补偿金的方式加以解决。因此，失业保险对于灵活就业人员来讲，更多的是关注其长期的和系统性的失业状态。基于此，失业保险可以对灵活就业者享受失业保险待遇设定一个门槛，如持续待业时间超过 3 个月或半年的可以开始享受失业保险。此外，灵活就业人员可能存在一段持续性时间中，月收入低于最低工资标准的情况，笔者认为，此种情况如果持续的时间够长，也应能够享受到失业保险的待遇，但失业保险在此只起到补齐的作用，而不必全额支付失业救济金。同时，失业保险对缴费年限门槛的要求和对享受期限的最长限制都可以适用于灵活就业人员。

（三）调整后的兼容性

面对灵活用工的需求，社会保险制度需要积极地接入，调整幅度比较大，但整体上不会对传统用工劳动保障机制产生影响。原因有三：第一，社会保险制度的主体部分并未变化，正常参加社会保险的正规就业者按照我国现有社保制度缴费和享受待遇。在面向社会化大生产模式时，正规就业劳动者仍然可以通过其用人单位缴纳社会保险，在出现退休、疾病、工伤、生育和失业的时候按照国家现有的规定享受待遇。

第二，本书所建议的部分调整是将现有制度扩展到灵活用工的保护上面。将社会保险推广至灵活用工，既是社会发展的需要，也是社会保险制度正在努力的方向。在我国的制度框架下，社保扩面工作已经做出了不少有益的尝试，实践证明是可行的，且不会对社保体系、传统用工造成重大冲击。

第三，本书所建议的另外一部分调整是力图将正规就业和灵活就业的用工成本拉齐，防止用工模式不同带来社保负担不同的问题，例如，笔者建议可以对缴费标准采取统一化的底线标准，彻底消除用工模式不同而造成的制度成本差异。如此不仅不会对原有制度带来挑战，而且还会有效减少从正规就业到灵活就业的非理性流动。

四、劳动争议处理机制的扩面与调整

劳动争议处理机制是针对劳动争议的特点建立的一套便捷、灵活的纠纷解决机制，为劳动者维护自身权益提供了有效的保障。我国不仅有一套成熟的调解机制，贯穿于劳动争议解决的始终，而且有专司劳动争议处理的劳动争议仲裁委员会。与此同时，在程序上设置了先予执行的制度、“一裁终局”制度、审理时效、免予收费等来保障、推动劳动争议的妥善处理，从而更好地保障劳动者的合法权益。

（一）扩面适用的必要性

正是因为劳动争议处理的特殊性，所以劳动争议处理机制只面向劳动关系当中的当事人开放，灵活用工劳动关系的法律属性尚存争议，故而存在无法进入该机制的可能性。正如前文所言，在不少案例当中，灵活用工关系就被认为是普通的劳务关系，不属于劳动争议的受案范围，也不能够享受劳动争议机制的保障，只能通过普通民事程序获得救济。一旦走民事程序，不仅时间成本、经济成本都比较高，而且也没有保障劳动者权益的特殊救济工具。

灵活就业人员的工作弹性往往带来劳动关系的不稳定性和争议的多发性，更需要得到及时有效的处理。以灵活就业者劳动报酬争议为例，在平台经济蓬勃发展的过程中，大面积、大量拖欠劳动报酬的现象并不是十分普遍，但由于劳动者流动性比较强，拖欠劳动报酬尾款的现象层出不穷，尤其是平台由于经营不善产生流动性不足问题时，劳动者往往会选择离开另谋他就，此时劳动报酬尾款常得不到有效的给付。通常，由于拖欠劳动报酬数额比较小，而寻求民事法律救济费时费力，劳动者往往选择忍气吞声，积少成多给劳动者权益造成了比较大的损害，十分需要一套相对便利的机制帮助劳动者实现救济和补偿。

（二）调整适用的可能性

将涉及灵活用工的争议纳入现有的劳动争议解决机制并不能一劳永逸地解决问题。涉及平台用工的争议也未必都适合用劳动争议机制来处理，以社会保险费缴纳为例，按照现有制度安排，灵活就业者的社会保险费由劳动者个人按照国家规定标准向社保机构缴纳，其中并不涉及用人单位的义务问题，灵活就业者在社保费缴纳方面不会产生与用人单位有关的劳动争议。再如，灵活就业者与用人单位签订的“集体合同”，不属于传统意义上的集体合同，有约定性效力但没有规范性效力，也不能作为劳动争议的依据进入劳动争议机制中进行处理。因此，要解决灵活就业者劳动争议问题，最佳的处理模式还是从以下三个方面入手。

首先，管辖范围需要调整。灵活用工的争议需要分类对待，并非所有的争议都不属于劳动争议的管辖范围。前文的论证已经提出灵活用工的劳动报酬争议应享受劳动争议机制的有效保护，让劳动者能够及时、便捷地获得赔偿，从而保障劳动者的生存权和发展权等基本权利。

同时，也并非所有的灵活用工争议都属于劳动争议的管辖范围。以解雇保护为例，《劳动合同法》为正规就业设置了多重解雇限制，从而有效减少用人单位滥用单方解除权，维护劳动关系的稳定，而对于灵活就业而言，其中的灵活性就主要体现在解雇保护限制较少这一方面。如果将解除灵活用工合同也纳入劳动争议范畴，先要面对的是适用民法还是劳动法的棘手问题。灵活就业合同的解除在很多学者的认识当中应当属于普通合同的解除，即便是依据本书的观点，将经济补偿金适用于灵活就业合同的解除，也仅仅涉及经济性补偿，而不会涉及对解雇事由是否正当、合理的判断，很难套用现有的劳动体系来对该问题进行处理。另外，如果将灵活用工合同的解除纳入劳动法当中，那么劳动争议案件数量也会随着灵活就业的频繁切换而陡然增加，不利于劳动争议处理机构集中力量处理其他更为紧迫的纠纷。劳动争议处理机构的资源是有限的，现在已经是在超负荷运转，将大量灵活用工争议纳入进来已经增加不少工作量，如果把灵活用工的解雇保护也纳入其中，会使劳动争议处理机构不堪重负。因此，笔者认为应将灵活就业当中的工资、工时和劳动保护等劳动基准的问题纳入劳动争议管辖范围，而对于灵活就业合同的订立、履行和解除，以及社会保险的争议归入普通的民事争议范畴。

其次，劳动争议处理程序需要针对灵活用工的特点进行调整。劳动争议处理的程序设计在解决劳动纠纷方面起到了非常重要的作用，但针对灵活就业的现状，应该在两个方面作出更有针对性的调整。第一，在举证方面，应允许劳动者直接提供电子资料作为证据，而非严格按照民事诉讼法的要求花费高成本来固定证据，只针对对方有质疑的证据进行鉴定，并由提出方暂时承担相关费用，从而有效遏制个别当事人滥用诉讼程序的情况。第二，在审理时限方面，对于灵活用工争议还应该进一步地压缩审理的周期，并适当调整裁审制度的安排，考虑全面应用“一裁终局”的做法。如果将劳动争议处理机构对灵活用工争议的管辖范围限制在劳动基准方面，那么争议往往标的额不会太大、事实不会太复杂，处理起来难度也相应较低。本着有利于灵活就业者及时得到补偿的原则，应将时下的 30 天或 45 天的审限缩短至 10 天左右。

最后，为了实现审限缩短的目标，快速地解决劳动争议，处理的方式需要有所创新。可以考虑借鉴互联网法院的一些做法，将电子技术、网络技术运用到处理灵活就业劳动争议当中。我国最早于 2017 年成立了杭州互联网法院，客观背景是互联网零售业平台“淘宝网”设在杭州，大量互联网消费纠纷都是由本地法院处理，电子化的买卖方式让法院面对的证据都是数据化的，能够实现远程提取、质证和处理。① 社会化小生产模式借助了大量

① 杜前．电子商务审判态势与相关法律问题研究——以杭州互联网法院司法数据为基础［J］．中国应用法学，2019（05）：86－104．

的新技术，在灵活用工的全过程中都有电子化的身影。仍以外卖平台为例，从前端的招聘和考察，到运营过程中的发单、递送和评价，再到后期绩效考核和报酬支付都通过网络来完成，并留有数字化痕迹和记录。一旦发生劳动争议，其所涉的争议都具有电子化、网络化的特点，同样可以参照互联网法院的模式来加以处理。

借鉴互联网法院模式审理劳动争议案件的具体措施可以包括以下几个方面。首先，在立案环节允许网上登记，提出仲裁或诉讼申请，足不出户完成整个立案程序。这样可以为解决纠纷提供更为便利的通道。其次，在庭审当中，可以通过视频会议的形式来远程庭审、交换证据、质证和答辩等，帮助灵活就业者参与程序时克服相应的困难。再次，调解模式也可以在网上实现，网上调解虽然不如面对面处理那样有亲和力，但也有它本身的便捷优势，还可以随时邀请相关方参与调处，提升调解的效率。最后，在执行生效裁决和判决时，也应采取相对便捷的方式，方便灵活就业者及时获得救济。

劳动争议处理形式的创新并非只针对社会化小生产下的劳动争议。在正规就业当中，劳动争议如果具备了数字化的特点，也可以充分利用互联网法院模式带来的便利。以在互联网企业中工作的技术工程师为例，大多数人作为公司的核心员工以全日制的形式参与工作，签订固定期限或无固定期限劳动合同，属于标准的正规就业类型。他们从事的很多工作都有数据化记录，公司与之进行沟通也多以电子化的形式开展，劳动关系的轨迹有充分的数据记录，涉及劳动争议的事实，完全可以在线进行查明和判断，此类劳动争议案件是完全有可能由互联网化的法院来处理的，双方当事人也能充分地享受到互联网法院带来的便利。

（三）调整后的兼容性

劳动争议处理机制改革虽然会涉及管辖范围、程序安排和形式方式三个方面，但这些调整不仅对劳动争议处理机制解决传统争议没有影响，而且还有可能会带来一定便利和帮助。第一，管辖范围有限地扩展到灵活就业的部分争议，并不妨碍劳动争议机制对正规就业劳动争议的处理。劳动仲裁机制、三方机制、调解优先，以及小额、简单争议“一裁终局”制度等，都将继续存在和发挥作用，有效处理各种劳动争议。将灵活就业的部分争议纳入劳动争议处理机制有利于灵活就业者享受劳动争议处理机制带来的便利，同时还不影响该机制对正规就业劳动者发挥作用。

第二，在程序安排上，提升电子化证据的效力、缩短审限，无论对灵活就业还是正规就业劳动者的纠纷解决都是有助益的。电子化技术在传统的用工领域也正在不断得到广泛应用，很多合意、管理都是在线形成和下达的，相关证据也是以数据化的方式保留。另外，程序上的电子化程度的提高也为劳动争议处理机构解决争议提供了便利，让当事人在举证、质证环节减少了不必要的讼累和奔波，有利于压缩审理时限。

第三，借鉴互联网法院的模式，主要是为了妥善地解决灵活就业劳动争议问题，是与现有劳动争议处理机制并行或补充的模式，不会对正规就业的劳动争议处理造成不利的影响。相反，新科技在庭审当中的运用为在高科技企业里工作的正规就业劳动者提供了更多、更便捷的救济途径，既不会产生阻塞正规就业劳动者享受原制度的情形，也不会在正规就业和灵活就业两者之间产生虹吸效应。

五、劳动行政管理机制的扩面与调整

劳动行政管理属于劳动行政法的部分，偏重于行政法领域，在劳动法体系当中讨论得不多，从表面上看，与灵活用工模式似乎关联度不高。在劳动法当中，国家的行政管理角色主要体现在两个方面。第一是对劳动违法行为的监察和治理，主要是由劳动监察部门开展，目的是维护劳动关系的法制化。第二是促进就业方面的管理与服务。具体而言，就业促进还包括三个领域：(1) 对劳动力市场的管理和服务，国家通过各种就业政策和帮扶政策来实现就业，规范劳动力市场的行为；(2) 发展职业培训事业，提升劳动者技能，夯实就业基础；(3) 提供就业援助，帮助就业困难人员和家庭解决就业问题。这两个方面从表面上看都比较宏观，与传统就业联系比较多，而与新兴的灵活就业关系不大。

（一）扩面适用的必要性

但实际来讲，劳动行政管理也与灵活用工存在着紧密的联系。首先，劳动监察对灵活就业者而言，同样是一套有效的保护机制。在社会化小生产中同样存在与劳动相关的争议，虽然在法律性质上是否属于劳动争议存在分歧，但本质而言，与传统劳动争议有不少相似之处。例如，拖欠灵活就业者劳动报酬的情形，就带有很强的劳动基准受到侵犯的性质，如果能够有劳动监察的强有力监督与保障，便可将很多劳动纠纷解决在萌芽状态，同时督促用人单位的合规建设。

其次，对于劳动力市场管理和服务。《就业促进法》要求政府建立健全公共就业服务体系，设立公共就业服务机构，为劳动者免费提供就业服务。这些服务虽然名义上是面向劳动法所设定的劳动者，但在现实当中服务对象通常不区分，也本不应区分劳动者的身份。因为，无论是正规就业劳动者，还是灵活就业者都有上述需求。另外，灵活就业者在进入劳动力市场和在工作岗位上之时都需要职业培训的助力，也需要国家在这个方面予以保障和支持。但现今灵活就业者的职业培训规定仍然是一个空白地带，其能否享受正规就业劳动者的培训待遇仍然是不确定的。就业援助也是灵活就业者所必须。而公益性岗位是否包括灵活就业岗位，失业状况是否包括或排除灵活就业的情况呢？灵活就业者在失去工作之后或者在等待工作期间，能否被认定为失业呢？《就业促进法》和《失业保险条例》对此都没有加以明确，这就产生了灵活就业人员如果出现收入被切断的情况，能否享受到国家援助的问题。劳动者可能因为从事的是灵活就业而非正规就业，导致没有被认定为就业困难人员，进而无法享受国家的就业援助。

（二）调整适用的可能性

灵活用工也应纳入劳动行政管理的范围。劳动行政在劳动力市场上的作用既有监督管理，也有服务援助，既是对劳动者合法权益的保护，也是对劳动者的帮扶。灵活就业者也属于劳动者大军中的一员，享受劳动行政机关的帮助也是必然。因此，劳动行政机关在行政执法的过程中，不应排除对灵活就业者的保护，而是应将其纳入统一的劳动行政管理机制当中。

但针对不同劳动行政管理的种类和灵活用工的特点，纳入的方式可以有所区别。首先，劳动行政监察也应对灵活用工过程中出现的违法问题进行监督和检查，需要在管辖范围上加以限定。灵活就业的特点让劳动合同的很多要素发生了变化，比如劳动合同期限、工作地点等。灵活就业者的权益保护需要抓住劳动基准保护的“牛鼻子”，劳动监察也应限定在灵活用工的劳动基准落实方面，例如雇佣方是否提供了符合国家规定和约定的劳动条件，劳动者是否达到法定就业年龄，劳动报酬是否达到了最低工资标准等。

而对于就业服务和职业培训支持，应尽可能将灵活用工的形式考虑到劳动行政管理的范畴当中。将灵活用工放入就业服务形式当中，为劳动者提供的就业信息当中应包括灵活就业信息。政府提供的职业培训也应考虑到灵活用工的需要，针对新经济中的新职业、新岗位提供专项的技能培训，并给予一定程度上的帮扶和支持。

在就业援助当中，也需要将灵活就业情况考虑进来，综合考量劳动者的就业困难程度，以及就业援助方案。首先，在筛选就业援助对象的时候，应以实际收入为准，而非以是否处于传统的失业状态为据。灵活就业的特点是存在间歇性的待工待岗情况，如果以是否失业作为享受就业援助条件的话，会出现认定上的重复或疏漏，技术操作上也有一定的困难。因此，应以家庭或个人的收入作为判定是否需要就业援助的标准，这样便可以解决那些虽参加了少量的灵活就业，但生活仍然存在困难的群体在寻求就业援助时的障碍。其次，就业援助可以采取多种形式。劳动行政机构除了提供公益岗位之外，可以考虑协助劳动者从事更为广泛的灵活就业，也可以给招聘就业困难人员的灵活用工单位提供补贴和税收减免，将鼓励残疾人就业的方式和方法适当运用到对灵活就业的支持当中。

（三）调整后的兼容性

劳动行政将灵活用工纳入管理和服务的范围，对劳动行政机关而言可能是一个很大的挑战，但并不会对原有的管理和服务对象造成冲击。正规就业劳动者按照现有的制度设计仍然可以享受劳动行政机构提供的帮助，如职业培训、职业介绍等，其权利并不会因为给予了灵活就业者类似的帮助而被淡化。

相反，将灵活就业纳入劳动行政管辖当中，能够进一步优化劳动行政管理和服务的流程和效果。例如，在帮助失业人员再就业的过程中，为劳动者提供职业培训使其从事灵活就业也是一个解决就业问题的途径，亦符合国家一直倡导和鼓励的“大众创业、万众创新”政策。

六、结语与建议

为了让灵活就业者能够获得类似于正规劳动者的保护，同时尊重灵活就业本身的特点，不破坏劳动法对正规就业劳动者的保护，继续维持整个劳动法体系的稳定和平衡，需要在劳动条件基准、劳动关系运行机制、社会保险机制、劳动争议处理机制和劳动行政管理机制五个方面进行考察和调整。就本质而言，灵活就业者与正规就业劳动者不仅在所从事的工作方面并无二致，而且面临的工作风险也是高度相似的，因此将灵活就业者纳入劳动法的保护机制当中是有必要的，也是符合劳动法的法益追求的。

但将灵活用工纳入劳动保护之中并非将劳动法的适用范围扩面这么简单，而是需要考虑原有制度是否满足社会化小生产的需要，是否适合灵活用工的特点，是否需要调整，以及调整之后是否会对传统的正规就业造成影响，是否会出现制度上的不平衡等。笔者本着审慎的原则，力求将上述几个因素充分考虑进来，努力在制度构建中做到以下三点。首先，对于正规就业劳动者来说，传统的劳动法保护机制继续发挥作用，全方位保护其权利。其次，对于灵活就业者而言，在传统的劳动法基础上为其开设并行机制，让其能够享受劳动保护，同时承担相应的义务。最后，无论是为灵活就业单设调整机制还是将现有机制扩面并调整后适用于灵活就业，都需要保证制度间的义务责任和保护水平上的一致，防止产生制度溢出效应，导致顾此失彼或者厚此薄彼的情况。基于上述思路，本书提出了几点大胆的设想：

第一，对于劳动条件基准扩面与调整。按照本书的设计，法律应允许最低工资标准扩展适用于灵活就业，并且为灵活就业开放社会保险和经济补偿金制度，雇佣方还需提供灵活就业补充险和生产工具购置补贴。沿着该逻辑的设计，就需要以最低工资作为基础，另计经济补偿金和社保费用，作为支付对价体系的底线，并突破劳动关系的范围广泛使用。必要的时候可以按下列算法设置劳动对价体系：

1. 劳动报酬（灵活就业）≥最低工资+最低经济补偿金+社会保险（五险）+工伤保险灵活就业补充险/生产工具购置补贴

2. 劳动报酬（灵活就业）=实际工资+经济补偿金+社会保险（五险）+工伤保险灵活就业补充险/生产工具购置补贴

注：(1) 为了适应灵活就业的业态，上述各项变量都按照正规就业的月度发放或缴纳标准，折算为小时标准。

(2) 经济补偿金=工资/12

为了保持制度一致性，普通劳动合同中计算对价时，已经将是否满足最低工资水平作为判断是否显失公平的一项重要指标。当雇佣方提供的劳动对价低于公式1所列的最低标准时，就可以认定为显失公平。

第二，对于劳动关系运行机制扩面与调整。就个体劳动合同而言，《劳动合同法》中对劳动合同订立、履行和解除的大部分规定都可以适用于灵活就业者。例如，劳动合同书面化的要求、必备条款、选择条款、反歧视和劳动合同解除的经济补偿金等，这些都是灵活就业者所需要的保护，应该扩展适用于这些劳动者。

但具体而言，相应的制度都应有所调整，以适应灵活就业的特点。例如，在劳动合同的形式要求上，承认和重视电子化形式的效力，适当缩减必备条款的范围（如豁免劳动合同期限的要求），推动平等就业过程中关注数据歧视的问题等。

另外，还需关注不同制度之间的不平衡问题，不能厚此薄彼或者顾此失彼。以解雇经济补偿金为例，正规就业当中用人单位需要承担这一经济负担，但在灵活就业中，用人单位在这一部分的负担几乎为零，出现了严重的制度落差。因此，需要通过制度调整来弥补和平衡正规用工与灵活用工之间的成本差。考虑到灵活就业对就业稳定性的要求与正规就业相差无几，灵活就业者享受经济补偿金的待遇也是有法律基础的。

在集体劳动合同方面，应允许更为灵活的集体协商方式和集体合同形式，让灵活用工的特点能够在集体劳动关系方面体现和发挥出来。其中，在平台经济当中，部分劳动者与平台之间进行的非正式的协商，可以纳入集体协商的管理当中。在保障协商平稳有序开展的情况下，应主动承认协商结果的效力，维护劳动关系的和谐发展。与此同时，对于传统的就业形式，集体合同制度继续发挥效力，规制集体协商的各个环节。集体合同制度扩面之后，并不会出现正规就业转向灵活就业的情况，相反将帮助正规就业拓展出更多集体协商的形式。

第三，对于社会保险机制的扩面与调整。社会保险机制应将灵活用工纳入进来，但仅止步于此还不够。社会保险的扩面工作已经是大势所趋，尤其是在社会化小生产广泛存在的地方，社保的支持将有效填补用人单位缺位带来的不足。不过，社保制度的扩张并非将其他类型的用工纳入麾下便能一劳永逸地解决问题。

首先，要解决社保缴费在正规就业与灵活就业之间存在负担不均的问题。正规就业的社保缴费基数以实际工资为标准，而灵活就业却没有与工资或收入进行挂钩。因此，应将社保缴费与工资脱钩，让各类劳动者在同一水平线上供给社保基金。在对社会发展水平、收入水平和支出水平进行认真核算之后，社保缴费应脱离工资这个“税基”，转为按照相对统一的基本份额进行征收的模式。这样做不仅让社保回归了保险的属性，同时消除了基于“税基”的变动性而产生的制度落差和漏洞。而且，社保的强制性也并未因此而被削弱。由于收费标准相对统一，待遇也相对接近，所以不会产生制度间的落差，可以通过立法的形式要求所有劳动者都无差别地加入社保体系、缴纳社保费用。

其次，要对社保制度进行统一的调整，让用人单位除了缴费义务和注意义务之外，不再承担其他经济型责任，从而不必担忧在灵活就业当中因用人单位缺位而留下缺口无人来补的问题。这样调整，也是将正规就业与灵活就业在制度上的鸿沟予以缩小，防止制度落差带来的不平衡问题。

第四，对于劳动争议处理机制的扩面与调整。劳动争议处理机制需要将涉及灵活就业劳动基准的争议纳入进来。灵活就业者的劳动条件基准受到破坏，将对其权利造成极大的损害。因此，本书主张将灵活用工的劳动条件基准（工资、工时和劳动安全）也作为劳动争议的受案范围，借助劳动争议的特殊保障方式让灵活就业者能够获得及时、充分的救济。

从灵活用工的特点出发，其他涉及劳务合同的一些争议未必需要放在劳动争议处理机制中进行解决。以劳动关系运行机制为例，灵活用工劳动合同解除与普通劳动合同解除存在比较大的差异，劳动争议体系未必能够对此作出十分有效的处理。

另外，劳动争议处理机制也可以进行一些灵活化的调整。充分利用现代技术给司法实务带来的便利，运用电子化的手段来提升审判的效率，允许以电子化的方式提升证据使用的效率，从而便于劳动争议案件的审理，为各类劳动争议的处理提供助力。

第五，对于劳动行政管理的扩面与调整。劳动行政部门将灵活用工纳入管理和服务的范围也是必要的。具体而言，有三个方面的举措。第一，将灵活用工劳动条件基准纳入劳动监察的范围，让灵活就业者能够享受到劳动监察的保护。第二，国家提供的职业培训也应向灵活就业者开放。第三，将灵活就业模式纳入就业服务体系当中，重新定义失业的概念，让灵活就业者可以成为就业援助的对象，让灵活就业成为解决就业的途径。

将灵活用工纳入劳动行政管理范畴，并不会对正规就业的管理和服务带来弱化的影响，相反会补充正规就业的形式。灵活就业作为社会新型的就业形式是正规就业的有益补充，能够帮助劳动者从多个渠道实现就业权利的保障。

简言之，社会化小生产是社会化大生产模式的一个重要变革，也是一个重要补充。劳动法在新时代下必然需要对社会化小生产进行全面的回应，对普遍存在的灵活用工作出制度性的安排和调整。这样的制度安排既需要对传统的劳动法进行扩展以增强其包容性，又需要作出相应的调整以提高其针对性，更需要注意新制度与传统社会化大生产模式的兼容性，不能顾此失彼。

第六章　尾论：劳动法的时代序章

从历史发展角度而言，劳动法既无法脱离时代的背景，也无法脱离生产方式的根基。虽然劳动自人类社会出现时就已经存在，但劳动法并没有诞生于奴隶社会和封建社会，而是在资本主义社会初期才姗姗而至。究其原因，乃是在奴隶社会和封建社会，劳动者在人格和人身上缺乏相对的独立性和自由性，既难以通过劳动契约构建权益分配体系，也无法基于劳动关系构建责任分配体系，更无法从保护弱势劳动者的角度伸出匡扶之手。

劳动法在工业革命之后方现端倪，是对资本主义初期劳动保护问题的回应。工业革命虽然大幅提高了社会生产效率，但同时催生了资本主义社会严重的剥削现象和损害劳动者权益的恶果。在进入资本主义经济之初，劳动者忍受着恶劣的工作条件，承受着超长的工作时间，“收获”着被随意克扣的工资，“享受”着被随意放逐的自由。随后，在工人不断被唤醒的权利意识和风起云涌的工人运动面前，立法者最终作出了妥协，试水立法来保护劳动者的权益。劳动法无疑是维护劳动者权利的柱石，它全方位地保护了工人阶级的种种权利，从经济性的劳动报酬权，到人身性的劳动全权，再到社会性的集体协商权等，皆是劳动法浓墨重笔之处。

工业革命不仅铸就了劳动法之魂，也锻造了劳动法之本——工人阶级。新的社会分工和社会化大生产模式的出现，让劳动者从传统的农业生产中脱身出来，从事工业生产，他们在共同劳动过程中遭受到普遍的侵害，通过争取权利的协同行动，逐步形成了共同利益和共同意识，一个规模庞大、同时又空前团结的新阶级——工人阶级在世界范围内出现了。他们既是劳动立法的推动者，也是劳动立法的保护对象，所以劳动法最终都落脚到保护工人阶级的切身利益之上，这也是劳动法的法益之所在。

工业革命伊始的社会化大生产模式也浇筑出了劳动法之体，让劳动报酬、工作时间、劳动安全等一系列的机制契合了当时社会生产的特点。首先，劳动法直面机械化的生产模式带来的工业风险，出台了劳动安全保护机制。例如，机器造成的伤害和工业环境触发的疾病等，都是劳动法所要解决的劳动安全卫生问题。故而，劳动法构建了大量的强制性技术规范来确保工作场所的安全卫生，包括对机器的安全性、可操作性，甚至工况的湿度、温度等条件都进行了详细的规范。

其次，劳动法契合大生产的模式，制定了整齐划一、标准化的规范，如劳动条件基准。以工时为例，标准工时作为主干需满足每日工作不超过八小时的要求，不得随意加班，且加班需要提供额外补贴。虽有综合工时制和不定时工时制作为灵活化的安排，但在工时制度体系当中仅仅处于辅助性地位，而且通常需要以行政审批作为前置性程序。再如最低工资制度，也是建立在相对统一的制度构架之上，各国在全国、全省或全地区范围内执行一致的最低工资标准。大生产模式的标准化以及劳动者利益的协同化，或多或少地导致了劳动保护标准的一致性，形成了劳动法律体系与生俱来的大一统调整模式。

最后，“社会化”的生产方式也让责任主体外化为“社会”，尤其是从劳动关系中受益最多的用人单位，自然成为劳动风险和责任的承担者。以安全生产为例，用人单位有责任提供符合要求的生产工具和生产条件，并在无过错的原则下承担劳动者工伤事故的损失。再以解雇保护为例，用人单位承担着维护工作稳定性之责，不得无故解除劳动合同，从而保证劳动者有可持续的收入。

简言之，社会化大生产的出现不仅开启了劳动法的时代，而且决定了劳动法的角色。从劳动基准体系，如劳动合同制度到工时制度、工资制度等，到集体劳动关系，如工会的成立与认可，以及协商制度的开展和保障等，再到相关的监督和救济机制，如劳动争议处理，都无一例外地体现了“社会化”“机器化”和“大生产”的社会情景与权益需求，并铸就了现代劳动法的权利谱系和救济机制。

然而，社会化小生产模式已经异军突起，正在逐步蚕食和替代社会化大生产原有的市场份额。以平台经济为代表的社会化小生产产业已成为近十年当中一个发展迅速的新生事物，在服务行业的份额已能够和传统生产经营模式平分天下。社会逐渐接受并认可了平台经营的模式，大众都在享受着诸如外卖、网约车、快递等服务带来的便利。而在平台经济当中，劳动者以个体的形式参与劳动是其最重要的一个特征，“小”生产甚至是“微”生产正统治着平台用工的模式。工业生产领域，在“工业 4.0”和工业自动化的助力下，流水线型的生产正在被自动化生产所替代，生产的定制化程度在提高，以人员数量为指标的生产单元逐步缩小，“小”生产成为现代生产模式的一个主要特点。

随着社会化小生产模式的出现，其灵活用工的特点对劳动法提出了全方位的挑战，正在撼动着劳动法柱石的地位。社会化小生产是科技发展带来的新生事物，劳动者虽继续从事着社会化的劳动，但无须参加“大生产”，而是通过去中介化、原子化、灵活化和独立化的个体劳动来进行生产，形式上脱离了雇主的时空控制，也褪去了从属的性质，让传统的劳动法失去了抓手，劳动报酬转变为“服务费/提成”，工作场所从工厂转移到家庭或客户的场地，工作时间“自主”决定，生产资料“自行”获取等，让工资保护机制无法适用，让工伤事故难以定性、定责，让解雇保护无立足之处等，劳动法被广泛地排除在社会化小生产之外。

将现行劳动法直接面向社会化小生产扩面适用，从表面上看貌似能够解决灵活用工的劳动保护问题，但最大的质疑就是被认为会扼杀新经济的形态，有因噎废食之嫌。搭建劳动法体系的一砖一瓦都是带有社会化大生产的基因的，其中有不少比较严格的规定，如果直接套用在社会化小生产上，会让社会化小生产的相对灵活、便捷的社会关系被套上制度枷锁。这样的做法虽然能够锁住企业恣意妄为的行为，但也会影响企业进行管理和商业模式创新的积极性。另外，劳动法也有一些制度并非灵活就业者之所需。例如，解雇保护中的解雇正当事由问题，建立多重劳动关系可作为解雇理由的规定，对身兼多份非全日制工作的灵活就业者来讲未必适用。而且，传统的社会保险制度对于灵活就业者也未必合适，反而会徒增灵活就业者的额外负担。

如果改造劳动法，提高其灵活性或开辟第三类员工适用灵活化规制机制，也未必是万全之策。说劳动法过于僵化并非正确，劳动法所谓的僵化之处就是对社会化大生产模式下的劳动者特殊关注之处，如解雇保护机制、八小时工作制等，均是保护劳动者权益之必要。如果将劳动法针对社会化小生产进行灵活处理，带来的直接后果就是劳动者权利的减损，这可能是劳动者和劳动法都不想看到的结果。此外，开辟“类劳动者”的新分类，让原本就已经模糊的劳动者、非劳动者的二元体系徒增了更多的概念界定成本和制度划分成本。另外，类劳动者的规范体系的出现，也无法避免劳动法与民法之间的制度落差，可能加速企业将类劳动者向独立承包人转换，从而形成制度性的倒灌。近年来，英国在优步案判决作出之后，相关公司参照该案判决中提出的劳动关系认定标准，通过技术手段逐一抹除劳动关系特征的做法，反映出了制度博弈的长期性和复杂性。

因此，解决路径应从社会化小生产的本质出发进行分析。劳动者在社会化大生产和社会化小生产中的相同点和不同点正是开启劳动法重构的钥匙和线索。它们的相同之处在于劳动的本质没有改变，甚至劳动内容也没有发生任何变化，很多小生产的工作都能从大生产中找到对应的职业，例如外卖骑手与邮政投递员。从这一点来讲，劳动者的权利内容和需求并没有发生改变，两种模式下劳动者提供的都是社会化的劳动，也都有权利享受社会化的保障。而且这样的保障不应在质和量上存在差别，否则不仅从法律和伦理上站不住脚，而且在经济结构上会出现制度落差问题，从而出现架空高成本制度的后果。

由于生产方式的改变，社会化劳动的供给方式和对象都发生了改变，这就决定了劳动保护的供给方式和主体也要作出相应的调整。以工时制度为例，社会化小生产中的工作时间既归劳动者掌控、又归平台调配，谁都不完全是工作时间的主人。劳动者从事工作的时间如何界定本身就成为问题。尤其是在劳动者身兼多份工作的情况下，谁有权对工作时间进行控制就更加模糊了，带来了谁对工作时间超限承担责任的问题，这都是传统劳动法无法解决的问题。因此，工时保护只能回归到对劳动者健康和休息权进行保护这个法益上去，强化健康权的出发点，将最高工时的时长标准转化为健康标准，通过现代可穿戴健康设备的运用来控制工时，而责任主体既包括用人单位、平台，也包括劳动者和行政机构。

因此，对劳动法进行调整的基本原则是优化社会化小生产下对劳动者权益的保护，遵循传统劳动保护的法益，但通过不同的供给路径，为社会化“大生产”和“小生产”中的劳动者提供等值等量的待遇。正是基于上述思路，本书形成了对劳动法进行优化的几点想法。首先，需要强调的是，笔者所说的调整不是重构，而是局部的调整，那些没有被调整的部分，在笔者看来仍然是可以适用到社会化大生产模式当中的。其次，这次调整也是对劳动法及相关法律进行的一个全面梳理，补平制度落差、补上制度漏洞，因此，所涉及的并非只有劳动法，而是包含民法和社会保险法在内的多个法律部门。最后，这次调整还需要考虑劳动法制度对社会化大生产与社会化小生产的兼容问题，因为在今后很长的一段时间内，两种生产模式仍将并存，劳动法不能厚此薄彼，否则会带来劳动力市场的扭曲和保护的失效。

笔者认为，总的思路应该是将社会化小生产的特性融入劳动法的血液当中，适度拓宽适用调整后的劳动法，既要注意破除制度之间的壁垒以便顺应新时代，又要消除制度之间的落差从而避免虹吸效应，充分考虑制度对社会化大生产和小生产的兼容性。

第一，关于劳动条件基准。劳动法在传统的社会化大生产时期形成的劳动条件基准，是保护劳动者的底线性规则。劳动条件基准中包含劳动报酬标准、工作时间标准和劳动安全卫生标准等，都是劳动保护的最低标准，是对传统的正规就业劳动者的生存权、健康权的基本保障。社会化小生产当中的灵活就业者同样享有生存权和健康权，必不可少地需要劳动基准的保护。但灵活就业的去中介化、原子化、灵活化的特点与劳动条件基准的刚性化制度，难免会出现一些碰撞和错位，缺乏互相间的匹配性。因此，需要对劳动报酬基准、工作时间基准和劳动安全卫生基准作出相应的调整。同时，还需注意社会化小生产与社会化大生产之间的制度衔接。

在工资标准方面，需要从两个方面进行调整。首先，应从经济性待遇入手，消除制度间的经济落差。对于社会化小生产下的劳动者，消除制度落差的关键点在于最低工资制度的适用，传统劳动法对工资的底线性要求是最低工资标准，而这一制度却不能做到全方位的覆盖，一旦劳动报酬失去了作为工资的法律定性，就无法享受最低工资的待遇，这一点确实给社会化小生产中的劳动者带来了无形的伤害。“无形”指的是低于最低工资标准的情况往往很隐蔽。灵活用工的高工时堆砌出了“高”劳动报酬的假象，而且得益于加班费、社保税收的免除，让劳动报酬呈现虚高的表象，牺牲的是劳动者的身体健康和社会的利益。最低工资制度保护最低收入的法益需要坚持，但需要以更为灵活的计算方式注入对社会化小生产的规制当中，比如以小时工资作为比照单元进行适用。为了保持劳动法与其他法律在制度成本上的一致性，在普通劳务合同中计算对价时，应将最低工资水平考虑进去，当雇佣方提供的劳动对价低于最低工资标准时，就可以认定该合同（无论是普通民事合同还是劳动合同）为显失公平。

其次，应允许从事众包、外包和自雇等灵活就业者在劳动报酬方面享受劳动法中的工资支付保障机制。劳动者从事社会化小生产也是为了获取劳动报酬，而且对于很多人而言，是生活的主要来源。普通的债权债务保护机制虽仍然可以发挥作用，但未必如劳动法中的支付保障机制那般强有力和便捷。因此，劳动法需要适当拓宽劳动监察、劳动仲裁的管辖范围，让劳务报酬争议也能够成为其处理对象。同时，在破产清算程序上将劳务报酬也列为劳动债权，让其能够优先于普通债权得到清偿。

在工时制度方面，在社会化大生产与社会化小生产并存的情况下，为了避免出现厚此薄彼的情形，在传统用工中继续维持八小时工作制。对工时不易统计或确定的，可以将体力或脑力消耗因素考虑进去。社会化（机器化）大生产的环境下，劳动者工作八个小时存在一定的体力消耗，体力消耗尽管因岗位的不同而各不相同，但不难核算出一个均值。不过，如果以体力消耗作为参数来进行核算的话，脑力和体力劳动存在很大不同，现实当中也无法彻底区分脑力和体力劳动，故而，单纯以体力消耗来作为工作时间的衡量标准可能不够全面和准确。因此，可以考虑适用“工作疲劳度”这一标准，结合体力消耗值，来制定相应标准。同时，运用现代的可穿戴设备或大数据来分析劳动者的工作量，从而判定劳动者是否达到了工作的时限或者身体消耗的临界点，及时地停止分派任务、安排休息时间，保障工时制度的良好执行。但是，劳动法与此同时也需要做好劳动者个人信息保护工作，防止其健康信息被滥用。

在劳动安全卫生保障方面，应当妥善处理好用人单位、劳动者、工伤保险机构之间的关系。涉及责任主体划分方面，应该充分注意到灵活性与从属性之间的关系，构建合理的劳动安全卫生责任体系。将监督责任与指挥责任区分开来，监督责任是在劳动者自主购买生产资料的前提下，雇佣方通过额外补贴的形式，以监督为手段履行自己的义务。而指挥责任是在雇佣方提供生产资料的前提下，雇佣方对劳动者如何安全生产负有指挥责任，切实保障生产安全。另外，在监督责任下，工作中的伤害并不自然归结为雇佣方的责任。而在指挥责任下，工作中的伤害通常会归结为雇佣方的责任。当工伤保险或人身意外伤害险介入新经济工伤情形之中，需要继续从雇主责任角度入手，并结合新经济的特点，来完善相应的制度。以平台用工为例，对于那些新经济平台没有提供生产资料的情形，平台承担管理上的督促责任和经济上的补偿责任，推动劳动者使用安全的生产工具和在安全的场所里工作，从而起到预防工伤事故发生的效果。如果平台积极履行了对安全生产工具和生产场所的经济补偿和程序监督的义务，那么可以作为平台无过错责任的减轻和豁免事由。

第二，关于劳动关系运行机制。劳动关系运行机制包括个体劳动合同机制和集体劳动合同机制，从它们设立的出发点或法益上来看，将灵活就业人员纳入是应然之选。无论个体劳动合同还是集体劳动合同制度都呈现出对劳动者全方位、立体性的保护。例如个体劳动合同中规定的书面化制度、必备条款制度等，都是为了让劳动者的权益做到有凭为证，防范用人单位的恣意行为。集体合同制度所维护的集体协商秩序和集体合同的法律效力，都是让劳动者能够平等地与用人单位展开协商，从而形成相对公平的劳动条件和待遇。

但无论是个体劳动合同还是集体劳动合同机制，都应结合灵活就业抑或社会化小生产方式的特点进行调整。在个体劳动合同领域，可以做好以下五个方面的工作。其一，允许适用电子化形式订立劳动合同，从而实现劳动合同形式化的要求。其二，豁免或调整部分与灵活就业不匹配的必备条款。其三，在选择性条款当中，一方面要充分尊重双方意思自治，另一方面简化但不降低限制性规定，如违约金的标准问题。其四，在解雇保护当中减少解雇程序性的要求，但不应降低经济性要求。其五，将反歧视的工具引入社会化小生产当中，同时要解决更为隐蔽的数据歧视、算法歧视的问题，建立专门的机制予以防范。

在集体劳动合同领域，尝试开展“新型集体协商”，完全可以采取新模式和更为便捷的方式——线上模式——开展集体协商，并达成新型集体合同。但新型的集体协商和集体合同不能没有法律的规制或指导，具体需要做好以下几个方面的工作。首先，线上协商要遵守国家对线上发言的管理规定，除了不得有侮辱、诽谤、低俗的言语之外，应紧紧围绕具体的利益诉求进行讨论和协商，不得有无关内容。其次，线下活动也应遵守相应的行为规范，协商不成可以通过其他途径解决，不得随意采取停工、停业或破坏生产工具等手段，更不得对协商代表进行人身攻击。再次，切实保障劳动者代表的工作权利，保护其免受打击报复。最后，法律应从各个方面承认电子化协商成果的效力，比照集体合同的法律地位予以执行和实施。

第三，关于社会保险机制。社会保险应当全面向灵活就业劳动者开放。灵活就业者在工作风险和社会风险防范方面有着与正规就业者同样的需求，都需要在养老、医疗、工伤、失业、生育方面得到保障。另外，社会保险的介入正好弥补社会化小生产当中从属性下降而带来的用人单位责任缺位的问题。

但把灵活就业人员纳入社保体系首先需要解决缴费问题。应将社保缴费与工资脱钩，让各类劳动者在同一水平线上供给社保基金，也让社保基本待遇实现平等。在对社会发展水平、收入水平和支出水平进行认真核算之后，社保缴费脱离工资这个“税基”，转为按照相对统一的基本份额进行征收模式。这样做不仅让社保回归了保险的属性，同时消除了基于“税基”的变动性而产生的制度落差和漏洞。而且，社保的强制性也并未因此而削弱，由于收费标准相对统一、待遇也相对接近，所以不会产生制度间的落差，但仍应通过立法的形式要求所有劳动者都加入社保体系、缴纳社保费用。这样的社保体系并不排斥多缴多得的思路，可通过建立补充养老保险的形式鼓励资金充裕的劳动者购买更多的保障。

对于社会保险机制，还需要面向灵活就业作出一些针对性调整。对于工伤保险，应考虑到灵活就业当中用人单位缺位的问题，在提供工伤保险待遇的时候，由社保机构进行全额给付，而不是让用人单位分担部分责任，从而使灵活就业者获得全额的补偿。但与此同时，灵活就业者在缴费之时可以执行相对较高的工伤保险费率，来弥补因为用人单位在担责方面缺位而给社保基金造成的缺口。再以失业保险为例，它适用于灵活就业者存在一定的难度，因为灵活就业者的就业状态往往是不稳定的，很难判断是否属于失业或待业期间。因此，失业保险对于灵活就业者来讲，更多的是关注其长期的和系统性的失业状态。基于此，失业保险可以对灵活就业人员享受失业保险待遇设定一个对应的门槛，而不是以完全失业为唯一标准。

第四，关于劳动争议与劳动行政机制。劳动争议处理机制和劳动行政管理机制都应该面向灵活就业者开放。灵活就业者在面临用人单位的用工违法行为时，既可以向劳动仲裁部门提起仲裁，也可以向劳动监察部门举报，从而享受到劳动法的特殊执行制度给解决相关问题提供的便捷化通道。劳动行政的服务对象将灵活就业者也涵盖入内，会对从事社会化小生产的劳动者提供更多的保障，并为解决当下的就业问题提供多样化的解决方案。

劳动争议解决机制和劳动行政管理在扩面的同时也需要面向新时代作出适当的调整。面对社会化小生产的到来，争议解决机制和行政管理机制应作出更为灵活化的调整，可以从三个方面考虑。首先，缩短劳动争议案件的审理时限；其次，运用电子化的处理方式，包括提倡电子证据和互联网法院模式；最后，劳动监察和服务也需要适应电子化、虚拟化的现实，深入数据当中监督、监察劳动安全卫生情况、反歧视情况，以及定位帮扶的对象。这些调整是用电子化的手段来助力所有劳动者的保障工作，并不会影响与传统用工制度的兼容问题。

总之，劳动法的产生和发展带有很强的时代性，自然会随着时代变化而更迭，但不变的是它以保护劳动者为出发点的法益。劳动法不能和时代现实格格不入，否则将无法摆脱被架空或抛弃的命运。在我们的新时代，也就是社会化小生产出现的时代，劳动法作出对应的调整是必然的，但要认清它变与不变之间的辩证关系。变化的是生产的形式，不变的是劳动的本质，也就是说要继续以劳动法的立意出发，根据变化的形势来调整劳动法的结构。与此同时，也不应忽视社会化大生产继续存在这一现实，构建包容性的劳动法新体系。

上述建议还属于原则性的思考，由于笔者能力和本书篇幅所限，未能将具体制度之间的衔接全面呈现给读者。劳动法乃是经历了百年涤荡的法治工具，四梁八柱皆有其时代的基础，牢固地搭建在劳动力市场的现实当中。但并不意味着劳动法将被钉在原地任凭时间穿梭，它应是随着时代的变化而推进的动态体系。一切过往，皆为序章，社会化大生产的锤炼让劳动法固本正源，社会化小生产的出现让劳动法革故鼎新。对劳动法的时代性进行研究注定是宏大的、社会化的，并非一己之力可以完成的，本书针对社会化小生产的劳动治理模式的思考，也是初步和片面的，向读者呈现出来也是为了抛砖引玉，需要全社会共同思考，从而开启劳动法在新时代当中的新征程。

后　记

撰写本书的想法早在 2011 年到北京外国语大学任教之初便已确立，却等了整整十年方敢下笔。漫长的历程既有心虚的成分，总觉得有问题没有想明白；也有执念的作用，总觉得要写点科技感强的学术文章。经历整个写作过程方知，工作之余撰写一部专著着实不易，重温了当年撰写博士学位论文的艰辛，也体会到了其中倍增的乐趣。

撰写本书的缘由是一直认为自己是误入法律行业的理科生。自小对数学、物理感兴趣的自己，在家人的鼓励下报考了法学专业。回想刚读法学的种种不适应，皆与理科思维有着或多或少的关系。例如，很多法律问题没有对错之分，也没有终极答案，千人千面、多视角评价的法学认识论让习惯于追求答案确定性的理科生有些茫然无措，久久不得要领。多年后在华威求学期间，与一名学运筹学的校友聊及此事，引起了高度共鸣，以至于他十年后还是难以理解文科方案所缺少的“确定性”。

对理工科的兴趣让我一直痴迷于法律中的科技元素和技术影响。从互联网经济对组织形态的改变，到共享经济、区块链和“工业 4.0”等，科技的进步会带来新的法律问题，法律需要不断地调整来加以应对。不过，新的法律问题也可以通过科技的进步来予以解决。例如，工业革命铸就了工业生产模式，也带来了安全生产问题，劳动法需要解决劳动安全与卫生标准以及工伤救济的问题。但工业自动化技术的广泛应用让机器人逐渐替代了危险繁重的工作岗位，很大程度上提升了安全保障；医疗技术的发展让工伤治愈率能够得到更大程度的提升。再举一例，自劳动合同法出台之后，劳动合同的签订与变更一直是烦琐冗长的问题，而且电子合同的证据效力一直备受诟病。但区块链技术的出现解决了电子劳动合同真实性、即时性和确定性的问题。共享经济的发展让劳动者呈现出分散化的现象，阻却了传统集体意见表达的渠道，但现代社交软件和平台让个体和集体交互更为便捷和有效，开辟了时聚时散和个性精准的协商机制。

王全兴教授在《劳动法》教材中有言，“我国劳动法较之法学其他学科，属于老学科、新问题”，劳动法学在世界上已有200余年的历史，在我国也有90多年的历史。但其研究对象却总是面对新问题，例如国企改革、市场经济建设等。曾几何时，我国劳动法在改革的过程中是有先例可循的，有市场化国家的劳动关系治理经验可供参鉴，也有进行国际比较的充分资源。笔者在读博士期间多次随英国导师参与国内劳动法建设项目的论证，见证了我国劳动法博采众长、兼容并蓄，让我们的劳动法在很多方面与国际标准比肩，也感叹劳动法专家们对中国特色的深刻把握和宽广的国际视野。时下，新经济（也是本书所定义的“社会化小生产”）的崛起，让中国劳动法走到了一个新的历史转折点。这个历史挑战是世界性的，但却最早出现在中国面前，我国的新经济就业人员远超其他国家，就业模式也更为多样。更为重要的是，这次劳动法所遇到的问题在国际上是全新的、共同的，只能走出一条自主创新之路。

社会化小生产的快速发展让劳动法学遇到了前所未有的挑战，也让劳动法学界不断反思劳动保护的未来。现实社会对劳动法知识和理论创新具有强烈的需求，都在期待劳动法能够对就业、劳动安全与卫生、社会保险、解雇保护等新问题作出有效的回应、提出可行的方案。这让研究新时代劳动法具有广袤的前景，但愿本书能为我国劳动法治现代化建设做出微薄贡献。

本书在撰写的过程中得到众多良师益友的帮助和指点。我在英国求学期间，导师聂耳伦（Alan Neal）教授悉心教导将我带入了劳动法的殿堂，也让我完成了从学生向研究者的思维转变。回国工作之后，我继续与导师保持着密切的联络，交流中碰撞出了不少思想的火花，并最终促成了本书主旨的确立。当然，我们在一些问题上并没有完全达成一致，但不影响导师对我撰写本书的支持。另外，不少学术前辈的教导和观点对笔者所思、所著带来了很大的启发，她（他）们是叶静漪教授、林嘉教授、赵红梅教授、董保华教授、王全兴教授。本书也得益于同辈学者的讨论，包括王侃老师、阎天老师、魏倩老师、贾楠老师、武宜萱老师等。另外，北外法学院民商法教研室的同事为本书的撰写提供了更为广泛的思路，尤其是在与张海征教授、万方副教授、冀城副教授交流过程中拓宽了视野，找到了交叉点和切入点。

2019 年 8 月，在日本国际交流基金会资助下，笔者有机会赴日本九州大学开展为期四周左右的劳动基准保护制度研习，其间受教于九州大学野田進教授及山下昇教授，久留米大学龚敏教授和早稻田大学菊池馨实教授，不仅有机会接触到了大量的一手资料和思想，而且有了近一个月静心写作和思考的时间，逐步确立了本书的框架结构和主要内容。

感谢所有为我的研究提供支持与帮助的北京外国语大学法学院的学生们，特别是：国际法专业硕士生陈子旻、张倩以及民商法专业硕士生张韵承担了部分数据和文献的搜集和整理工作，本科生赵昊博、张馨月、谷金泽帮助收集和整理了相关的文献和案例，在此对他们的付出深表谢意！另外，感谢我教过的每一位学生，在授课和互动的过程中，孩子们活跃的思维和批判性的讨论伴随本书创作的大部分过程，让我在指导的过程中能够多维度地审视自己的观点。

感念我的父母，自幼教导我“做事脚踏实地、对人坦诚相待”。2020 年疫情期间暂时滞留在家，是他们提供了后勤保障让我全心完成书稿的写作工作。感激夫人和儿子给予的支持和陪伴，也希望以本书作为献给他们的生日礼物。

得益于北京外国语大学校级自选课题项目“新时代劳动法的转型问题研究”（项目批准号：2020JJ010）的资助，让笔者完成了最后的研究工作，完善和丰富了写作素材和方法，并最终促成了本书的付梓，感谢北京外国语大学为我完成本书提供政策支持和便利的研究设施。

图书在版编目（CIP）数据

劳动法的时代序章：社会化小生产时代的劳动保护研究／闫冬著．—北京：中国法制出版社，2020.9

ISBN 978-7-5216-1271-4

Ⅰ.①劳… Ⅱ.①闫… Ⅲ.①劳动法-研究-中国 Ⅳ.①D922.504

中国版本图书馆 CIP 数据核字（2020）第 186321 号

责任编辑 李璞娜　　封面设计 杨泽江

劳动法的时代序章：社会化小生产时代的劳动保护研究

LAODONGFA DE SHIDAI XUZHANG：SHEHUIHUA XIAOSHENGCHAN SHIDAI DE LAODONG BAOHU YANJIU

著者/闫冬

经销/新华书店

印刷/北京京华虎彩印刷有限公司

开本/880 毫米×1230 毫米 32 开　　印张/11.5 字数/233 千

版次/2020 年 9 月第 1 版　　2020 年 9 月第 1 次印刷

中国法制出版社出版

书号 ISBN 978-7-5216-1271-4　　定价：45.00 元

北京西单横二条 2 号

邮政编码 100031　　传真：010-66031119

网址：http://www.zgfzs.com　　**编辑部电话：010-66066627**

市场营销部电话：010-66033393　　**邮购部电话：010-66033288**

（如有印装质量问题，请与本社印务部联系调换。电话：010-66032926）